积极特质词汇速查
塑造值得支持的人物

The
Positive
Trait Thesaurus
A Writer's Guide to Character Attributes

［加］
安杰拉·阿克曼
Angela Ackerman

［意］
贝卡·普利西　著
Becca Puglisi

人物设定
创意宝库

冯诺 译

天津出版传媒集团
天津人民出版社

感谢我的父母，
他们教会了我是谁，我应该成为谁，
最重要的是——我属于谁。
——贝卡·普利西

献给我最大的成就——达里安和贾罗德。
（虽然俗套，但是真的！）
——安杰拉·阿克曼

非常感谢所有访问"Writers Helping Writers"
网站的朋友们，感恩你们的支持！
——安杰拉 & 贝卡

目 录

1	序　言　文 / 珍妮·坎贝尔	64	抚育他人的
2	终极钩子：值得支持的人物	66	负责任的
3	什么是积极特质？	68	富有想象力的
4	需求与道德：影响性格优势的因素	70	感官享乐主义的
6	积极特质的不同类别	72	干劲十足的
7	积极特质是如何发展的	74	高效的
9	积极特质和人物弧线：克服致命缺陷	76	公正的
11	从头塑造人物：选择正确的特质	78	共情力强的
14	积极特质与反派	80	古怪的
16	关于人物的积极特质需要知道的事情	82	鼓舞人心的
18	怎样展现人物的积极特质	84	关心社会的
20	当读者不感兴趣：人物创作中的常见陷阱	86	关注自然的
23	最后说明	88	规规矩矩的
		90	果断的
	积极特质词汇	92	好客的
		94	好奇的
26	爱国的	96	好学的
28	爱冒险的	98	积极主动的
30	爱玩的	100	激情的
32	彬彬有礼的	102	坚持不懈的
34	才华横溢的	104	简单的
36	沉思的	106	讲究策略的
38	成熟的	108	节俭的
40	诚实的	110	谨慎的
42	充满爱意的	112	警觉的
44	充满感激的	114	慷慨的
46	充满魅力的	116	考虑周到的
48	充满哲思的	118	可敬的
50	传统的	120	客观的
52	聪颖的	122	宽容的
54	大胆的	124	老练世故的
56	洞察力强的	126	乐观的
58	独立的	128	理想主义的
60	多愁善感的	130	明智的
62	风趣的	132	耐心的

134	内向的		204	有条理的
136	谦逊的		206	在乎隐私的
138	勤奋的		208	镇静的，情绪稳定的
140	热情的		210	忠诚的
142	热心助人的		212	专业的
144	仁慈的		214	专注的
146	睿智的		216	自洽的
148	善良的		218	自信的
150	善于分析的		220	足智多谋的
152	善于观察的		222	遵守纪律的
154	适应力强的			
156	率性而为的		225	附录 A　人物侧写问卷
158	顺从的		228	附录 B　人物属性的靶位工具图
160	随和的		230	附录 C　类别细目
162	天真无邪的		234	推荐读物
164	调情的		235	关于作者
166	外向的		239	出版后记
168	温柔的			
170	无拘无束的			
172	无私的			
174	细心保护的			
176	协作的			
178	信任他人的			
180	幸福的			
182	雄心壮志的			
184	耀眼的			
186	一丝不苟的			
188	异想天开的			
190	勇敢的			
192	友好的			
194	有创造力的			
196	有道德的			
198	有精神信仰的			
200	有趣的			
202	有说服力的			

序　言

我读过很多描绘性格的书，但没有哪一本像安杰拉和贝卡的《人物设定创意宝库：积极特质词汇速查，塑造值得支持的人物》一样简洁而全面。开篇的章节对写作者来说，可谓金矿。我愿将其比作心理学教科书和很多写作类指南的浓缩版，精炼，对读者很友好。

人的个性极其复杂，如果能弄懂真实人类的行为动机，就足以让我们这些治疗师保住饭碗了，更别说是虚构人物的了。理解动机、需求，以及积极、消极特质及其行为如何发展，是理解一个人必不可少的部分。而写作及写好的第一步则是深层次的理解。

对我这个治疗师来说，积极特质（当然也包括消极特质）如何发展是最有趣和最令人深思的部分。很显然，本书作者是做了研究的，不然我本可以捡起大学时代的人格心理学课本，读一读类似的东西。所以，写作者们，请记好了！这不只是先天与后天之争。你应该认识到，吸收这本书中所呈现的信息，可以帮助你展开头脑风暴。

这本书你不大可能会从头读到尾。我也建议你回头翻这本书的时候，脑子里是带着某个人物的——你懂吧，就是那种让你寝食难安不得不写下来的人物。本书在你丰富人物的阶段最有用。

每个词条都包括定义、类似的特质、可能的成因、相关的行为/想法，以及能够帮助你巩固塑造人物独特性的积极面。不过，词条也包含该特质的消极面、会给具备该特质的人物带来挑战的场景，以及其他与该特质可能冲突的性格特征。这些部分，在巩固冲突，引入外部情节点，展现人物内心弧线方面同等重要。

情节驱动型写作者能从此书中获益良多，人物驱动型写作者同样如此。啊，我是靠分析性格谋生的，这本书对我的工作同样是一股强大的助力。从理解何种障碍阻止了读者与你的人物共情，到为主人公探索出合适的人物弧线，这本书都可以帮助你突破瓶颈，就如同上一堂关于人物塑造的快速通关课程。

珍妮・坎贝尔
婚姻与家庭治疗师（LMFT）
人物心理分析师*

* 即 character therapist，专指为作家和编剧提供人物心理分析咨询服务的专业治疗师，针对人物的背景故事、目标、动机、矛盾等问题为写作者提供心理学方面的咨询。——编者注

终极钩子：值得支持的人物

当今时代，因为可供读者选择的书非常之多，写作者写出活力十足、魅力非凡的人物的压力便十分之大。根据鲍克出版公司网站的数据，单是2010年，就有300万本书上市。其中高达270万本是自助出版（self-published）的，表明图书行业正在蓬勃发展。

在图书市场的洪流之中，虚构类作品的命运有浮有沉。尽管炫目的封面、专业的编辑和精心策划的营销活动对图书裨益颇多，但没有好故事作为船帆，一本书注定无法远航。而支撑一本虚构作品的坚固船桅是什么呢？是多面复杂的人物，是他们每个瞬间都展现出的强烈自我个性和人格魅力，令读者不得不关心他们。

创造现实的、前所未见的、带读者一起踏上情感之旅的人物，是每个写作者的目标，但这绝非易事。写作者必须深入人物的性格，了解其欲望、动机、需求和恐惧。积极特质和性格缺陷共同塑造出丰满的人物。缺陷不仅仅让故事中的人物人性化，也让人物能够克服困难，实现自我成长。积极特质同样重要，因为尽管人的天性让我们总是关注缺陷，但我们最应该欣赏的是人的长处。读者必须对人物保有相同的钦佩，才能为他们加油打气。

因此，写作者必须学会怎样快速勾住读者，牢牢地勾住他们。用聪明而诱人的开场白从一开始就吸引读者，且始终不松懈。在开篇的段落中，有许多吸引读者的方式——展现主人公当下的困境，引发同情，用充满高风险的关键时刻开场；或者引入神秘的故事元素，让读者立刻去想接下来会发生什么。

这些简单的钩子或许会令读者产生兴趣，但最终还是会失去效力，因为人物的困境或痛苦也许能让读者产生同情，但只有真正的共情才能激发读者与人物的联系。尽快地建立这种联系，让读者意识到主人公是可敬的、值得关心的。

如果说共情是连接读者与人物的纽带，那么写作者如何尽早抓牢这条纽带，吸引读者呢？简单。用积极的笔触展现主人公的个性，让钩子更抓人。

比如，一个老练的罪犯翻垃圾桶找吃的，这或许是个不同寻常的开场。但是因为读者知道他是罪犯，就会想他可能是咎由自取。因为无法与他共情，也就不关心他的遭遇了。

但是如果他是为了养活从儿童拐卖团伙里拯救出的三名孤儿呢？通过暗示他性格里的积极面——善良、责任感或保护弱小的渴望——让他变得更加有趣，读者也得以瞥见一个值得信任的英雄。人物本身也变得引人入胜，因为新的信息诱发了问题：如果他是罪犯，为什么要拯救儿童？为什么他要去关心呢？是什么让他不顾自己帮助他人的？

暗示人物行为背后的原因，是好钩子的另一半。"展现出来，而不是说出来"（Show, don't tell）依然适用，行为和行动是揭示人物性格的最佳载体。这个原因告诉我们人物是谁，揭露了他珍视的道德观和价值观。展示主人公的积极面，也能引发敬意，哪怕这是一个不讨人喜欢的主人公，也得让读者明白他是值得了解的。通过人物的行动和个性瞥见其伟大的特质，有助于读者投入情感。

什么是积极特质？

关于性格的理论有很多，尽管观点各异，但普遍认为每个人都是一个独特的、有着多种性格特质的混合体，在各自的道德准则下，这些特质可以满足其基本欲望与需求。一个人的教养、基因与过往经验，决定着哪些积极的（positive）、中性的（neutral）和消极的（negative）特质出现，以及它们出现的程度。长处（strengths）帮助我们满足需求和欲望，促进自我成长，而弱点（weaknesses）则拖我们的后腿。在某些情形下，我们很难区分长处和弱点，尤其当性格缺陷（flaws）是为了防止我们受伤害、顺其自然养成的时候。在故事的框架内，主人公的长处和弱点在人物弧线里都起着重要作用，所以写作者了解人物的哪些特质是缺陷，哪些不是，便至关重要。

所谓性格缺陷，是指损害或妨害了人际关系，不考虑他人福祉的性格特质。按照此定义，嫉妒显然是缺陷。嫉妒心强的人物只关注自己的欲望和不安全感；其怨恨和尖酸令他人不适，损害关系。（想了解更多关于缺陷的信息，可阅读《人物设定创意宝库：消极特质词汇速查，塑造招人喜欢的有缺陷的人物》。）

积极特质则是令个人成长，帮助人物通过健康手段实现目标的性格特质。它们也促进人际关系，尤其是通过某种方式令他人受益。比如，荣誉感便属于性格光谱中的积极面。拥有荣誉感的人物会使用健康的手段获得成功，并且因为其本性，自然而然就会去帮助他人，同时促进与他人的关系。

中性的特质难以归类。比如内向、外向等特质不一定能直接帮助主人公实现目标，但可以鼓励其对自身展开更广阔的探索和发现。缺陷固然有损于人，但这些中性的特质并不会产生极大的负面影响，所以我们将它们列在本书中，与积极特质同列。

需求与道德：影响性格优势的因素

个性是极其复杂的，由行动与态度组成，能流露出一个人的喜恶、观点、思想和信仰。但是，是什么驱使这些个人偏好和行为的出现呢？是什么导致一个人物发展出诸如好奇心、决断力和适应力的特质，而另一个人物则是善于思考、长于观察且充满同情心的呢？

第一大因素是道德，即决定特定行为是对是错的主导信仰。道德来自人物的内心最深处，使人物对自己的所见所历所思赋予价值。这些根植于内心的态度，指导着人物做出与其道德观相适应的选择，有时候甚至因此需要自我牺牲。道德影响人物如何对待他人，寻求什么样的目标与欲望，如何度过日常生活。因此，人物性格中最具影响力的特质通常与某个具体的道德信仰相关。

外部世界（影响人物的他人和环境）也塑造着道德。社会规范、文化价值、榜样都促进着人物判断是非的信仰体系的发展。了解人物的道德准则，可以帮助写作者构想出可信的诱惑，并将其融入故事中，挑战那些根深蒂固的信仰，从而令人物产生内心的波澜和冲突。

影响性格发展的第二大因素是需求层级（Hierarchy of Needs），根据心理学家亚伯拉罕·马斯洛（Abraham Maslow）的理论，个人需求分成五个层级：

生理：个人的生物和生理的需求
安全感：保护自己及所爱之人安全的需求
爱与归属：与他人缔结有意义的关系的需求
尊重与认可：提高自尊感的需求
自我实现：实现自己全部潜能和个人成就的需求

一个人物的性格特质会在满足其最重要需求的过程中表现出来。如果他是有安全感的、可靠的和有人爱的，但又渴望得到他人的尊重与认可，那么决心、毅力及有效率等特质就可能得到发展。思考人物想要什么，可以帮助写作者决定哪种性格特质能更好地帮助人物实现目标。

如果需求没有得到满足，焦虑与不满便会出现，行为模式也可能发生变化。比如，一个几天没有进食的人物，其生理需求没有得到满足。那么即便她是一个善良而守法的普通女性也可能会靠偷东西来养活自己。或者，尽管她自尊心极强，但身陷绝境而不得不乞讨食物。受绝望驱使，通常不符合其性格的行为便会占据主导。

同理，一个节俭、谨慎的人物，经常加班，工作没有盼头，可能会发现自我实现的需求没有得到满足。尽管她非常负责、可靠且始终如一，有一天也可能从办公桌边站起来一走了之。随后，她开始学商业课程，并为此负债，是为了追求满足自我成长的需求。

核心需求威力很强，所以写作者需要仔细想想怎么运用它们去激励笔下的人物。在恰到好处的时刻，它们足以影响或改变一个人的道德准则。如果需求太久没有得到满足，焦虑会造成人物的道德观摇摆。不论什么情况下，一个人会做什么、不会做什么，由其需求程度的深浅和满足需求的能力决定。比如一个有信仰的、有道德感的人，他既有安全感也被人爱，生理需求亦得到满足，他可能会感到全身心的愉悦。但如果有危险的因素出现，比如战争让他的世界变得不安全了，会发生什么？他会做什么来保护自己和所爱之人不受到伤害？为了满足安全的需求，他愿意做违背道德理念的事情吗？

此外，对需求的追求是放之四海而皆准的。人们普遍承认，满足一个人的基本需求是一个有价值的、可以理解的愿望。读者与人物内在动机（选择追求某一目标背后的原因）的这种"亲近"会培养他们的同理心，让读者想要看到主人公的成功。

积极特质的不同类别

并非所有的性格特质都是根植于道德与需求的，有些来自经验导致的个人喜好。每个人物的积极面应该由不同程度、搭配得当的积极特质组成。塑造主人公性格的积极面时，写作者应该从以下类别中选取，确保呈现丰富多样的积极特质。

道德属性与人的是非信念直接相关，比如仁慈、慷慨、荣誉、正派和正义。与信念相关的特质常常会影响其他与道德观相连的性格的形成。比如，如果一个人物的道德属性是正派，那么轻浮这样的性格就不大可能出现，毕竟轻浮会削弱人物对贞洁高尚的追求。不过，得体、有纪律、审慎等相适应的特质就可以发展出来。

成就属性与道德（属性）一致，但其主要作用是推动成就的达成。如果一个人物有着能影响其人生目标的道德责任感，那么缜密、可靠、足智多谋、有条理等特质便可帮助他追求目标。

互动属性通过人对周遭事物的体验和与他人交流的经验而产生。耐心、谦恭、轻浮和社会认知等特质决定着我们与他人、我们与所处世界沟通的方式。这些特质通常受个人喜恶影响。如果一个人物想避免对抗与冲突，可能会采取友好的方式应对。如果他喜欢幽默，则可能在事态变得严重的时候开个玩笑，或者展露浮夸的一面，以转移他人注意力。因为人物通常都是社会动物，所以这一类别包括了数量最多的积极特质。

身份属性提高了个人的身份认同感，常常会造成某种个性化的表达。创新、怪异就是此类别的好例子，让人物可以更自我地进行表达。身份属性也是一个人物个性的基本组成部分。它们可以定义人物，并影响其生活的诸多方面。基于此，超自然信仰、爱国主义和内省也属于身份属性的类别。

积极特质向读者展现了人物的真实面目，且这人物是值得读者关心的。但是有数百个积极特质可供选择，写作者怎样才能找到合适的优点，让人物更惹人喜爱、更独特呢？答案在于，理解塑造人物性格的影响因素。

积极特质是如何发展的

影响一个人性格的因素有很多，可以从当下的环境一直追溯到童年及人格形成期。为了构建一个丰满而且可信的人物，要意识到所有可能存在的影响因素，知道它们是怎么组合在一起从而形成性格特质的。只有如此，写作者才能创造出真实可信的人物，与读者产生共鸣。

● 基因

让人物掌控自己、自主做决定固然重要，但同样重要的是，有些东西他们无法掌控。不管你喜不喜欢，他们都带有一些天生的固有特征。比如，一个人物天然内向或外向。他可能热情，也可能冷静，却不曾有意识地决定选择其中之一。其他的长处，比如高智商、有乐器或体育天赋，都是基因给的。尽管随着时间推进，人物也可能发展出不同特质，但有些东西是人物天生的。

● 伦理观与价值观

伦理观（Ethics）是指围绕好与坏、道德责任和义务形成的信念。因为渴望高举正义，人物会拥抱反映其伦理观的特质。一个会说"如果我同意完成这个项目，那么我必须从头盯到尾"的主人公，是责任感很强、信守诺言的人。因此而产生的特质或许包括责任、诚实和纪律。

价值观（Values）是关于人类、理念和事物价值的理想。人物的价值观与道德紧密相连，也决定了构成其性格的特质。比如这个价值判断，"我宁愿因过分爱而犯错，也不愿因过分正义而犯错"。持此说法的人物赞同宽恕和给予第二次机会，认为世事是参差多态而不是非黑即白的。结果就是，其最大的优点可能是善良、同情或鼓舞他人等与此价值相符的特质。

● 家庭环境及抚养者

一个人物的抚养者就是他的第一个学习榜样。孩提时代，人物会注意到抚养者信奉的价值观和品质。比如，如果他们重视等级与秩序，那么该人物也可能认可这些特质。仅仅通过看到抚养者展现出来的特点，人物就可能习得。抑或是，人物与抚养者之间的关系充满爱和尊重，那么人物也会有意识地学习他们的特质。

即便他们之间的关系不好，抚养者的特质也无可避免地会影响容易受外界影响的孩子。在上述例子中，如果等级分明的父辈也非常挑剔和僵化，该人物就可能排斥秩序化这样的积极特质，转而拥抱其反向特质，如无拘无束。

● 负面的经历

负面经历尽管常常导致缺陷，有时候也能带来积极特质的发展。比如，一个被母亲虐待的孩子长大后可能非常会照顾人，因为不想让自己的孩子遭遇同样的痛苦。一个人物也可能偏向特定的性格特征，避免某个缺陷产生，比如，一个被严重歧视和批评过的孩子，可能会变得宽容，这样才不会变得像指责他的那些人一样。负面的经历对性格的影响极其深远，作者想要了解人物当下的性格，必须非常了解人物的过去。

● **物理环境**

人物受过去和现在的环境影响。在治安差的街区长大的孩子，跟农场里长大的孩子，性格大有不同。儿童时代形成的特质通常会跟随人物长大，但是环境的变化或许会造成性格的转变，尤其是环境剧烈变化的时候。试想一下，一个家境优渥的女孩嫁给了爱情——一个收入只有女孩每月花费零头的建筑工人。想要在这样的新环境中生存，维持好婚姻，她必须接受并发展出新的特质——会过日子，节省和自控。

● **同龄人**

在生命中的某些时间点，同龄人是最大的影响因素。有些人物为了融入集体、得到接纳，会发展出跟同龄人一样的特质。有的人物可能是真的很欣赏朋友的特质，为了提高自己而效仿他们。不过要记住一点，不是每个人物都容易被周围的人影响。

● **归纳总结**

人物的积极特质有不同来源，在塑造人物之时，作者需明白其人物的方方面面——需求、恐惧、欲望、喜恶。作者可以通过写背景故事，来弄明白人物的过往经历是怎么让他变成现在这番模样的。了解其道德观念，知晓其看重的需求、目标和欲望，作者方能进入人物的内心。探查过去还能揭露人物的情感创伤，在人物弧线部分将详细讨论此点。

有些作者觉得人物侧写问卷有用，所以我们在附录 A 中提供了模板。创造丰满的人物意味着要从道德、成就、互动及身份等类别中汲取有用信息，所以在思考融入哪些性格特征的时候，可以从附录 C 中的类别细目着手。附录 B 中的人物属性的靶位工具图是组织人物积极特质的有用方式，确保四大类别皆有体现。

积极特质和人物弧线：克服致命缺陷

人物弧线，简单来说就是人物的发展。其中最重要的一条弧线是主人公的弧线。主人公在故事一开始是不完整的、受伤的或者迷失的。即使他看上去很满足，其内心也缺失着什么。只有通过改变，他才能弥补所缺，并不断发展。

大多数人物跟真实的人一样，都致力于成长，成为最好的自己。但是缺陷制约着他们，让他们无法达到理想的状态。缺陷即人物的弱点，其阴暗面。有的很小，看上去微不足道，而有的则制造了巨大的盲点，经常制约他们的发展。不论哪种，这些特质都阻碍了人物的自我成长，妨害了他们真正的幸福。

大部分人物至少有一个致命缺陷。这个缺陷令他在故事的开始就不知何故地陷入"卡壳"状态。让事态变得更复杂的是，他常常把这个缺陷误解成了一种优势，不明白为什么这会让他无法达成所愿。尽管他也应该有某个外界力量跟他作对，但他必须克服这个内在的缺陷，才能感到满足和完整。唯一的例外是悲剧，悲剧中人物无法从最大的恐惧中解脱，所以始终无法改变和得偿所愿。在这里，致命缺陷变成了悲剧缺陷。

那么，缺陷从何而来？为什么它们对人物的行为有如此深远的控制？答案存在于主人公的过去和所经受的**情感创伤**。

情感创伤造成的伤害极大。人物会竭尽所能，避免再次体会同样的痛苦。比如，一个女人在婚礼现场被抛弃，或者一个男人把钱拿给兄弟投资结果破产了。因为这样的伤心时刻，女人拒绝再次敞开心扉，男人变成耿耿于怀的守财奴。伤痛通常发生在人物性格的形成阶段，由此产生的态度和行为会延续至成年时期。被父母抛弃的青少年可能会觉得所有成年人都不值得信任，成年后也无法信任他人。不论在什么情况下，伤痛总会以某种方式抑制幸福感和满足感，损害人物对他所处世界及其周围的人的看法。

伤痛的核心指向另外一个层面：人物因遭受情感创伤而相信关于自我认知的谎言（the lie）。比如，上面例子中的女人可能会觉得，自己被甩是因为不值得被爱。失去存款的男人可能会怪罪自己判断力太差。被抛弃的青少年可能认为父母离开是因为自己在某些方面有缺陷。这样的谎言是人物最害怕和不敢面对的。但是如果他要变得完整，这也正是必须要面对的。

● 外在动机和外在冲突

基本上，人物弧线由四个部分组成。**外在动机**是主人公想实现的目标，**外在冲突**是阻止他实现此目标的因素。在电影《谍影重重》（*The Bourne Identity*，2002）中，杰森·伯恩试图在被秘密组织抓住并干掉他（外在冲突）之前，找到自己的真实身份（外在动机）。

尽管优势可以帮助主角实现目标，但鉴于谎言的存在，主角常常认为这些品质是弱点。主角常视它们为消极因素——这种认知常常被配角强化。

在杰森·伯恩的例子中，所有跟"绊脚石行动"（Operation Treadstone）有关的人，都认为他是杀手，是必须消灭的威胁。杰森每犯下一个罪名，每次为了保命被迫杀人，都会加深这样的标签，同时他也会害怕自己正像他人说的那样不堪。杰森饱受失忆困扰，不愿意相信自己是杀手，但是证据越来越多：他对战斗、求生技术和武器天生就了解。他想逃离现在的自己，但是为了活下去，他又不得不使用这些让自己变得非常危险的技术（机警、随机应变、坚毅、适应力强），并用这些技术打败企图消灭他的人。

● **内在动机和内在冲突**

不断变化且复杂的故事线也包含能映照外在行动历程的内在心路历程。每一个外在动机，都对应着一个**内在动机**（即为什么人物想实现这个目标）。内在动机通常与追求更大的自我价值有关。

内在动机应该伴随着**内在冲突**，即挡在个人成长和真正幸福之路上的缺陷或谎言。当主人公与谎言搏斗之时，他会遭遇质疑和失败。挫折令人虚弱，但又是人物发光的必经历程。在能够摆脱致命缺陷之前，他必须经过它的磨炼；在能够揭穿谎言之前，他必须全身心地相信它。斗争越是卓绝，痛苦越是深刻，主人公的旅程对读者来说就越有意义。

在杰森·伯恩这个例子中，他的目标（查明自己的真实身份）由其内在动机（为的是证明自己不是无情的杀手）驱使。他的内在冲突（即谎言）就是，他坚信不管他是什么身份，他都干了坏事，不值得救赎。他的致命缺陷是心态封闭——不承认其他人对他的看法中有正确的，更重要的是，是他自己主动选择了这样的人生。

最强有力的人物弧线是充满起伏的，与情节的坎坷之路相辅相成。主人公会遇到很多外在冲突，以及打击其自尊与自信的挫折（内在冲突），阻碍其个人成长。即使他看上去无法面对自己的情感创伤，或者无法克服缺点，他也必须咬牙坚持。迟早主人公会面临一个与最初形成创伤的遭遇所类似的情形——不过这一次结果不同。他新生的力量与信念抵抗着恐惧，他获胜了。这一力量的核心便是人物的积极特质。

● **积极特质助人物获胜**

单靠决心，主人公是不足以达成目标的。没有勇气、毅力和正义感，杰森·伯恩是无法胜利的。所以，尽管主人公需要缺点，让改变与成长看上去不可能，但他也必须拥有走出黑暗之路的品质。

在故事的发展过程中，一个人物无须克服所有缺点。但是如果故事的结局是他成长为更强大、更均衡的自己，那么致命缺陷是必须消灭的，起码要削减到不再支配其生活的程度。一条完整的、成功的人物弧线必须要让人物在开始和结束时形成对比：受到周遭腐化堕落环境牵累的主人公，学会了看见人性之善；一个对世界充满不信任的控制狂主人公，现在愿意让别人做决定并帮助他。

关于人物弧线及其如何融入故事结构的更深层次见解，我们强烈推荐迈克尔·豪格（Michael Hauge）写作的畅销书《编剧有章法：俘获观众与打动买家》（*Writing Screenplays That Sell*，已由后浪出版公司引进）。

从头塑造人物：选择正确的特质

人物缺陷制造挑战与摩擦，积极特质则使人物讨喜且有机会成功。但是正确平衡优点和缺点需要技巧。太多缺点，人物不讨人喜欢。太多优点，人物成功得太轻松，而且也不真实，影响读者与主人公、故事的共情。以下是为你的人物选择性格特质组合的几种方式：

● **头脑风暴：在大局中寻找对立面**

就算不擅长写作大纲，写作者也应该在写初稿的时候做一些计划。花点时间理解主人公的目标和恐惧，会让创造人物的过程变得简单。不论你是以某个情节还是某个人物开始构思，一些关键问题可以帮助你走上正轨。

如果你是**重情节**（plot-focused）的作者，扪心自问一下：我想让这个故事里发生什么？为你设想的情节写一个简介或几场戏，并定下故事的结局（即主角赢得或实现了什么）。一旦你对这个基础感到满意，问一下你自己：在这种基础框架内，哪种类型的人物是最糟糕的？清楚掌握你已规划好的事情中的糟糕情况，能帮助你塑造一个不适合完成任务的人物。想一想能够伤害、阻碍和抑制这个人物达成目标、让成功遥不可及的性格缺陷。然后对症下药，选择最终可帮助其克服缺陷的积极特质。最终形成的人物将完美符合你的故事——其缺陷为成功增加了障碍，但积极特质最终帮助他实现了目标。

如果你自认为是**重人物**（character-focused）的作者，不妨问自己：这个人物是谁，是什么让我对其投以关注并决定写他的故事？为了了解他是谁，请写下他的怪癖、态度、道德观、信仰，并使用本书中的积极特质词汇来获得灵感。深入研究他的背景故事。谁伤害了他，为什么？谁向他示了爱，或让他有归属感？他面临的哪些挑战磨炼了抑或是削弱了他？你对"他是谁"有了一定的了解之后，再问自己：基于我对这个人的了解，发生在他身上最糟糕的事情会是什么？

那件"最糟糕的事情"应该嵌入你的情节之中。发展它。给主人公设置障碍，增加困难。在你知道他必须得做什么才能获胜的时候，赋予他一些性格缺陷，给他的成功之路设置障碍。这些缺陷应当在某种程度上削弱他，损害他与其他人物的关系，让他无法面对内心最深处的恐惧。

为了找到主人公的情感伤口，需要发掘他的过去，把重点对准他曾遭受的伤害上。一旦你找准了掣肘他向前的缺陷，再次检查一下你一开始设想的能够帮助他克服困难的积极特质。这些特质还应该帮他获得更佳的视角，对自己产生更深层次的洞察，帮助自己面对内心的魔鬼，并成为完整的人。

电影《泰坦尼克号》（*Titanic*，1997）中就有一个强有力的例子，表明互相对立的缺陷与积极特质，是如何结合起来产生绝佳效果的。罗斯·德维特·布克特高雅时髦且有责任感，这些特质与1912年她所处社会地位的女孩相符。但她同时也很叛逆，这与她的积极特质冲突。叛逆正是驱使她做出选择的动力，既让故事变得复杂，也为她的情感关系制造了紧张。

● **使用积极特质的四大类别**

为了创造丰满的人物，需要选择源自人物**道德观**的、可帮助他**成就**目标的、允许他与其他人产生健康**互动**的，并能厘清他**身份**的那些积极特质。积极特质之间应该相辅相成，要么满足人物的需求，要么符合人物的核心观念。这将巩固人物的性格类型，更加清晰地定义他到底是谁。在附录 C 中可以找到一个按类别划分特质的便捷参考。

● **让人物看不见自己的优势**

故事让人满足，部分是因为我们可以看到主人公的成长和克服困难的过程。展示主人公成长历程的一种方式是赋予他某种特质。这种特质要么看上去没用，要么令他在某些方面感到无力。对读者来说，看着主人公意识到这种特质的本质，并将它转换成最强大的优势，这将非常满足。选择特质的时候要发挥创意。有时候，不那么明显的选择反而能够提供他克服困难的最佳机会。

在斯蒂芬·金（Stephen King）的小说《末日逼近》（*The Stand*）中，汤姆·库伦因低智商感到挫败，希望自己更聪明一点、记忆力更好些，以便能够在准备战争的过程中帮助自由区的朋友。然而，当他被派去拉斯维加斯的敌军中当间谍时，正是单纯与厚道帮他获胜，而那些更狡猾的人失败了。

● **选择出其不意的积极特质**

读者通常能和主人公的目标、其过往创伤带来的痛苦，以及变得更好的渴望产生共鸣。但是当他拥有意想不到的品质时，也能够引起读者的兴趣。也许他拥有个人化的癖好、爱好，抑或是不寻常的性格混搭。选择一个让人意想不到的积极特质（该特质也可作为一种技艺或才能），对主人公、次要人物乃至反派的塑造来说都是一个好技巧。

在电影《欢乐糖果屋》（*Willy Wonka & The Chocolate Factory*，1971）中，威利·翁卡怪异而浮夸，且这两个特质很融洽。然而，他也是个理想主义者。邀请孩子去他的工厂，唯一的目的就是找到一个负责任且好心肠的孩子，继承他的遗产。这种理想主义是意想不到的，为故事的结局增加了一个独特的转折。

● **多少才算太多？**

只为你的人物选择一个决定性的积极特质更容易，但这么做会让人物扁平，缺乏层次。这也是为什么你在文学作品中很少见到只有一种特质的人物。主人公是最需要发展的。尽管没有金科玉律，但我们建议你从四大类别中至少各取一项主要特质，进而丰满主人公的个性。用你写作者的直觉去寻找平衡，如果需要，也可以向能给出有价值评论的写作伙伴寻求意见。

太多积极特质会造就一个混乱的人物，其动力和情感都难以定义，而太少的特质又容易让他没有什么记忆点。充分发展你的人物，让每一个都在某种程度上令人难忘。比如《魔戒》（*The Lord of the Rings*）系列中的萨姆·甘姆齐，忠诚、通情达理且体贴周到。《虎胆龙威》（*Die Hard*）系列中的约翰·麦克莱恩，机智、勇敢、正直且坚韧。这两个人物都是丰富而完整的，在银幕上立得住。

选择多重特质时的一个有用技巧是，以其中一个为主要特质，其他特质为辅。这种主次分明的做法会让作者的大脑更加清晰，知道哪些特质最应该被强调,哪些特质是辅助,为人物性格增加维度。比如《哈利·波特》(*Harry Potter*)系列中的赫敏·格兰杰,一丝不苟、上进而且负责任,但读者主要与她的聪慧共情。因为她的聪慧直接影响着她的其他行为、态度和抉择。

积极特质与反派

把反派和积极特质放在一块，看上去可能有点别扭，但让大反派有一些合理的优势是极其重要的。为什么？因为反派越强，主人公战胜他就看上去越不可能。目睹主人公在高风险情境中对抗强大的敌人会激发读者的同理心，因为他们想知道主人公如何才能成功。增强读者的同理心是人物创作的核心目的之一；如果你想做好这一点，可使用以下技巧发展反派的积极特质，让他尽可能强大。

● **展开背景调查**

作为写作者，我们往往太过专注于主人公，而忽视了反派。为了让反派令人生畏，要像塑造其他主要人物一样，尽可能地塑造反派。形成主人公积极特质的因素同样也会影响反派。请做好研究工作。使用附录A中列的人物侧写问卷，为反派撰写简介。更丰满的反派，对主人公和读者来说都是一个现实威胁。

● **了解反派的人物弧线**

反派的人物弧线包含的元素应当与主人公一致。他的目标也受外部因素（即主人公）掣肘，这个目标的动力来自内心渴望得到更多尊重，这种需求源于一个关于自我认知的谎言。同时，如果反派不受外部因素掣肘，其动机可追溯到过往受到的重大情感创伤。

以电影《非常嫌疑犯》（*The Usual Suspects*，1995）中的反派凯泽·索泽来说，索泽是个小罪犯，因妻子与家人的死而受到重创。在杀掉每一个他认为害死家人的匈牙利黑帮成员后，他转入地下，建立了一个以秘密、恐惧和传说为基底的犯罪帝国。他的目标是隐瞒自己的身份，哪怕是最亲近的人（外在动机）；有时候这很困难，因为有警察追捕，偶尔也有目击者（外在冲突）。尽管他的内在动机没有被揭示，但你可以说他是想隐藏身份，这样就没有人能够伤害他或者他最亲近的人。他的内在冲突始终没有展现，但如下设想也是合理的：他为妻儿的死亡承担责任，认为他们遭受如此痛苦的结局是自己造成且无法弥补的（谎言）。

带着伤痕、动机、缺陷和野心，这样的反派是符合现实逻辑的。对读者来说是有意义的，因为他们看到主人公的对手是一个有着实际问题的人。通过探索反派的人物弧线，不仅让他变得对读者来说更有趣、更可怕，也让主人公因遇到真正可怕且神经质的对手而陷入更深的泥潭。

● **让反派变强大**

写作者对反派的了解往往仅限于他的主要缺陷和这些缺陷如何驱动他。但是，正如主人公需要得偿所愿的能力，反派也需要。不论其目标是钱财（《虎胆龙威》中的汉斯·格鲁伯）、掌控力[《飞越疯人院》（*One Flew Over the Cuckoo's Nest*，1975）中的护士拉契特]，或是自我实现[《沉默的羔羊》（*The Silence of the Lambs*，1991）中的水牛比尔],反派需要一套特定的优势才有可能获得成功。正是这些积极特质让读者相信反派或许能得逞,继而为主人公感到担忧。记住同样重要的是,主人公成长的幅度与对手强大的程度直接相关。如果主人公战胜的是弱小的反派,这算不上什么成就,读者也不会觉得厉害。但是,让主人公挑战有智力、有耐心、有报复心且有野心的反派呢?击败这种大反派能让主人公的光辉形象更上一层楼。

为了创造强大、符合实际且令人惧怕的反派,需要保证他们拥有达成目标的优势。以凯泽·索泽为例,成为很难被捉到的残忍犯罪大师,耐心、智慧、有条理、谨慎和决心是必备优势。这些优势让凯泽·索泽从假设意义上的坏蛋,变成了有史以来最令人着迷最难忘的反派角色之一。你也可以通过选择正确的积极特质组合,为你的反派做同样的事。

● **让反派拥有更多维度**

尽管反派的优势不一定在积极特质四大类别(道德、成就、互动、身份)的每一类里面都有体现,但应该考虑这种可能性。拥有不同类别的积极特质,对反派和主人公来说一样重要,除了一些关键性区别。

有人会说反派缺乏道德,但大多数时候并非如此。许多虚构的和历史上的反派都有道德准则,只不过与大众认为的对错不一样。电影《华尔街》(*Wall Street*,1987)中戈登·盖柯的人生信条是"贪婪是好事",因此值得追求。电影《辛德勒的名单》(*Schindler's List*,1993)中描绘的真实恐怖人物阿蒙·格特(Amon Goeth)认为,整个犹太种族的人没有任何价值。在他看来,自己的行为是正确可接受的,是在为大众做贡献。为反派选择道德类特质的时候,要考虑他的道德准则是怎样被过去的伤痕和负面的经历所扭曲的。一个有原则的反派才真的令人不寒而栗,尤其是当他的道德选择对主人公和读者来说非常残忍的时候。

这意味着,尽管道德类特质通常是主人公其他积极特质的可靠预测(主导特质),但对反派来说不一定如此。因为反派的创伤太深了,会产生巨大的需求,这样就更可能从其他三个类别中选择主导特质。电影《沉默的羔羊》中的反派之一水牛比尔非常急迫地想摆脱自己的肉体,于是试图用受害者的皮肤再造肉体。可以这么说,决定他行动的主要优势(尽管跟多数反派一样都是扭曲的)来自身份类特质——创造性,他的其他性格优势以创造性为基础形成。对反派来说,以成就类特质为主导也很常见,因为此类人物常常都是目标导向的。

● **归纳总结**

对于大多数反派来说,要记住的重要一点是,他们和其他人一样,都是人。他们是好与坏的结合体,有长处也有弱点。尽管反派大体上是让你反感的,但他也有跟普通人一样、通常更甚的创伤和需求。弄明白令你的反派变成这样的原因是什么,并让他变得足够强大,强大到能给你的主人公造成严重威胁,这样你便会有一个与主人公相称的对手,使读者坚定地站在主人公这一边。

关于人物的积极特质需要知道的事情

身为写作者的你，如果想符合实际地写出人物的性格，不仅要知道是什么造就了他们性格中的积极特质，还要知道这些特质在当下是如何表现出来的。如果你希望清晰地把人物性格传达给读者，以下这些地方，你需要熟悉一下。

● 行为和态度

一旦你确定了主人公性格中的积极品质，猜测他在不同情况下会怎么反应就更容易了——尤其是在出乎预料的情形下，因为这种时候，反应都是即时的。比如，三个刚刚得知自己中了彩票的人物，会根据其自身具备的特质做出反应。充满热情的主人公可能会叫喊、上蹿下跳，拉着其他人一起庆祝。性格谨慎的人物可能会表现出质疑，了解事实后才犹犹豫豫地兴奋起来。而心怀感激的人物可能会哭，然后口头感谢赠送这一礼物的人。

人物的有趣之处在于，跟真人一样，如果你把他们放在相同的情境里，他们会有不同的反应。即使拥有相同特质的人，也会因为其特质构成不同，而以各具特色的方式做出反应。假设刚才说的三名彩票中奖者都有着相同的特质——"易激动"。第一个人非常大方，可能会在钱还没到手的情况下就承诺把钱捐出去。第二个激动而粗犷的中奖者可能会开心地骂着脏话，然后往每个人身上泼啤酒。第三个幸运儿，激动的伪君子，可能会宣布把债务还清，但事实上压根不想这么做。

每个人在特定的情形下如何反应，选择项是无穷无尽的。这也是为什么我们给每个性格特质提供了那么多可能的行为和态度，以便你思考人物可能做出的反应。

● 想法

重要的是要记住，人物不总是诚实的，跟自己、对他人都是如此。比如，你的主人公可能表现得很顺从，因为他相信此乃正道，或是因为他在隐藏自己叛逆的本性；他从外表来看是顺服的，但内心深处，他讨厌别人对他指手画脚。想法不如行动那般显眼，但它们可以揭示人物的本性。如果你想给读者展现人物真正的性格，你必须知道他在想什么，他的想法是怎么跟举止和行动形成对比的。

● 情感幅度

在你展现人物的性格特质的时候，他的情感幅度将影响特质的表现。他的情感是外露还是内敛？他是不是在不同的人面前表现不同？他有没有隐藏一些情感？大多数人都不会自如地表现全部情感。一个富有激情但是渴望认同的人物，可能会隐藏自己的情感，努力表现得和同龄人一样。一个积极幸福的人物可能不太乐意表现消极面，因为他决心维持自己的乐观人设。了解人物的情感幅度，让你可以更真实地传达他的感受。

● 消极面

尽管积极特质的积极性是毋庸置疑的，

但要记住它们也有消极的一面。忠诚的人物，对朋友高度忠诚，但他的这种忠诚也可能导致他支持某个动机不纯或行为可疑的人。忠诚也可能过犹不及，导致人物为他人撒谎，或者口是心非地赞同别人。大多数积极特质都不是纯粹正面的，许多时候也包含消极的一面。利用好这两面，你便能丰富人物的个性，令读者产生良好共鸣。

怎样展现人物的积极特质

一旦你找到了能明确人物性格的那些特质，并熟悉它们的各个方面，接下来就需要有效地向读者传达这些特质。在涉及人物的诸多写作领域中，要把人物特质展现出来，而非简单告知结论。展现比告知要更花费力气，但是加强了读者和人物的联系，这是值得的。

"告知"会产生距离，因为读者是置身事外被动接受的。有人告知你办公室有个辣妹/靓仔，跟你亲眼看到是有区别的。听到可能会引发你的兴趣，但你并没有与之产生情感关联，直到你亲眼看见。这就是为什么展现人物是重点。那么，该如何实现呢？

● **通过行动和怪癖**

特质决定行动，所以如果一个人物对自己对他人都诚实，他的行为就能展现积极特质。在长篇小说《绿山墙的安妮》(Anne of Green Gables)中，安妮·雪莉总是看到事物的积极面，向读者展现了她是乐观主义者。尽管《阿甘正传》(Forrest Gump, 1994)里的珍妮神经质，经常玩消失，阿甘依然对她诚心诚意，观众从这些情节中推断出阿甘是忠诚的，并因此喜欢他。如果人物行为始终如一，读者就能知道他的积极特质是什么，他是什么样的人。

怪癖——细微的、独一无二的举止或习惯——也能展现人物个性。《加勒比海盗》(The Pirates of the Caribbean)系列电影中的杰克·斯帕罗船长，令人记忆深刻的原因之一就是他的个性。通过他的黑色眼线、忽高忽低的奇特声音，醉酒似的步伐和双手的摆动方式，我们显然看到的是一个耀眼的人物。同样，你可以通过许多古怪的习惯，轻易地发现电影《圣诞精灵》(Elf, 2003)中的巴迪无拘无束的性格，比如他把槭糖浆当作调味品、在公众场合唱歌。怪癖是揭示人物积极面的一种有效方式，因为每个怪癖都是个性化的。如果使用得当，这些怪癖也能告诉读者和观众人物大量信息。

● **通过人物关系**

人物的个性可以通过与他人的互动变得鲜活。每个人都有自己的倾向和喜恶，并在潜意识里将之运用到与他人的关系中去。人与人之间的这些不同点会造成冲突，产生紧张关系并挑起麻烦。把主人公与有着相反积极特质和缺陷的其他人物配对，主人公的个性会更加清晰明确。

另一个技巧是让次要人物向读者展现主人公到底是什么样的人。人们常说如果你想真正了解一个人，别问他自己是什么样的人，要问他最亲近的人。主人公与朋友在一起时是最舒服自在的，所以和他们在一起时会放下防备，表现得更自然。通过其他人对主人公的观察而展现主人公真正的性格，这是一种绕过主人公的自说自话、得知其真实喜好的很好方式。

● **通过想法**

就像上面提到的，人物对自己的性格并

不总是如实相告。为了掩饰缺陷，他可能假装拥有并不具备的某些优势。他也可能效仿自己崇拜的人，但实际上自己迥然相异。但想法会暴露他，因为想法在自己的大脑里是无须隐瞒或伪装的。如果人物是第一人称视角，就让读者一窥他的大脑。向读者展现人物思想和行动之间的不协调，从而暴露人物的真正想法。

● **通过危机和选择**

在危机中，风险提高了，情绪是高涨的，做出连贯的思考是困难的。时间紧迫，主人公靠直觉行事，展现了本性。在僵尸末日主题的电影《僵尸世界大战》(*World War Z*, 2013) 中，格里·莱恩的同伴被咬伤了手，格里毫不犹豫地把同伴的手砍了。他的快速反应表明他决绝，愿意承担风险，且能够控制住自己的恐惧。

另一方面，选择则增加了时间的要素。人物能够认真思考，权衡选项，然后谨慎地决定该做什么不该做什么。在首部《异形》(*Alien*, 1979) 系列电影中，埃伦·里普利面临这样的选择：是允许被异形感染的同伴上飞船，保留挽救他生命的可能；还是把他留在外面任其自生自灭，保证飞船不受感染。通过她做决定的镇静状态，我们可以看出她谨慎、理智，且不轻易被他人左右。观众不仅可以通过她的抉择，也可以通过她做抉择的过程了解这个人物。

● **通过人物的成长**

在故事的发展中，主人公应该学会超越或者克服自己的致命缺陷。不过，他的最大弱点会改变，同时他的主要优势应该要保持不变。为了确保优势一以贯之，写作者将通过给读者看到主人公诸多展现积极特质的机会，来强化这些积极特质。

当读者不感兴趣：人物创作中的常见陷阱

我们已经确定，读者会与那些有人性的人产生共鸣，会与能够引发他们仰慕、尊重和好奇心的人物产生共鸣。创造这些人物的关键是，赋予他们能够引起人们兴趣的积极特质。但是，如果即便我们尽了最大努力创造有趣且真实的人物，但读者依然不买账呢？这里有一些读者／观众没法与人物产生共鸣的原因。

● **不真实可信的人物**

如果一个人物被认为不真实可信，问题可能出在写作者对他不够了解。你可能知道人物的方方面面，但这不意味着你跟他亲密。现实生活中也是如此。如果你是布拉德·皮特（Brad Pitt）的粉丝，你在网上能找到无数他的资料，但并不意味着你就了解他。你没法预测他在事态紧急时候的行为，也不知道他的过去有哪些诱因造成了他当下行为的改变，甚至也不了解他心中所珍视的是什么。凭着有限的知识，你可以试着写他，但写出来的他可能会显得不真实，而且……嗯……很不像布拉德·皮特。要让人物显得真实，写作者需要深入地了解他们，这样他们才能够行为一致，便于读者理解。

人物看起来虚假的另一个原因是，他的声音不太对。声音应该跟人物一样独特。由于音调、音质、音高、音量、音速、遣词等众多因素的不同，每个人物的声音很容易区分。主导的性格特质也影响说话，一个急躁的人物跟一个随和或忧郁的人物声音不一样。

在设想主人公的说话方式时要记住这些。另一个有用的技巧是聆听那些展现了独特声音色彩的电影角色。《弹簧折刀》（*Sling Blade*，1996）中的卡尔·奇尔德斯、《公主新娘》（*The Princess Bride*，1987）中的维齐尼、《沉默的羔羊》里的水牛比尔、《阿甘正传》中的阿甘，都有着极具辨识度的声音。记下让他们出众的声音元素，看看怎么能用在你的主人公身上。

人物不真实的第三个可能原因与情感有关。读者与人物产生联系、感其所感的时候，共鸣就产生了。读者同情并关心人物发生了什么，但只有当人物的情感传递得当的时候才会如此。如果传递不好，读者不买账，他们会退缩，产生隔阂。情感浮夸、情感干瘪、情绪不明、反应不一致，都会造成人物失真。简明扼要地展现人物的感情，你就会创作出完全相反的效果，并能引导读者共享情感体验。关于如何有效地传达情感的更多内容，我们推荐《情感设定创意宝库》（*The Emotion Thesaurus: A Writer's Guide to Character Expression*）这本书。

● **不连贯的人物弧线**

人物弧线对故事整体很重要。人物弧线出了大问题，就会产生不连贯或缺漏，造成读者感觉异样。最大的问题之一是人物没有缺陷。写作者可能对主人公太过于迷恋，以至于不想把他们当作弱者。但是没有缺陷，主人公就没有进步或失败的路径，读者无从支持。想象一下哈姆雷特没有犹豫不决，科学怪人维克多·弗兰肯斯坦没有病态般的疯狂，这些人物就不会经历内心的冲突，也就没有什么值得克服的了。谁想读这样的故事？现实世界不存在没有缺点的人，在纸面上这样的人也没有生命力，因为读者不会与他并肩作战。创造能与读者产生共鸣的主人公，必须让他有一些缺陷，与他的优势达成平衡。

● **扁平的人物**

人物扁平有几个原因。其中最大的问题之一是缺乏原创性或者模式化。写作者很容易就陷入模式化的人物窠臼中，因为这些都被证实过可行。拥有金子般的心的妓女、古怪的隐士、睿智但有些疯癫的导师——这些模式过去都是有用的。但是经历过太多次重复之后，模式化的人物失去了吸引力。为了避免重复已经做过的事情，要努力使你的人物变得独特。扭转一下传统的陈词滥调，创造新鲜的、引发人们兴趣的人物性格。

只有一个主导特质的单维度人物也会让读者失望，比如书呆子或者运动狂人。为了避免这一窠臼，就要创造拥有多个特质的人物，最好是四大类别都涵盖。当你成功地找到并将这些特质很好地混合在一起时，你会为人物增加深度，使他变得更多面、更有趣。

被动的主人公也不可取。这些人物只会被动地对环境做出反应，而不会主动为自己创造条件。他们不会自己做决定，只有周遭事情发生变化时才被动反应。读者不会尊重自己无动于衷、让其他人和事物决定自己命运的主人公。主人公在故事中应该自己主动做选择，并在故事中不断前进，即便他的决定是错的。读者会对错误共情。所以，一定要让主人公掌控主动，而不是让他等待事情发生。

● **风险不够高**

很多时候，读者对故事感到出戏，或者不爱某个人物，是因为读者不知道其中什么是危险的。不论是身陷囹圄[《肖申克的救赎》(*The Shawshank Redemption*, 1994)]、过着孤僻独处的生活[《军官与绅士》(*An Officer and a Gentleman*, 1982)]，还是处在世界末日[《天地大冲撞》(*Deep Impact*, 1998)]，每个好故事都应该有高风险。要想弄明白风险是什么，问自己这个问题：如果主人公没有实现目标，会发生什么？

如果你知道有什么风险，但读者仍然不买账，那可能是因为风险不够高。为了让读者全情投入故事，得让他们相信，如果主人公失败了，将大事不妙。这是让他们为主人公加油鼓劲并继续往下看的动力。如果你担心设置的风险太低，这里有一些能增加风险的手段。

首先，聚焦那些人类共通的风险。生存、爱情、饥饿、性爱、安全、保护所爱之人——这些是人人都能理解的风险，因为它们是如此基本。以《救猫咪：电影编剧指南》(*Save the Cat! The Last Book on Screenwriting That You'll Ever Need*)一书成名的作者布莱克·斯奈德（Blake Snyder）将它们称之为原始风险（primal stakes），因为每个人都会本能地理解它们。试想一下经典儿童文学作品《夏洛的网》(*Charlotte's Web*)。是什么处于风险之中？威尔伯处于风险之中。这能有什么说服力？你会问。谁关心一头猪呢？好吧，人们可能不关心家畜，但几乎每个人都会关心死亡。如果你能够让故事中的风险变得基础且共通，那么你就走上了吸引读者投入其中的道路。

尽管在流行电影和书籍中识别风险是容易的，但对于我们自己的故事来说，要做到这一点则更为艰难。为了付诸实践，我们先虚构一个场景，并弄明白怎样增强风险的紧迫性。假设你现在有一个关于一个女人的故事，我们姑且叫她费伊，她想拯救自己的婚姻。保护自己的婚姻或家庭是人之常情，所以算是主要风险。但这并不抓人。怎样让它更紧迫呢？

下一步是要清楚地表明，如果主人公没法得偿所愿，坏事就会发生。就费伊的处境而言，我们知道她的婚姻处在风险之中，而且从理论上讲，婚姻破裂是糟糕的。但是读者不应该只是感到理论上的担忧，他们应该紧张得咬指甲。我们要把恶劣的后果说清楚。也许费伊一旦离婚，就会失去丈夫给患有癫痫的女儿投入的保险，而她急需这笔保险支付医疗费。

有时候，即便风险很高，读者依然感觉不到紧迫。还得让他们相信危险将至。为了实现这一点，增加死线或倒数计时，读者便知道时间不多了。滴答走动的时钟增加了紧张感，让读者投入其中。在费伊的例子里，我们假设她的婚姻亮红灯是因为丈夫怀疑她出轨。丈夫同意跟她一起参加婚姻咨询，但如果两个月后依然解决不了问题，他就离婚。两个月的时间就能挽回婚姻？不可能！现在我们就有了紧迫感。

最后，要不停地给你的人物增设障碍。若没有迫在眉睫的危险，即便原始风险也没有说服力。在这两个月时间里，很多事情都可能发生，让费伊面临更大的困难。她选择的咨询师可能是个废物。女儿的健康可能会恶化。被丈夫怀疑是情人的男人开始追求费伊，让丈夫想要离婚的心更加坚定。或者费伊也可能发现自己怀孕了。障碍为主人公的成功增加了不确定性。你要确保人物面临的众多障碍是能够在故事推进过程中增加风险和紧迫感的。这会增加紧张感，令读者有更多理由为主人公担心。

● **反派分量不够**

很多时候，是反派让主人公的处境极为艰难。读者为主人公担忧，常常是因为震慑于坏蛋的邪恶本性。但是如果主人公面对的反派并不令人生畏，那么风险看上去就没那么令人绝望了。为了避免这种情况，你要做做功课。列出反派的人物弧线，以便了解他想要什么，为什么他如此迫切想实现它。明白了他的内在动机，你就知道他内心缺失或损坏的关键一环是什么了。反派想要得偿所愿的决心，应该是和主人公一样的。如果反派愿意无所不用其极地获得胜利，那么主人公就陷入大大的麻烦之中了。而这在唤起读者兴趣方面起到了重要作用。

最后说明

尽管我们已经尽力在本书中囊括积极特质词条，但因为属实过多，无法做到完整呈现。我们建议使用索引寻找你需要的特质，因为太多特质可以归为一组。比如高兴的（cheerful）、欢乐的（jolly）、乐观向上的（upbeat）和愉快的（merry）实际上可以通用，所以全部都归类在幸福的（happy）之下。在其他情况下，一个特质如果与其他词条太相似，我们为了避免重复就合并了。如果你仍找不到想找的词条，试着找相似的，也许能找到有用的信息。此外，因为植根于内心的力量是最复杂最难写的，我们选择聚焦在这些内在精神特质上，而不是那些外在特质上，如优雅的（graceful）、吸引人的（attractive），等等。

记住，此书适合作为头脑风暴指南。尽管每个词条都包含关于该特质的行为、情感和可能成因的具体信息，但是人物本身是独特的。他们根据自身拥有的特质成分、处境的紧迫性、当时的情感、与什么人在一起等众多因素综合起来做出反应。因此，本卷中的词条应当是起始点，而非你为人物选择任何情境下反应的列表大全。

还值得一提的是，尽管本书可以单独使用，但我们推荐搭配《人物设定创意宝库：消极特质词汇速查，塑造招人喜欢的有缺陷的人物》使用，帮助你创造更平衡、更复杂的人物。

关于人物与个性的研究，有众多理论和观点。而在创造人物积极特质方面，我们遵循了其中一种学说。行为的根本成因，来源尤其庞杂，常常与个人的过往经历直接相关。我们在词条中列举的成因仅为可能性——为鼓励写作者更多思考过往经历如何影响人物当下行为而提供的想法。

如果说在写这本参考书的过程中我们学到了什么，那就是鲜活原创的人物是无穷无尽的。通过揭示人物的过去，考虑他的基因组成，再加入其他元素，你就能创造出众多前所未见的人物，既符合实际，又令人着迷。我们希望，并诚挚地相信，这本参考书能帮你创造众多丰满的人物，深深吸引读者共同踏上人物的旅程，从头读到尾。祝你好运！

积极特质词汇
The Positive Trait Thesaurus

爱国的

定义：
对自己的祖国充满热爱与忠诚

类别：
身份、互动

类似的特质：
有民族自豪感的（nationalistic）

可能的成因：

在军人家庭中长大
喜爱历史，学习过自己国家的历史
在军事服役期间战斗过
见过别国的不公正，对自己生活的地方充满感激

逃离了专制国度，生活在自由与平等的地方
家人教导过民族主义的重要性
被迫离开自己非常怀念的国家
被上层洗脑

相关的行为：

在军队服役
穿代表国家颜色的衣物
参加游行和集会
展示国旗
忠于国家、忠于人民、忠于立国之本
为国做出牺牲
庆祝国家的节日
唱国歌
在国际事件中变得情绪化
优先考虑他人
如果有人公开反对自己的国家时，会开始防御或生气
嘲笑别国的行为
教育自己的孩子要爱国
买本国生产的产品
参观本国的古迹

尊重为国捐躯的人
学习国家的起源，研究国家的根基
相信多数人的需求大于少数人的需求
投票
遵守法律
投票支持某个候选人
怨恨曾经的外敌
参与本国政治和时事的辩论
试图让异见者噤声
为本国的体育代表队欢呼
对国民性消遣活动感兴趣
拒绝改变自己国家的一贯做法
支持保卫祖国
担心国家的发展方向
对祖国发生的剧变表现出悲伤
尊重为国服务的人（军事人员、警官等）

相关的想法：

"地球上没有比这更好的地方了。"
"我爱这个国家。"
"如果他们不喜欢这里，应该去别的地方住！"
"看看那个人，唱国歌期间竟然坐着。真不是东西！"

Patriotic

相关的情绪：
爱慕、蔑视、戒备、激动、爱、怀旧、自命不凡

积极的方面：
爱国的人物是极其忠诚的，不仅是对自己的国家，也是对生活中的组织和人民。爱国主义是他们的激情所在；他们自学国家的起源、了解历史人物、学习政府流程，热衷于时事。这些人物以激情和知识为武器，能够也愿意与批判祖国的人激烈斗争。

消极的方面：
正如任何极度忠诚的人，这些人物也可能对他们国家的错误视而不见。他们面对反对时的不容忍和好斗，会损害他们的信誉和名声。极端的爱国主义会导致一个人伤害那些批判自己国家的人。由于盲目的忠诚，他们很容易被宣传蛊惑，致使在打压真正或假想的敌人时采取极端措施。

电影中的例子：
正如电影《勇敢的心》（*Braveheart*，1995）恰如其分展示的那样，13世纪苏格兰的生活环境远非理想。农奴在贵族的掌控之下，生活困苦，无法声讨不公。贵族滥用他们的权力，比如使用初夜权——在农奴新婚夜与其新娘睡觉的权利——等习俗来刻意压制农奴。出于对苏格兰及每个族人（不只是贵族）强烈的爱，威廉·华莱士揭竿而起领导起义。结果爆发了血腥而漫长的战争，华莱士因此而死，同时一个新解放的苏格兰诞生。电影和漫画中的其他例子：《爱国者》（*The Patriot*，2000）中的本杰明·马丁、美国大兵、美国队长。

配角身上可能会（与主人公）造成冲突的特质：
对人性悲观的、不忠诚的、古怪的、轻浮的、贪婪的、紧张的、反叛的、忘恩负义的、存心报复的、爱发牢骚的

对于爱国的人物来说，有挑战性的场景：
国家动荡，令忠心飘摇
必须在某个对自己祖国态度矛盾的国家工作或生活
发现所爱之人在秘密地、激烈地反对自己的国家
得知政府独断、腐败和爱操控
遭受不公，政府却无动于衷

爱冒险的

定义:	类别:
愿意尝试新的经历,并愿意承担风险	成就、身份、互动

类似的特质:

大胆的(daring)、冒险的(risk-taking)、有冒险精神的(venturous)

可能的成因:

在具有强烈冒险精神的父母身边长大
儿童时期被鼓励尝试新事物和新体验
有沉迷令肾上腺素飙升活动的倾向

要求不停的刺激,容易感到无聊
性格外向

相关的行为:

参与极限运动(攀岩、跳伞、蹦极等)
因为参与活动受伤(骨折等)
把冒险当乐趣
在社交场合主动发起对话
研究并尝试新的刺激、冒险和体验
尝试新食物
态度积极
社交圈大
精通装备,在一项活动中使用合适的装备
阅读其他国家的资料以及在那里可以体验的活动
参加以冒险为中心的俱乐部或团体
为了生活而工作,不是为了工作而生活
喜欢结交新朋友
不被束缚在一个地方
问别人都去哪里玩,都干了什么
喜欢把钱花在体验上,而不是实际的物质上

闲暇时间总是被填满
对其他文化和其他生活方式感兴趣
有极强的自尊(心)
自信
思想开放
友善
享受肾上腺素的飙升
充满活力
精力旺盛
健康且匀称
对营养需求和身体机能的认知超过一般水平
善于使用多种语言
愿意和他人分享自己的经验;向他们介绍新事物
接受培训所以精通各种活动(潜水课程、高崖跳水等)
由于装备、旅行和活动的高昂费用,很难存下钱

Adventurous

相关的想法：
"再像这样爬几个周末，我就能挑战魔鬼塔的顶峰了！"
"勒妮说在澳大利亚潜水的体验是无敌的，这就是我接下来的目标。"
"唐尼担心得太多了。这家跳伞公司名声很好的。"
"冬泳！这就是我要做的。"

相关的情绪：
自信、果决、激动、幸福、满足

积极的方面：
爱冒险的人物会吸引那些与他们一样充满能量和乐趣的人。愿意体验和尝试新事物，这些人物想体验生活中一切能尝试的。其他人可能会在找到满意的东西后就安定下来，而充满冒险精神的人会不计风险与代价地寻找快乐和满足。

消极的方面：
这些人物常常沉溺于创造高涨情绪的活动。他们往往不考虑后果，因此会身处危险，带来身体伤害。他们对冒险的渴求可能会影响判断，怂恿他们突破边界。当跟其他爱冒险的人身处同一群体的时候，同伴带来的压力会让他们走极端，做出错误的选择。

电影中的例子：
冒险系列电影《夺宝奇兵》(*Raiders of the Lost Ark*)中，大胆的考古学家印第安纳·琼斯就是一个硬核探险家，为了解决古代世界的谜题不顾一切。他很容易就能适应不同——常常也危险的——文化和环境，并在追求知识的过程中成长，冒极大的风险寻找能够为过去提供新信息的文物。文学和电影中的其他例子：《彼得·潘》(*Peter Pan*)中的彼得·潘、《分歧者》(*Divergent*)系列中的无畏派、《古墓丽影》(*Tomb Raider*，2001)中的劳拉·克罗夫特。

配角身上可能会（与主人公）造成冲突的特质：
镇静的、对人性悲观的、没有安全感的、一丝不苟的、黏人的、紧张的、多疑的

对于爱冒险的人物来说，有挑战性的场景：
受伤或者得病，导致无法出去干事情
失去工作，没有经济能力追求冒险机会
身处某个冒险水平显著高于或低于自己的群体
遇到事故造成了某种恐惧症，导致无法享受某个喜欢的活动

爱玩的

定义：	类别：
喜欢玩乐	身份、互动

类似的特质：
活跃的（coltish）、活蹦乱跳的（frisky）、嬉闹的（frolicsome）、喜欢玩乐的（fun-loving）

可能的成因：

不成熟　　　　　　　　　　　　　　　　有逃避工作、责任和冲突等的愿望
想要取乐　　　　　　　　　　　　　　　懒散
注意力短缺

相关的行为：

经常笑　　　　　　　　　　　　　　　　穿着艳丽或有新意
使用坐立不安的小动作　　　　　　　　　能跑不走
打趣、调侃或说笑话　　　　　　　　　　能站不坐
把工作变成游戏　　　　　　　　　　　　为了博人一笑，无所不用其极
为了缓解严肃的情绪而模仿他人　　　　　说话不过脑子
鼓励别人放下工作享乐　　　　　　　　　不参加严肃的活动（会议、无聊的家庭聚餐等）
喜欢冒险　　　　　　　　　　　　　　　行事冲动
拖延工作　　　　　　　　　　　　　　　为了让人笑起来，自创小曲儿或押韵小段子
工作时，不全力以赴　　　　　　　　　　收看或参与体育运动
把无聊的物件变成玩具　　　　　　　　　选择跟朋友玩乐，而不是一个人待家里
大声说话　　　　　　　　　　　　　　　对玩乐很上头
专注当下　　　　　　　　　　　　　　　容易感到无聊
不会想得太远　　　　　　　　　　　　　凑合着用手头现有的东西
思想开放　　　　　　　　　　　　　　　懒惰
率性而为　　　　　　　　　　　　　　　不负责任
收集手办和玩具，并在办公室展示出来　　对自己的爱好或兴趣充满热情
幼稚　　　　　　　　　　　　　　　　　专注积极面，忽略消极的事物

Playful

相关的想法：
"还没到周五吗？"
"这太无聊了！"
"我今天要是不用工作就好了。"
"怎样才能让这个变得有趣呢？"
"鲍勃太扫兴了。哥们儿，开心点吧！"

相关的情绪：
愉悦、好奇、否认、激动、开心、希望、不耐烦

积极的方面：
爱玩的人物总是想着享受。他们能让最无聊、最无趣的东西变得有趣，因此人们爱和这种人打交道。不像爱捣乱的人，爱玩的人是善意的，也不想伤害别人或让别人不舒服。这些人物态度上像孩子，喜欢大笑，天然能够让身边的人情绪变好。

消极的方面：
因为追逐玩乐，爱玩的人物常常没法沉下心来工作。他们懒惰、拖延，对项目无法尽心尽力。这些特征让同侪们觉得他们的责任心不强，严肃的人对其避之唯恐不及。随便的态度也可能让人觉得，爱玩的人物没法胜任严肃的项目，导致他们的职业发展受阻。

电影中例子：
《长大》（*Big*，1988）中的乔希·巴斯金看上去是成年人，但实际上是个孩子，所以他总是被玩具和游戏吸引。他喜欢跟朋友一起玩乐。他对待工作的方式跟好奇心和玩乐有关。他无视工作中的口头争论和办公室政治，随和的性格令人耳目一新，甚至感染了同事。电影中的其他例子：《音乐之声》（*The Sound of Music*，1965）中的玛丽亚小姐、《乌龙兄弟》（*Tommy Boy*，1995）中的汤米·卡拉汉三世。

配角身上可能会（与主人公）造成冲突的特质：
残忍的、苛刻的、高效的、爱挑剔的、不知变通的、沉思的、完美主义的、愤恨的、好学的

对于爱玩的人物来说，有挑战性的场景：
被阴郁的工作狂环绕
不经意地（因为自己的玩乐）对所爱之人造成了严重的问题
被迫在玩乐与责任之间找到平衡
不得不负责一个有深远影响的重要项目

彬彬有礼的

定义：	类别：
有礼貌的；为他人着想	互动、道德

类似的特质：
有骑士风度的（chivalrous）、勤勤恳恳的（conscientious）、体贴的（considerate）、有绅士风度的（gallant）、有教养的（genteel）、礼貌的（polite）、尊重人的（respectful）、行为端正的（well-mannered）

可能的成因：

在一个视礼貌为美德的环境中长大	同情他人
天生周到而善良	期望也被人礼貌对待，恪守"金规则"*
被教导以他人为先	害怕反对、破碎的关系、冲突、暴力等

相关的行为：

干净整洁	服务他人
有很强的职业道德	友好
周到而善良	使用温暖而充满魅力的声音
表现出良好的行为举止	不滥用对他人的权力
尊重他人的个人空间	听从他人
能直觉感受到别人的需求	试图预见别人需要什么并提供
展现对别人的兴趣，让他们觉得自己重要	避免谈论让别人不舒服的话题
祝贺他人获得的成就	不打断或不会笑得太大声
公平对待别人	别人说话的时候微笑或点头以示鼓励
给予褒奖："那个颜色真的很适合你。"	尊重别人的隐私
在说某事之前会考虑到相关人士的心情	有新人加入谈话的时候会做介绍
举止温和	在某个活动上与不止一个人社交
主动加入并帮忙	让别人感觉到融入和被重视
说话语气体贴	如果能让别人放松且时机恰当，会开玩笑或轻轻地打闹
称赞别人的工作和点子	如果伤害了别人的感情会道歉
全神贯注跟人相处（不接电话、不发短信等）	在不过分强势的情况下给出建议
对他人付出的时间和努力表示赞赏	尊重每个人
有良好的餐桌礼仪	知道住嘴而不是信口开河
相遇时，请别人先行（在收银台边、马路上、进入房间时等）	

* 如《马太福音》中所说"无论何事件，你愿意人家怎样待你，你也要怎样待人"。——译者注

Courteous

相关的想法：
"妮科尔脸红了。也许我应该主动提出帮她拿外套。"
"我看到几个玻璃杯空了。我最好再拿一瓶红酒。"
"我跑过去跟埃玛打个招呼，这样她就不是一个人了。"
"马克刚离婚，我要跟他一起玩，保证他今晚开开心心的。"

相关的情绪：
感谢、幸福、希望

积极的方面：
彬彬有礼的人物通过礼貌和体贴让周围的人感到放松。在社交场合，他们适宜的行为举止值得依赖，也常常受人尊敬。在虚构的场景里，如果情势紧张，周到且体贴的人能够缓和气氛，鼓励别人敞开心扉说出自己的恐惧和担心。当其他人物展现出自我陶醉、渴望权力或者目的导向的时候，这一特质可以成为一种令人耳目一新的平衡力量，提供对比。

消极的方面：
因为彬彬有礼的人物常常首先考虑别人，有时候自己的需求没有得到满足。这会导致缺乏成就感和个人幸福感。有些人也会把他们当作弱者，利用他们，将他们作为目标。

文学中的例子：
《杀死一只知更鸟》(*To Kill a Mockingbird*，1962) 中的阿蒂克斯·芬奇是一位真正的南方绅士。尽管其原则跟好多老朋友和家人不同，但他依旧保持彬彬有礼。他比大多数人都更有权利生气和做出反应，但是不论是和恶毒地侮辱他的杜博斯夫人说话，还是面对要私刑处决一个无辜者的暴民，他都能保持沉着，尊重他们。电影中的其他例子：《为黛西小姐开车》(*Driving Miss Daisy*，1989) 中的霍克·科尔伯恩、《上海正午》(*Shanghai Noon*，2000) 中的黄强。

配角身上可能会（与主人公）造成冲突的特质：
不知变通的、百事通、规规矩矩的、执意强求的、自私的

对于彬彬有礼的人物来说，有挑战性的场景：
与不尊重人的、不诚实的、喝醉的人打交道
和一个被利用过的、无法信任他人的人搭档
被卷入求生的局面，每个人都必须自保
承受严重伤害自尊的侮辱

才华横溢的

定义：
通常在创意、运动或艺术领域，具备出色的（常常是天生的）能力

类别：
成就、身份

类似的特质：
技艺高超的（accomplished）、熟练的（adept）、专精的（expert）、有天赋的（gifted）、能力出众的（proficient）、有技能的（skilled）

可能的成因：
在特定领域天赋异禀
体验着众多不同的经历和活动
投入且坚持不懈
对某种体育运动、音乐类型或艺术形式等充满激情的、深沉的爱

相关的行为：
乐于参加能体现技能的活动
督促自己不断提高
完美主义
展现很强的职业精神
与有助于发展自己的事业或提高自己优势的人交往
在自己擅长的领域，尽可能地学习
尝试新技巧，提升自己的能力
喜欢竞争
目标导向
不满足于现状
担心他人的动机："他们喜欢的是我这个人，还是我能够提供的东西呢？"
成长速度快
找到成功的导师和教练
跟别人比较
担心自己的形象
崇拜和研究自己擅长领域的成功偶像
快速超过其他同龄的运动员或艺术家
很难优雅地接受失败
坚持不懈
变得狂妄或傲慢
失去对天赋的热爱，认为练习或训练是一项工作
因为家人为自己的成功倾注太多，导致本人害怕失败
把自己的才华当成生命中最重要的
影响自己发挥才华的东西都放在一边
如果遭遇失败或挫折会一蹶不振
要求别人把自己当成有成就的人才对待
对自己的技能颇为得意
体会到精疲力竭
觉得自己由自己的才华定义，想要得到更多

相关的想法：
"这是我生来就要做的。"
"我想成为最棒的。"
"如果我做不到头把交椅，我都不知道我该做啥。"

Talented

"在这方面，没人能击败我。"
"很好，又是一场独奏会。我希望爸妈能让我退出钢琴课。"

相关的情绪：
期待、焦虑、自信、失望、怀疑、热切、兴高采烈、嫉妒、不安全感、惶恐不安、骄傲、自命不凡

积极的方面：
才华让人物更丰满，才华增添了人物的维度。可供选择的才能非常之多，为创造独特的人物提供了无数的机会。才华连同人物的其他特质可以让他在团体和社会设定中变得很有价值，不论是实际的才能（厨艺、缝纫、木工等）还是娱乐性质的才能（唱歌、绘画、演戏等）。

消极的方面：
才华横溢的人物可能会沾沾自喜、倨傲，且过分自信。他们常常因才华而被人嫉妒，很容易成为别人的目标。有才华的人可能会怀疑，人们到底是对他们本身感兴趣，还是仅仅因为他们的才华。因此，非常有才的人常常没有安全感，不信任别人，感到孤独。

流行文化中的例子：
抛开私生活，没有人可以质疑迈克尔·杰克逊（Michael Jackson）的才华。他五岁时表现出的声乐能力和舞台表现力令人啧啧称奇。他是有造诣的歌曲作者，为自己的很多热门歌曲写了歌词，也能跳出时至今日也少有人能做到的舞步。不幸的是，天才也跟普通人一样有缺点。他的私生活因为法律问题、可疑的医疗操作和其他奇怪的事情而蒙受阴影。但即便是死后，他无可辩驳的才华依然留存在世人心间。流行文化中的其他例子：迈克尔·乔丹（Michael Jordan）、迈克尔·菲尔普斯（Michael Phelps）、弗雷德·阿斯泰尔（Fred Astaire）、艾瑞莎·富兰克林（Aretha Franklin）、约翰·威廉姆斯（John Williams）、史蒂文·斯皮尔伯格（Steven Spielberg）。

配角身上可能会（与主人公）造成冲突的特质：
随和的、轻信的、嫉妒的、懒惰的、持偏见的、存心报复的

对于才华横溢的人物来说，有挑战性的场景：
遇到没有职业精神，但同样有才的人
发现自己的才华阻碍自己实现目标
背弃自己的才华，在不擅长的领域追求自己的激情
遭到不欣赏自己才华的父母或周围人的批评
有一对严格的父母，要求他用自己的才华实现他们未竟的梦想

沉思的

定义：	类别：
陷入思考	成就、身份

类似的特质：
深思的（contemplative）、冥想的（meditative）、反思的（reflective）、猜想的（speculative）、深思熟虑的（thoughtful）

可能的成因：
- 会走神或者做白日梦
- 害羞
- 天性爱惦记事，忧患意识重
- 对需要深度思考的问题感兴趣（政治、宗教、社会议题等）
- 是需要反省才能处理事情的那种人
- 想逃离现实
- 是知识分子

相关的行为：
- 放空
- 长时间坐着不动
- 一个人溜达
- 独自走路或开车
- 说话之前会思考清楚
- 婉转地说话，详细地谈论自己的想法
- 同时进行多项任务
- 赞赏知识和教育
- 提出很多问题
- 为了跟别人讨论，提出令人兴奋的议题
- 重视其他观点
- 当自己的思绪被打断，会表现出恼火
- 如果无法满意地解决一个问题，会变得沮丧
- 很容易对自己不感兴趣的话题感到无聊
- 长时间不和别人互动
- 找知识丰富的人讨论问题
- 很容易分神
- 阅读和研究，以增长自己的见识
- 忘记约会和会议
- 找一个不需要太多思考的工作，因而可以活在自己的世界里
- 忘记对话进行到哪里
- 记笔记或日记，记录自己的想法和观点
- 离群索居
- 因为忘记支付账单而收到逾期通知
- 任由无人照看的花园长草
- 因为思考问题而保持某个坐姿太久从而导致身体变麻
- 忘记日常活动（吃饭、洗澡、喂狗等）
- 如果沉思太久，会变得难以和人沟通
- 别人说话的时候无法集中注意力，因此冒犯他人
- 忘记了时间
- 突然说出跟当前对话毫无关系的想法
- 为了从另一个角度看问题，而故意唱反调
- 加入对话才发现话题已经变了

Pensive

相关的想法：
"那是一个值得认真思考的想法。"
"我的天哪。已经半夜了吗？"
"这个问题真有趣。有无数种可能性……"
"如果政客们能多思考少争吵，会找到更好的解决方案。"

相关的情绪：
惊奇、愉悦、恼怒、好奇、热切

积极的方面：
沉思的人物善于思考。他们喜欢思索问题，因而可能想出创新的答案。他们不会被看似的无解吓到，而是会用安静而充满想法的方式直接面对它们。他们花大量时间沉思，自然产生了哲学式的态度、有见地的意见，且对各种话题都感兴趣。

消极的方面：
沉思的人物常常活在自己的世界里，因此会变得离群索居，与周遭的事物脱节。他们关注内在，难以注意和倾听别人；有些人因此认为他们傲慢、轻蔑或粗鲁。有些沉思的人物可能会主动避开别人，更喜欢与自己的思想独处，因此也更难形成有意义的人际关系。

文学中的例子：
《小教父》（The Outsiders）中的小马仔柯蒂斯跟街区里的大部分长发飞车党不一样。跟凶狠的同伙相比，他喜欢阅读、看电影和思考。相比跟帮派成员混在一起，他更喜欢独处，思考在银幕上见过的人物或书中读到的故事。他很喜欢沉浸在自己的世界里，因此在同伴中属于异类。文学和电视中的其他例子：《记忆传授人》（The Giver）中的乔纳斯、《男人不易做》（Home Improvement）中的威尔逊。

配角身上可能会（与主人公）造成冲突的特质：
彬彬有礼的、轻浮的、无知的、爱玩的、心不在焉的、疑心的

对于沉思的人物来说，有挑战性的场景：
出现心理障碍，影响了集中注意力或分析的能力
面临分神的东西，难以长时间思考
与让人难以集中注意力的人（比如爱闲聊）组队合作
在一个逻辑思考不普遍或者不受重视的环境中工作
没时间思考就被迫讨论某个议题

成熟的

定义：
展现极高的思想发展或智慧

类别：
成就、身份、互动

类似的特质：
老练的（seasoned）

可能的成因：

长子或长女
被迫在很小时就要承担责任
被教育智慧的重要性，被鼓励独立思考
高度自知

对外部世界及其与自己的关系有很强的兴趣
体会过痛苦或者改变人生的事件
生活在每天需要想着生存的环境中
同辈当中有成熟 / 老成的人

相关的行为：

为自己的行为负责
看到自己的选择所产生的自然后果，并采取相应行动
凡事考虑周全
寻求明智的建议
并不过多地被同龄人压力影响到
态度 / 行为严肃阴沉
提前规划
担心
为他人承担责任
不参加适龄的活动
更多地关注工作而不是享乐或放松
很难和同龄人产生共鸣
对于不如自己成熟的人会表达鄙视
试图领导自己的同辈
专横："我不管你想不想做。没的选！"
敢冒风险

承担超过自己能力或技能范畴的责任
大胆
独立思考
自信
有耐心
平等对待长辈
有自控力
更爱倾听而不是诉说
用不伤人的方式说话
观察力强
在加入一场谈话或一种情况之前，会仔细对之评估
果断
用明智的方式发现并解决问题
不参与故意考虑不周或不尊重他人的行为
设定目标
愿意延迟满足

Mature

相关的想法：
"他们都指望着我呢。我不能让他们失望。"
"度个假不错，但我现在没钱。"
"我也想周一休假，但是我无能为力。"
"我这个年纪的女生都太蠢了。她们只关心衣服和男孩。"

相关的情绪：
自信、果决、幸福、骄傲、愤恨、满足、担忧

积极的方面：
成熟的人物负责任，值得信赖也考虑周到，往往比同龄人在行为上更一致。他们通常被视为思想深刻的人，能够表达超越其年龄层次的更高见解，或能提供似乎高于平均水平的智慧。成熟的人物是非观念坚定，有高超的推理能力。他们明白因果关系，并基于自己对是非的理解做出决定和行动。

消极的方面：
成熟的人物爱挑剔别人，基于自己的加速发展和超前的观念做出评判。其他人可能会觉得他们爱发号施令，太严肃，缺乏乐趣和自发性。被迫变成熟的人物可能会因为必须承担责任而感到憎恨和愤怒，与此同时，当他被大人树立为学习榜样的时候，可能会令他的兄弟姐妹们觉得不够格。

文学中的例子：
《饥饿游戏》(*The Hunger Games*)中，父亲去世，母亲陷入抑郁后，凯特尼斯·伊夫狄恩被迫提前成长。她成为母亲和妹妹的供养者，也感到对第十二区的很多人略有责任。她工作努力、独立、严肃，把生存当作终极目标，大部分决定都是为了这一目的。文学中的其他例子：《小教父》中的达里·柯蒂斯、《返乡》(*Homecoming*)中的戴西·蒂勒曼。

配角身上可能会（与主人公）造成冲突的特质：
魅力超凡的、易激动的、愚蠢的、犹豫不决的、没有安全感的、善于操控的、鲁莽的、风趣的

对于成熟的人物来说，有挑战性的场景：
追求一个不成熟的特质（冲动、爱玩闹等）会对你有益的目标
被迫与不太成熟的同龄人保持一致或者平等地互动
当放任和享乐时，会经历灾难性后果
出于需要不得不变得成熟，并对它非常憎恶

诚实的

定义：
动机高尚；行为坦诚

类别：
互动、道德

类似的特质：
真实的（authentic）、直接的（direct）、直率的（frank）、真诚的（genuine）、真挚的（sincere）、坦率的（straightforward）、说真话的（truthful）

可能的成因：

有很强的荣誉感
有坚实的对错观点
没有过滤，想到什么就说什么
想要健康的、运转正常的情感关系
不被他人所思所想干扰

过去因隐瞒真相而受到伤害
负责任
重视值得信赖的品质
纯洁无瑕（例如孩子）

相关的行为：

承认自己的错误
承认自己的弱点
努力在诚实和处事老练之间取得平衡
无法找到平衡，表现出缺乏老练的一面
为了避免撒谎而转移话题
尊重他人隐私
向他人保守秘密和信息的时候感到不适
为人真诚
通过把事情说出来的方式解决情感关系中的问题
做详细的记录，以消除任何被认为不诚实的指控
直视别人的眼睛
坦率
用平稳的语调说话，尽量少用手势
面部表情与话语相匹配
不找借口，简单地转述事实
归还捡到的物品
如果被问到，就承认自己的真实感受
展现对他人的共情力

感谢别人的诚实
看待事物非黑即白
遵守自己的承诺
不论别人要求不要求，都会说出真实的想法
有强烈的良知
如果遇到不诚实行为（剽窃、作弊等）会检举
不偏不倚，没有偏见
没有愧疚和羞耻地生活着
因为尊重他人而说实话
毫不犹豫地说话
情绪稳定不激动
大体来说是遵守规则的人
直击要点而不是一步一步说
在多次重复叙述中以相同的方式重复细节
说真话而感到自由
幸福感和成就感
强烈的公平和正义感

Honest

相关的想法：
"这是布赖恩第二次弄错数字了。我要让会计知道。"
"我知道我应该故作姿态，装作很难追，但那就不是我了。"
"蒂姆不是应该因工致残了呀，怎么跑去修房顶了？"
"哦，天哪！我得追上玛尔塔，告诉她有张纸巾粘在她裙子上了。"
"我想我应该约丽塔一起吃午饭，告诉她我的感受。"

相关的情绪：
自信、好奇、果决、骄傲、不情愿、听任、满足

积极的方面：
诚实的人物通常是幸福和满足的，因为他们每一天都是忠于自己的。他们的诚实意味着不用编故事、台词或借口，也不怕被人抓住说谎。如果需要率直的评价或意见，诚实的品格是千金不换的。他们说什么就是什么，不会把友谊置于真相前面，因而可靠且值得信赖。

消极的方面：
诚实的人物并不总是知道什么时候直接是不受欢迎或没有必要的。有时候他们看待事物是极端的非黑即白，导致他们的坦率被当成过度耿直。诚实的人物很容易主动提出意见。在更适合倾听的场合，他们也很难不评价问题、提供意见。

电影中的例子：
在《隔世情缘》（*Kate & Leopold*，2001）中，主角利奥波德是一名公爵，一位理想主义者，非常有原则。他认为任何形式的不诚实都令人憎恶，不论是迎娶他不爱的女人，还是支持一项他鄙视的产品。当他的正直与故事中没那么有原则的人物发生碰撞时，便产生了很多冲突，比如他那工作狂的恋爱对象。电影和电视中的其他例子：《星际旅行》（*Star Trek*）系列中的斯波克、《生活大爆炸》（*The Big Bang Theory*）中的谢尔顿·库珀。

配角身上可能会（与主人公）造成冲突的特质：
八卦的、絮絮叨叨的、爱管闲事的、多愁善感的、不得体的、喜怒无常的

对于诚实的人物来说，有挑战性的场景：
面临严重的个人后果时，保持诚实
选择诚实，即使这意味着罪犯或有罪之人逍遥法外
曾经因为忠实于自己的感觉而受到伤害，现在又要冒险再受一次伤害
受命保守一个影响别人的秘密
因为要做正确的事情而不得不违法

充满爱意的

定义：
敞开心扉爱护他人

类别：
身份、互动

类似的特质：
宠爱的（doting）、钟爱的（loving）、柔情的（tender）

可能的成因：
在一个充满爱的家庭里长大
因为过去缺爱，现在过分补偿
有善于表达爱意的榜样
情感上依恋、依赖，害怕孤独或被抛弃
天性浪漫
高度共情
有养育孩子的愿望

相关的行为：
拥抱、接吻、蹭鼻子
牵手
想拥抱人或被人拥抱
抓住对方的胳膊，使对方靠近自己
轻抚胳膊或肩膀，寻求身体的安定
夸赞他人
为他人提供帮助（展现善意的小举动等）
为所爱之人写诗
赠予小礼物或信物
能够读懂他人的身体语言
自由地表达情感
告诉所爱之人他们是多么的特别
支持所爱之人的所有尝试
坐着时会触摸（双腿相碰、把一只手放在对方的腿上等）
把一只胳膊绕在他人肩膀上
说鼓励的话
对感官敏感，尤其是触摸
愿意做取悦另一半的事情
为了增加亲密度，采纳对方的爱好和兴趣
白天会经常打电话给爱的人
寻求性的亲密
说我爱你
建立牢固的关系
具有同情心
具有共情力
使用昵称，说话语气俏皮
值得信赖
情感上脆弱且坦率
善良和友好
受善意和爱驱动
直觉地会分析他人的需求和情绪
坦率地表达自己的情感
善于观察，对爱人的需求投以关注
对他人说起爱人的时候会充满爱意

Affectionate

相关的想法：
"戴夫看着很紧张。揉揉背会帮他放松。"
"我不在意我妈会怎么想。我爱艾米，我就要表现出来。"
"艾伦对我太好了。我要准备一顿浪漫的晚餐，给他个惊喜。"
"我的孩子们手牵手，也太甜了吧！"

相关的情绪：
爱慕、渴望、兴高采烈、感谢、爱、平和、满足

积极的方面：
充满爱意的人物会坦率地展示情感。他们习惯表露情感，且不羞于告诉别人自己的感受。因为没有压抑和束缚，这些人物会建立健康而滋润的关系，令他人感到安全且被爱。

消极的方面：
这些人物可能并不总是能够判断在什么时候、什么地方公开展现爱意是合适的。妈妈在孩子的同龄人面前拥抱十几岁的儿子，或者在公司的圣诞派对上同事间的你侬我侬，并不总是合适，会让他人尴尬。

文学中的例子：
在《绿山墙的安妮》中，黛安娜·巴里是一个对友谊和爱情充满浪漫想法的邻家女孩。黛安娜很爱安妮，视她为爱冒险的姐妹，两人形影不离。她俩总是拥抱或牵手来表现亲密，她们还举行了仪式，宣布是彼此永久的"闺密"。黛安娜向安妮展现了安妮一直渴求的温暖和爱意，成为安妮生活中的重要人物。电影、电视和文学中的其他例子：《木乃伊归来》(The Mummy Returns，2001) 中的艾芙琳·奥康纳和里克·奥康纳、《海军罪案调查处》(NCIS) 中的阿比·休托、《时光之轮》(The Wheel of Time) 系列中的两仪师初学者。

配角身上可能会（与主人公）造成冲突的特质：
残忍的、不诚实的、轻信的、充满敌意的、拘谨的、规规矩矩的、胆怯的、孤僻的

对于充满爱意的人物来说，有挑战性的场景：
与所爱之人长时间分离（当兵、出差等）
处在因社会或宗教标准被禁止的关系中
在婚姻或承诺的关系中经历挫折
向其他人隐瞒一段关系
被迫进入一段对伴侣没有感情的婚姻中
被不习惯身体接触的某个人吸引

充满感激的

定义：
对生命带来的一切表现出感激

类别：
互动、道德

类似的特质：
感恩的（grateful）、感谢的（thankful）

可能的成因：
经历过一件改变了生命的事件，令自己对生命的理解更深刻
从小被教育要对自己所拥有的感恩
笃信上帝或其他神祇
曾死里逃生
曾经从危险的环境或情境中逃离
对自由格外重视
幸福和满足
精神很强大，感到圆满和知足

相关的行为：
适应力强
忠诚
寻找世界的美（旅行、感受自然奇观等）
鼓励他人不要焦虑，不要往坏处想
微笑
对自己拥有的一切心存感激
天性不物质
有强烈的职业道德
关爱他人
有机会就进行"爱心传递"
积极乐观
友好
用关爱和体贴对待他人
在简单中寻找快乐
竭尽所能地帮助别人
相信一切都会变好
不为小事投入太多精力
不偏不倚
与自然有强烈的联系
经常哼唱
相信所有活着的事物都有其目的
好上下求索（问问题、对他人和世界展现兴趣等）
祈祷
有强烈的群体意识
对他人有奉献精神
说话真诚
别人不问也会主动帮助和关怀他们
珍视每一个瞬间、每一种体验
不避讳情感表达
对自己的处境感到平静
在团队协作中表现出色
愿意与他人分享自己的所有，慷慨大方
把错误视为学习和成长的机会
与他人分享生活中的教训
称赞别人的善意和体贴，会说"谢谢你"

Appreciative

相关的想法：
"我有全世界最好的家人。没办法想象如果没有他们我该怎么抚养孩子。"
"没有什么比冲浪更治愈的了。我喜欢住在海边。"
"达拉是个善良的邻居，但凡烘焙的时候，都会给我们送曲奇饼。"
"我喜欢我的评论文写作小组！向这些有才的作家学习真是我的福分呀。"

相关的情绪：
热切、兴高采烈、感谢、幸福、希望

积极的方面：
充满感激的人物对他们所遇到的一切都心怀感激。正因为他们的积极态度和适应力，他们总能在风雨中看见彩虹，在错误中找到教训，重视小确幸，让困难时刻变得没那么困难。这些人物处于中心，独处时也放松自在。他们能交到忠实的朋友，也很能影响他人，鼓励同伴去寻找和发现伴随着感恩与满足的宁静。

消极的方面：
充满感激的人物有时候会变得消极，只是接受生活赐予的，不会主动设定目标，或者挑战现状。所爱的人和同事可能会对他们的自我满足感到失望，或者将其过强的接受能力贴上天真的标签。当充满感激的人物相信"朋友"会考虑他们的最佳利益，但事实上并不是的时候，他们会变得脆弱。

文学中的例子：
《鲁滨孙漂流记》(*Robinson Crusoe*)中，星期五被鲁滨孙从食人族同类中解救后，向鲁滨孙表达了极致的谢意：永远当他的仆人。纵观星期五的一生，都对鲁滨孙忠贞不贰，不曾违背出于感激时许下的承诺。电影和电视中的其他例子：《老爷车》(*Gran Torino*, 2008)中的旺·洛尔家族、《生活大爆炸》中的伦纳德·霍夫施塔特。

配角身上可能会（与主人公）造成冲突的特质：
自以为是的、控制欲强的、无礼的、厌倦的、善于操控的、肤浅的、忘恩负义的

对于充满感激的人物来说，有挑战性的场景：
欠了一个不喜欢的人的债
生活在动荡时代，比如战争、革命或起义之中
向与自己处在对立的理念或人效忠
看到他人受苦，且无法缓解这种痛苦
陷入信仰危机

充满魅力的

定义：
性格讨人喜欢；吸引别人

类别：
成就、身份、互动

类似的特质：
诱惑人的（alluring）、动人的（appealing）、迷人的（captivating）、魅力超凡的（charismatic）、吸引人的（magnetic）

可能的成因：
拥有自信，自我存在感强
对生活积极乐观
直觉强，共情力强

天性善良
社交能力强，从社交中汲取能量

相关的行为：
颇具幽默感
关爱他人，善于倾听
活泼爱玩
热情地招呼他人
礼貌（开门让别人先走等）
擅长记人脸、人名，过去打过的交道
好奇心强
在谈话过程中会直呼对方的名字
友好
尊重他人
有耐心
好客且周到
别人说话时会微笑点头，以资鼓励
说话语气温柔且充满能量
能注意到他人的细节并赞美
谈论他人的时候会赞扬/吹捧他们
真诚相待，并表现出信任的姿态

优雅而谦虚地接受夸奖
接纳他人，从不排斥他人
体贴，确保别人的需求得到了满足
社交过程中会轻轻触碰他人
邀请别人进入自己的私人空间
与负面人物打交道时，熟练地将注意力重新聚焦在他的优点上
慷慨
注意个人形象
重视穿着和打扮
状态放松，平易近人
仪态好
保持频繁的眼神接触
通过问问题展示自己在注意和感兴趣
拥有世俗的经验知识，能够提供建议，为谈话增加内容

Charming

相关的想法：
"如果我问她家人的事情，我想她会变得友好一点。大家都喜欢谈论自己的孩子。"
"老爸看上去很不舒服。也许说个笑话能让他感觉好点。"
"可怜的女人，领着六个孩子穿过公交站。我看看能不能帮她拿一下包。"
"克莱尔总是戴着那个饰针。我得问问为什么这个东西对她那么重要。"

相关的情绪：
愉悦、自信、热切、幸福、骄傲、满足

积极的方面：
充满魅力的人物似乎总是知道该做什么或说什么让别人放松并赢得信任。他们体贴、周到，让身边的人感到他们很独特。这些人物是注意力的焦点，不是因为他们的长相或拥有的权力，而是因为人们被他们的活力和有感染力的举止所吸引。

消极的方面：
充满魅力的人物会利用直觉做好事或做坏事。即使他们抵挡住了操纵他人以达到自己目的的诱惑，也会无意中吓到别人。其中缺乏魅力的人可能会觉得永远也赶不上有魅力的人，不会像他们那样得到爱和尊敬。再进一步，这些怨恨的感觉很容易就会变成嫉妒和艳羡，容易让充满魅力的人物受到攻击。

电影中的例子：
《春天不是读书天》（*Ferris Bueller's Day Off*，1986）中的费里斯·布尔勒有善于赢得人心的本领。他假装生病翘课的时候，同学都非常担心，乃至组织了一次筹款会，帮助他康复。父母也同样溺爱费里斯，把他当作理想的孩子，永远也注意不到他一直在说谎和破坏规则。费里斯甚至能说服最好的朋友把他爸爸的法拉利借给一天。除了自己的妹妹和教导主任，没有谁是他搞定不了的。电影中的其他例子：007系列电影中的詹姆斯·邦德、《全民情敌》（*Hitch*，2005）中的亚历克斯·"希契"·希钦斯。

配角身上可能会（与主人公）造成冲突的特质：
伤人感情的、尖酸刻薄的、对人性悲观的、作威作福的、轻信的、充满敌意的、没有安全感的、内向的、嫉妒的、粗暴的、过于情绪化的、惹是生非的、存心报复的、爱发牢骚的

对于充满魅力的人物来说，有挑战性的场景：
和一个洞若观火的人相处，被他看穿魅力型人物的魅力本质
与疲惫不堪的以及充满愤怒仇恨的人打交道
意识到自己被别人利用
自己的魅力行为被误解为爱意
努力当好主人，同时掩饰自己对某人的不喜欢

充满哲思的

定义：
对与人类的存在相关的信仰、态度、价值、概念做反思性研究；善于深度思考

类别：
身份、互动

类似的特质：
深刻的（deep）

可能的成因：
才智过人
热爱智慧
渴望受到启蒙和获得真相
在学术家庭氛围中长大

相关的行为：
阅读广泛，教育良好
寻求更高等的教育
自学历史和其他文化
研究神话或宗教信仰的演化
坐着沉思
专注内心，常常忘记对话或不重要的事件
问深刻的问题
看纪录片
寻求关于上帝、道德、生死等宏大议题的答案
为了辅助自己的研究而学习第二门语言（拉丁语等）
藏有大量哲学类书籍
为了学习更多的知识而去询问专家
善于反省，并对了解我们为什么存在感兴趣
专注于自己的思想，而不是外界发生了什么
过度分析
很有逻辑
与人隔绝
质疑一切
花很长时间表达某个观点，无法迅速给出答案
感到生命和事物如白驹过隙
擅长高级幽默
不擅长浅薄的闲谈
对不讲逻辑的人没有耐心
不停地对比和评估
沉迷于思考
写作和写日记
读外文书
与其他知识分子社交
分类
词汇量多样而复杂
沉思的时候被打断会不爽
很难与不理性的人相处

Philosophical

相关的想法：
"什么是真？什么是真相？"
"我的目的是什么？"
"我怎样才能进步？"
"自由意志是不是幻觉？"
"人死之后会发生什么？上帝存在吗？"

相关的情绪：
惊奇、摇摆不定的、好奇、抑郁、渴望、沮丧、希望、孤独、感觉忙不过来的、不确定

积极的方面：
充满哲思的人物会深入了解情况，为了找寻答案不惧知识上的深度探索。他们受过良好的教育，善于思考，在分享心中所思时，能够激发他人的好奇心，鼓励他们更深入地探索，解决自己尚无答案的问题。这些人物充满智慧，尽管他们不会很快地输出想法，但对于需要解决问题的亲友来说，是很好的参谋。

消极的方面：
这些人物有时候会发觉自己和生活本身很疏远。因为他们在寻求答案的同时，可能会忘记了亲身体验世界。亲友视他们为沉默的思考者，或者觉得他们想得太多。充满哲思的人物会有大多数人无法理解或不感兴趣的爱好，他们的人际关系也更少，因为孤独在解答生命大哉问中发挥着重要作用。他们在传达理念的时候也可能过于冗长，导致别人感到不耐烦或无聊。

电视中的例子：
《男人不易做》中，蒂姆·泰勒那充满智慧但行为奇怪的邻居威尔逊，富有知识和见地。但凡蒂姆遇到难解的关系或难做的决定，威尔逊便越过栅栏探出头来，且总是能提供自己富有哲思的看法。他常常问出一两个发人深省的问题，让蒂姆顿悟。文学和电视中的例子：《哈姆雷特》(*The Tragedy of Hamlet, Prince of Denmark*) 中的哈姆雷特、《星际旅行》系列中的斯波克。

配角身上可能会（与主人公）造成冲突的特质：
果断的、轻浮的、不知变通的、不理性的、过于情绪化的、顺从的、多疑的、爱玩的、心不在焉的、自寻烦恼的

对于充满哲思的人物来说，有挑战性的场景：
正在遭受一种令人衰弱的、让逻辑和线性思考变得困难的精神疾病
在一场灾难中，丢失了包含着毕生心血的日志、研究资料或电子文档
学习某种理念，但发现了新讯息，证明它是错的
发现自己身上存在某些令人感到羞愧和失望的东西

传统的

定义：
按照早已确立的信仰和习惯行事、思考

类别：
身份、互动

类似的特质：
保守的（conservative）、墨守成规的（conventional）、正统的（orthodox）

可能的成因：
在尊重传统和历史的环境中长大
对祖先有强烈的认同感
以自己的家族史为荣
属于拥有悠久传统的"古老家族"
对过去和旧传统有着浪漫化的看法或兴趣

相关的行为：
把旧观念和习惯置于创新和新观念之上
坚持简单的信念和不变的价值观
穿着和举止要符合既定的准则
在模式、惯例和旧习俗中找到慰藉
以特定的方式做某事，因为一直都是这样做的
满足于现状，不寻求改变
把自己的观念传给孩子（婚姻、性别角色、迷信等）
坚持长期从事家族事业（在家庭牧场养牛等）
参加老式的习俗活动（成年舞会等）
庆祝多年未曾改变的节庆日
对家庭、社区和文化有着强烈的羁绊
不信任持有不同观念和信仰的人或外来者
尊重长者的智慧
公开反对现代方式和科技
有社区观念或以家庭为中心
穿着特殊衣服以示对职位的尊重（牧师长袍等）
了解和使用祖先的语言
自己的政治和宗教信仰与家人们一致
用传统的方式创造艺术或音乐（使用部落鼓、雕刻木等）
参加历史悠久的仪式（洗礼、朝圣、巡游等）
只有在被迫的情况下才能适应变化
很少质疑旧的信仰或传统
因为家庭关系而继承责任
复述过去的民间传说和老故事
居住在代代相传的祖屋里
用祖先使用过的食谱和药方
使用已经存在了几代人的问候和回应方式
按照惯例赠送礼物（结婚二十五周年送银器等）
唱传统歌，促进团结（国歌、圣歌等）
与拥有相同历史、世系和习俗的人有情感纽带
在自己的文化内嫁娶
因为年龄或血统而非能力获得某种权力地位
选择与有共同观念和价值观的人建立情感关系
积极为未来世代保存旧方式和旧习俗

相关的想法：
"捕鱼是家族事业。一直都是，未来也一直是。"
"我不敢相信萨拉去葬礼竟然不穿黑衣服。"
"切片洋葱是治疗蜜蜂蜇伤的最佳方式。每个人都知道。"

Traditional

"亚历克莎当然会去上剑桥大学。我家都是去那上的。"
"我希望雷娜说自己不准备给孩子洗礼只是开玩笑。"

相关的情绪：
戒备、果决、感谢、怀旧、平和

积极的方面：
传统的人物对传统感到轻松自在。他们从过去获得安慰，通过汲取古人的力量在困难的世道中生存。他们尊重祖先及其智慧，并继续传承传统和价值观，确保子孙后代也能熟悉他们的宗系。只要尊重他们的信仰，不强迫他们改变，那么你便能和传统的人物和平共处。他们与同道中人会产生亲近感，喜欢与有相同习俗和价值观的人交往。

消极的方面：
这些人物通常不会做出与传统相悖的改变。与传统背离的事情，他们不愿意妥协，因此可能难以对话和讲道理。他们有时候对持不同想法和行为的人产生怀疑和偏见，结果就是他们与新观念和创新隔绝。这会减少他们谋求个人成长、更好的生活质量和启蒙的机会。

电影中的例子：
《勇敢传说》（*Brave*，2012）中，埃莉诺皇后对本族的习俗太过忠实，迫使自己的女儿嫁给一个与他们家族结盟的人。这导致叛逆的女儿在与巫婆讨价还价换取咒语时，无意中把埃莉诺变成了一头野生黑熊，令整个王国陷入危机。电视和电影中的其他例子：《陆军野战医院》（M*A*S*H）中的舍曼·波特、《亲情纽带》（*Family Ties*）中的迈克尔·P. 基顿、《浓情巧克力》（*Chocolat*，2000）中的孔特·保罗·德·雷诺、《屋顶上的小提琴手》（*Fiddler on the Roof*，1971）的特维。

配角身上可能会（与主人公）造成冲突的特质：
狡诈的、自由自在的、富有想象力的、独立的、懒惰的、古怪的、反叛的、无拘无束的

对于传统的人物来说，有挑战性的场景：
社会变革时，被迫适应（城市扩张、人口迁入等）
政府更替带来了新法律法规
发现某个家庭成员想背离传统，做一些离经叛道的事情
遇到了公开鄙视自己信仰和习俗的人
照顾生病的孩子，但其病情用传统治疗无效

聪颖的

定义：
智力高；脑力发达

类别：
成就、身份

类似的特质：
有头脑的（brainy）、伶俐的（bright）、聪明的（smart）

可能的成因：

基因遗传
有渠道接受教育和获得机会
人格形成阶段生活在充满关爱的环境中
学习的积极性很高

相关的行为：

遵守逻辑和推理
脑子转得快
解决问题的能力很强
不耐烦
记忆力强
能够集中精力
问尖锐且有深度的问题
有语言天赋
好奇心强
不停寻求刺激
很了解自己的爱好或兴趣
对自己的成就感到自豪
目标导向
喜欢神秘事物或谜题
善于创新
擅长某个特定的科目（数学、地质学、编程等）
能够很好地吸收或处理信息
喜欢科技
喜欢包含教育元素的休闲活动
谈吐非凡，词汇量大
相信事实而非信仰或直觉
从对事物的分析中得出恰当的结论
被他人尊重
尊重其他聪明人
为了完成任务放下个人情感
客观
避免俚语和捷径
有原创的想法
询问准确的指示或方向
能提前知道还没揭晓的笑点在哪儿（提前点头等）
高效思考
因为在其他领域有出众的智慧，反而缺陷也很明显
在大脑中计算（确定要缴纳的税额等）
反思复杂而不寻常的想法
陷入沉思
大脑活跃的时候，会忘记谈话谈到哪儿了

相关的想法：

"把账单分成12份的话，我们每个人要给22美元，含税。"
"如果我给贝尔教授买一杯咖啡的话，就能请教他量子力学了。"
"公告里有三个语法错误。为什么没人检查？"

Intelligent

"我等不及要告诉杰里迈亚,我找到问题的解决方案了!"

相关的情绪:
自信、蔑视、沮丧、幸福、骄傲、满足

积极的方面:
非常聪颖的人物知识丰富,因此能够在必要的时候提供信息。他们大多数也擅长解决问题,关键时刻能帮上忙。真正聪明的人擅长研究,能够触达问题的根本,他们不常被偏颇的观点带跑偏。聪颖是非常受尊敬的特质,所以这些人物即使有缺点,也常常为人艳羡和效仿。

消极的方面:
因为聪颖的人物思维敏捷,常常对那些反应慢的人感到失望或鄙视。他们知道自己是聪明的;对那些只是想融入某环境的聪明人来说,可能会导致他们出现一些消极行为,比如隐藏自己的聪明才智,不百分百发挥实力,选择中庸。聪颖的人物常常在某些方面非常杰出,这会导致在其他领域发展不足,造成不平衡。

电影中的例子:
《心灵捕手》(*Good Will Hunting*,1997)中的威尔·亨廷,是个生活简单的看门人,但事实上他是天才。不仅有相片般的精准记忆,还能够解决世界上只有少数人才能明白的数学问题。有这样的大脑,前途应该是无限的,但是由于过去饱受虐待,他没有意识到自己的天赋,无法实现潜能。将积极特质与缺点巧妙融合可以塑造一个令人难以忘怀的角色,威尔就是这样一个典型的例子。电影和文学中的其他例子:《美丽心灵》(*A Beautiful Mind*,2001)中的约翰·纳什,《费里斯比夫人和尼姆的老鼠》(*Mrs. Frisby and the Rats of NIMH*)中的尼姆的老鼠、《安德的游戏》(*Ender's Game*)中的安德·威金斯。

配角身上可能会(与主人公)造成冲突的特质:
无组织纪律的、愚蠢的、理想主义的、不成熟的、不负责任的、懒惰的、持偏见的

对于聪颖的人物来说,有挑战性的场景:
被放在一个队友会利用他才智的团队中
父母的标准和期待过高
因为误解或偏见被当作傻瓜
在一个运气和机遇占主导的环境中工作
缺乏实现目标的其他必备技能(街头智慧等)

大胆的

定义:	类别:
拥有无畏的精神	成就、身份、互动

类似的特质:
有魄力的（assertive）、无畏的（audacious）、有胆量的（gutsy）、莽撞的（nervy）

可能的成因:

渴望证明自己　　　　　　　　　　　受强烈的正义感驱动
超级自信　　　　　　　　　　　　　相信更崇高的权力或目标
有被自己的目标所吞噬的倾向　　　　无论付出什么代价都想知道真相
无畏精神

相关的行为:

坚定不移　　　　　　　　　　　　　不拐弯抹角
能想出非常规的解决方案　　　　　　突破限制和边界
即便观点不受欢迎也敢讲出来　　　　有极强的直觉
兴致勃勃，精力旺盛　　　　　　　　为自己呐喊鼓吹
积极乐观　　　　　　　　　　　　　毫不犹豫地承担责任
敢冒风险　　　　　　　　　　　　　挑战不合理的规定和条款
非常外向　　　　　　　　　　　　　不会被恐惧打倒
行为方式可以激励他人；用行动做表率　有强烈的信念
毫不犹豫地做出决定　　　　　　　　不在乎别人怎么想
率先与他人交谈或打招呼　　　　　　拥抱创新
举止开放　　　　　　　　　　　　　以目标为导向
喜欢尝试新事物；寻求新体验　　　　先扪心自问究竟想要什么，然后便去追寻之
采取主动（规划活动、给出建议、调情等）　不会因被拒绝或失败而气馁；恢复很快
穿着和举止都充满自信　　　　　　　友善
怀有多数人不予考虑的想法（彻底改行、激进　鼓励他人追求梦想
　的举动等）　　　　　　　　　　　直面压力和困境
主动索要自己所想所需的东西　　　　果决
公开透明　　　　　　　　　　　　　拒绝讨好他人

Bold

相关的想法：
"我已经和这家银行打交道那么久了。如果我问的话，他们肯定愿意免除这次的费用。"
"我不明白卡拉。如果她觉得自己值得加薪，为什么不直接问呢？"
"这次越野自行车赛是千载难逢的机会。我等不了啦！"
"我是受够了这些装腔作势的划船俱乐部活动了。老爸肯定不爽，但我就是不干了。"

相关的情绪：
自信、渴望、果决、热切、希望、骄傲

积极的方面：
大胆的人物都是行动派，他们知道自己想要什么，且不怕去追求。在追求目标的时候，他们能够经受住起起伏伏，并维持前进的势头。人们常常被他们的自信和为信仰挺身而出而吸引。无畏精神让这些人物成为优秀的领导者和强大的主角。

消极的方面：
大胆，对特定的人来说太过了。害羞或缺乏安全感的人物可能会觉得这种无畏的决绝令人生畏，甚至会被这种特质吓到。大胆的人物投入状态太快，让想要慢慢来的伴侣、同事或者潜在的恋爱对象感到为难。这些人物因为坚定的信念，很难从自己认为最直接的路径上转头，因而给人一种不配合、谋私利或强人所难的印象。

电影中的例子：
在《最后的莫希干人》（*The Last of the Mohicans*, 1992）中，尽管霍克依有着不同寻常的成长史，即他是由美洲原住民养大的白人，但是他表现出的大胆无畏往往能达成他想要的结果。在面对公开的敌意时，他对其莫希干家族依然忠诚。他第一眼看到科拉的时候，就决定排除万难去追求她。无论在什么情境之下，他都无视反对，自信地说出心中所想。电影中的其他例子：《角斗士》（*Gladiator*, 2000）中的马克西姆斯·德西姆斯·梅里迪乌斯、《闻香识女人》（*Scent of a Woman*, 1992）中的弗兰克·斯莱德。

配角身上可能会（与主人公）造成冲突的特质：
镇静的、谨慎的、懦弱的、不负责任的、耐心的、胆怯的、天马行空的、自寻烦恼的

对于大胆的人物来说，有挑战性的场景：
有一个敌手，与你有着相同欲望和目标、且同样大胆和有决心去实现它
想要某种无法拥有的东西（与某个婚姻幸福的女性产生关系等）
发现自己身处"大胆是错误策略"的情境中（与一名虐待事件的受害者打交道等）
想做一些会对自己造成伤害的事情（复仇等）

洞察力强的

定义：
展现了敏锐的观察力和洞察力

类别：
成就、互动

类似的特质：
有分辨力的（discerning）、有深刻见解的（insightful）、直觉灵敏的（intuitive）

可能的成因：
有"第六感"，能注意或感觉到他人注意或感觉不到的东西
非常能理解/欣赏别人
有高度共情力
了解模型和数据，能帮助自己做准确的预测

相关的行为：
准确评估自己观察的事物
基于数据做预测
注意到别人注意不到的事物
建立别人忽略的关联
注意到变化和模式
敏锐地读懂他人
预测到看似骇人的结果，但事实证明是正确的
感觉到事物的不对劲
强大的理解能力
即便让事态更困难，也不得不说出真相
分享知识，以期警告别人或避开危险
对自己知他人所不知的能力表现出自信、骄傲或傲慢
快速地分析问题
找到解决方案
将解决方案视为非黑即白
能够读懂他人的情绪
短时间的观察就能获取大量信息
关心他人
观察力强
准确、密切地了解自己
通过观察别人的行动或拥有的东西来了解别人
如果自己的洞察被否定或无视，会表达沮丧
在多个层面上评估他人（分析行为、情感、动机等）
既有逻辑，直觉力又很强
通过互动读懂对方，从而保持良好关系
无意中发现秘密
能够设身处地为别人着想
更宏观地看待事物
为未来做准备，即便别人不这样做
积极地改变，以便保护自己和所爱之人
快速而准确地分析形势

Perceptive

相关的想法：
"我是唯一一个看到这个的吗？"
"我必须告诉他们将会发生什么。"
"我不喜欢他在简历上对这个东西的措辞方式。我觉得有猫腻。"
"艾丽斯喜欢巴里？听着，他肯定是不知道的。有意思了。"

相关的情绪：
自信、热切、兴高采烈、沮丧、不耐烦、不情愿、自命不凡

积极的方面：
洞察力强的人物是对社会有利的，因为他们有强大的洞察力，能够准确地分析观察到的现象，将碎片拼在一起，明白接下来会发生什么。他们是精明的问题解决者，能快速而轻易地找到解决方案。这个能力并不常见，因而受到艳羡。

消极的方面：
当别人忽视了显而易见的东西时，洞察力强的人物会不耐烦。这种不耐烦导致轻蔑与鄙视，因此他们被人疏远。有时候，尽管他们的预测或解决方案是合理的，但人们出于恐惧或焦虑，选择拒绝接受信息，洞察力强的人物也一并受到连累。尽管他们洞察力强，仍然会跟所有人一样，有自己的盲点，可能无法轻易看到并解决自己的问题。有的人得知洞察力强的人知道自己的秘密，会感到尴尬或不信任。

文学中的例子：
在《兔子共和国》(*Watership Down*)中，作为一窝崽中最小的小多子，不仅个子小，胆子也小。但是他天生了解周围环境，发生什么事情都能敏锐地感知到。由于小多子洞察力强，能够预测到兔子窝将发生灾难，从而拯救了自己的同伴。在寻找新家的过程中，他也能靠直觉预知风险。尽管他的同伴一开始都被他的古怪劝退，但终于还是尊重他的洞察，依赖着他。电影、文学和电视中的其他例子：《闪灵》(*The Shining*, 1980)中的迪克·哈洛伦、《少数派报告》(*Minority Report*, 2002)中的先知者、夏洛克·福尔摩斯、《超感神探》(*The Mentalist*)中的帕特里克·简。

配角身上可能会（与主人公）造成冲突的特质：
古怪的、充满敌意的、漫不经心的、犹豫不决的、多疑的、在乎隐私的、敏感的、害羞的、迷信的

对于洞察力强的人物来说，有挑战性的场景：
能够将碎片拼凑起来，但缺乏发现碎片的专注
感知到没有人会接受或想要听到的负面结果
生活在充满欺骗的环境中，难以准确地评估到底发生了什么
与其他有洞察力的人互动，猜测他们是否值得信任

独立的

定义：
自己思考和行动；抵挡住别人的影响

类别：
成就、身份、互动

类似的特质：
自主的（autonomous）、自力更生的（self-reliant）、自给自足的（self-sufficient）

可能的成因：

不容易相信别人
需要掌控局面
害羞
内向
有反叛的性格

过去曾遭受压迫
相信自己及自己的能力
曾经成功过，证明过自己的能力
不想欠别人的

相关的行为：

自力更生
接受他人
展现内在的情感力量
值得信赖
为自己想要的东西奋斗；不安于现状
职业道德高
能够独自完成事情
享受孤独和独处
搜寻信息然后自己拿定主意
相信自己的直觉
自我平衡；知道自己是谁，知道自己在世界上的位置
目标导向
不被同龄人压力影响
选择不介入他人的生活
热衷于某项活动或事业
不浪费时间
摒弃负面影响（不良的朋友、消耗人的工作等）
不容易心烦意乱

有耐心
出问题时能意识到，并做出改变修正它
保护自己的隐私和领地
知道什么对自己最好
尊重他人的权利
从过去走出来，丢掉情感包袱
能对自己的财务状况负责
很难开口求助
高度自律
对自己的成就感到骄傲
和自己竞争
在生活和工作之间保持良好的平衡，不过度投入或压力过大
看重个人自由
头脑清醒
掌握主动权
通过证明质疑者错了来让他们闭嘴
避免债务

Independent

相关的想法：
"这条独木舟花了十个月，终于做好了。我等不及要去湖面泛舟了。"
"我希望爸妈不要再控制我的生活了。我知道什么对我自己最好。"
"买房会让我经济紧张，但把顶楼租出去能帮我缓解。"
"我知道维克比我有钱，但我自己付得起晚餐钱。"

相关的情绪：
自信、戒备、幸福、孤独、宽心、满足

积极的方面：
独立的人物拎得清自己。他们知道自己能做什么，当别人害怕的时候能够站出来采取行动。过去的成功证明他们有能力，所以他们能够单独工作，也常常喜欢这样。这些人物对自己自信，也不怎么在意别人的看法。结果是，他们能够专注于自己的目标和手上的工作。他们是有前瞻性的思考者，能够突破现状，拥抱领先其时代的观念。

消极的方面：
因为常常单独行动，独立的人物可能难以与他人合作，或者建立关系。他们不在意别人的想法，会让人觉得他们冷漠、自鸣得意或居高临下。他们的自力更生，令所爱的人觉得自己不被需要甚至不被想要，或许也会让这些人物和他们生活中的人渐行渐远。

电影中的例子：
在《第一滴血》（*First Blood*，1982）中，因为作为绿色贝雷帽成员在越南的经历，约翰·兰博知道该怎么照顾自己。当他从战场回到一个充满敌意的文化环境中时，他很难与别人相处，也找不到体面的工作，这个时候他在战场上掌握的游击技能就派上用场了。环境变得艰难之后，他从社会中退出，到处旅行，自己照顾自己，而不是仰仗别人。文学和电影中的其他例子：《草原上的小木屋》（*Little House on the Prairie*）系列丛书中的劳拉·英戈尔斯、《永不妥协》（*Erin Brockovich*，2000）中的埃琳·布罗科维奇。

配角身上可能会（与主人公）造成冲突的特质：
控制欲强的、懦弱的、品头论足的、黏人的、紧张的、自毁的、被惯坏的、胆怯的

对于独立的人物来说，有挑战性的场景：
拥有需要依赖自己的家人（需要经济援助的兄弟姐妹等）
因患有精神障碍，需要依赖他人
经济遭遇打击（被抢劫、投资失败等）
有需要长时间情感支持的朋友
受了需要他人帮助、令人虚弱的伤（必须重新学走路等）

多愁善感的

定义:
受到情感或情绪的强烈影响

类别:
身份、互动

类似的特质:
易动感情的(emotional)、浪漫的(romantic)

可能的成因:
有过于多愁善感的父母
只有过度表达情绪才能获得想得到的关注
无法从过去的高度情绪化事件中走出来
总是沉浸在各类情感之中,想时常体验它们

相关的行为:
被善良深深打动;敏锐地感受自己的情感
怀旧
对自己理想中的配偶、工作等有清晰的想法,并拒绝妥协
基于情感而非逻辑做决定
保留并珍惜纪念品
对重要的日子和场合(生日、分手等)记忆深刻
忠诚
寻找自己祖先和家族的信息
珍视特定纪念品背后的故事
会把传家宝传下去
给别人买个性化的礼物
珍视与所爱之人共度的时光
看悲伤的电影或书会哭
自由地表达情感,即使是在公共场合
当记忆被唤起的时候(一首歌响起等),变得情绪化
如果自己的情感没有得到同等程度的回应,会感到受伤

献出自己的时间作为礼物
想让所爱之人感到幸福和满足
体贴周到(送夹带便签的午餐、时常给爱人发信息等)
理想化自己的记忆,只记得其中好的地方,忘掉坏的地方
如果纪念品损坏或丢失会感到失落
敏感;情感容易受到伤害
发现某人内心最深处的渴望,并想办法满足
把自己的幸福与他人绑定
特殊场合(情人节等)会送充满感情的礼物
对过去的信物充满感情(一首诗、一张票根等)
发送手写信件而不是电子邮件
了解生活中其他人的喜好和激情
用情感和关注压制别人透不过气
认为所爱之人特别有天赋或才华
感觉到什么情绪都会立刻说出来
邀请朋友到家里来亲自下厨招待,而不是出去吃

Sentimental

相关的想法：
"我在给劳拉写信，让她知道她的友谊对我多重要。"
"我应该保留这个东西，有朝一日留给我的孙女。"
"我从来没这么高兴过！"
"我对他这么好，他为什么要这么说？"

相关的情绪：
爱慕、惊奇、期待、绝望、兴高采烈、激动、感谢、幸福、爱

积极的方面：
多愁善感的人物与自己的情感密切相连；他们觉得不需要隐藏情绪，并在表达时诚实且毫无保留。他们无私、关注他人、高度忠实，他们的感情也经常全神贯注在与他们分享生活的其他人身上。浪漫主义吸引他们，也造就了他们的体贴周到和慷慨大方。

消极的方面：
因为感情用事，多愁善感的人物与讲求实际的人常常产生冲突，后者认为他们情绪化、不切实际且不稳定。他们喜怒形于色的天性也可能令人不适，让人敬而远之。多愁善感的人物常常深陷在对别人的感情之中，忘了自己是谁，忘了如何独立。他们的多愁善感也会干扰他们的认知，导致他们只能看到自己想看到的，而不是事物的真实面貌。

文学中的例子：
《理智与情感》(Sense and Sensibility) 中的玛丽安娜·达什伍德是达什伍德家多愁善感的女儿。她的情感很容易受到诗歌、自然和浪漫举动的影响。约翰·威洛比帮助她之后，她深深地爱上了他，拒绝身边理智现实的人说的任何警告。电影和文学中的其他例子：《恋恋笔记本》(The Notebook, 2004) 中的阿莉·汉密尔顿、《绿山墙的安妮》中的安妮·雪莉。

配角身上可能会（与主人公）造成冲突的特质：
善于分析的、残忍的、无趣、公正的、一丝不苟的、规规矩矩的、沉默寡言的

对于多愁善感的人物来说，有挑战性的场景：
被迫从事实用的或要求逻辑的职业（会计、计算机技术等）
被情绪高涨的人包围，会让你更加缺乏平衡
被迫用不浪漫的方式卖掉或处理掉传家宝
和非常讲究实际、不苟言笑且不浪漫的人结为伴侣
多愁善感的同时又渴望拥有逻辑和理性

风趣的

定义：
高智商的聪明幽默

类别：
身份、互动

类似的特质：
妙趣横生的（droll）

可能的成因：
有很强的幽默感，或者有结合着快速思考的、不形于色的观察力
在鼓励智力幽默或深度幽默的家庭中长大
渴望得到认可或羡慕
缺乏安全感
渴望控制，用自己的智慧告诫别人不要太飘
在不舒服的场合下会紧张地回应

相关的行为：
说高智商的笑话
避免或鄙视"简单的欢笑"（屎尿屁幽默、棍棒喜剧等）
总是一锤定音
思维敏捷
天然会看到事物幽默的一面
了解别人说的意思，能感知到双重含义
非常敏锐地观察人，尤其是能注意到他们的缺陷和反讽之处
把自己的知识转换成喜剧式观察
被动攻击型行为
吸收别人说的话
使用比较来传达幽默
沉迷夸张手法
用幽默的方式引用电影、书或流行文化
用无忧无虑的口吻说话，好像风趣不用费什么功夫就能办得到
了解自己的背景，针对自己的受众说相应的俏皮话
受人喜欢
喜欢竞争，跟同类型的人用风趣竞争
了解自己的受众
说出乎意料的话
创造性地思考
自信
经常大笑
轻佻的行为
说笑话时面无表情或动作很少
擅长文字游戏，对词汇感兴趣
羡慕他人的急智
学习大师们的作品
说出别人从没想过的讽刺或幽默的观察

Witty

相关的想法：
"我怎么样才能用有趣的方式把这件事说出来？"
"那个法子很不错。我会再用的。"
"我喜欢泰勒自嘲、不把事情看得太严肃的风格。"

相关的情绪：
愉悦、自信、幸福、骄傲

积极的方面：
风趣的人物善于观察，能够把惯常的情形或事件变得好笑。这些人物常常是第一个说笑话的，并给已经存在的俏皮话增添另一层观察，让幽默更进一步。风趣的人思维敏捷，能说既聪明又能令人开眼界的段子，通常是透过反讽让人从别的层面体会某个场景。因为大多数人喜欢笑，因此风趣的人物常常受人喜欢。

消极的方面：
风趣的人物有时候会祸从口出，在不需要的情况下也说笑话，令人不适。有些沉浸在自己风趣之中的人物会使用尖刻的讽刺，伤害或羞辱了别人。对某个群体或信仰的观察也可能不知不觉地涉及敏感话题，冒犯听众。此外，人们也可能讨厌风趣的人物总是想占上风的样子。

电视中的例子：
在《陆军野战医院》中，"鹰眼"皮尔斯总是什么都要扳回一城。他聪明机智，天生爱逗能，幽默让他在朝鲜战争中的境遇变得能够忍受，也让自己的愤世嫉俗和怨恨有了发泄的出口。尽管他源源不断的笑话让团队里有些成员恼火，但许多士兵和医疗人员还是觉得他带来了受欢迎的慰藉。电影和电视中的其他例子：《三个火枪手》（*The Three Musketeers*，1973）中的波尔托斯、《欢乐一家亲》（*Frasier*）中的奈尔斯·克兰。

配角身上可能会（与主人公）造成冲突的特质：
虔诚的、怪异的、无趣的、缺乏安全感的、内向的、规规矩矩的、反复无常的

对于风趣的人物来说，有挑战性的场景：
在严肃的环境中工作，幽默不被赏识
面对理解不了自己幽默的异域观众或文化
遇到限制自己风趣能力的缺陷（精神衰弱、疲劳等）
感觉精疲力竭或遇到瓶颈，无法再让人大笑

抚育他人的

定义：
有意愿和能力去养育和促进别人的发展

类别：
身份、互动

类似的特质：
关怀的（caring）、慈母般的（maternal）

可能的成因：
在过去抚育过他人（孩子、病弱的人等）
接受过伟大的爱与善意
想被需要
充满爱
感激，出于某个人表现出的善意的感激而关怀他
天生有抚育他人的内在倾向

相关的行为：
使用善良鼓励的话语
说话沉着冷静
有耐心
利用温柔的教导机会
预料到需求并满足它
积极地倾听，表现出自己的关心
为某人提供基本的需求
有保护欲
袒护某人
鼓励别人在有天赋的领域追求
表现出支持
保存纪念品，希望以后能留给所爱的人
像对待家人一样对待陌生人，做一个好主人
担心自己照顾的人遇到挫折或选择错误
会出席重要活动
展现爱意
把别人的最佳利益记在心上
能发现情感需求并设法满足它
做对某人最好的事情，即便不是某人想要的
必须要做决定的时候会提供智慧
自我牺牲，让别人可以拥有缺少的东西
不停地分析一个人需要什么
让某人避免陷入危险境地中
对被抚育者可能会做的小事情表达喜悦
看到人们最闪光的一面，相信如果得到爱，每个人都能改变
如果被抚育的人成长了，会感到骄傲和满足
竭尽全力让人感到安全和被爱
忠诚
难以客观看待自己抚育的人
展现仁慈，给第二次机会
很容易原谅别人
天然适合抚育别人，哪怕是对别人抚育的对象
对他人有信心，鼓励他们对自己要更有信心

相关的想法：
"她是个好女孩。她只是需要一些引导。"
"我经历过那些。她也许能从我的经验里获益。"
"之后应该会变冷。我得让理查德带上他的外套。"
"我已经得到那么多爱。我怎么可以不把它们传播出去呢？"

Nurturing

相关的情绪：
爱慕、愉悦、幸福、希望、爱、怀旧、满足、担忧

积极的方面：
抚育他人的人物常常是充满爱、善良和同情的。他们目光长远，希望自己抚育的人不仅能生存下去，还可以取得成功。当他们看见有人需要什么或处于痛苦之中时，他们会情不自禁地伸出援手，即便这意味着要牺牲自己的时间、金钱和资源。别人可能很快下判断或者用刻板印象解读，但抚育者是思想开明的，只看到需求，和自己能解决需求的能力。

消极的方面：
有时候，抚育的本能太过强烈，以至于拥有此特质的人物看不到或者不愿意看到被抚育者操控他们的真相。他们的无私，会成为操控者的目标，这些操控者会利用他们的善良。抚育者常常太过关注于关怀他人，而忘了关心自己。他们只想着服务他人，也可能因此在自己需要的时候，不愿为自己寻求帮助。

文学中的例子：
《相助》(The Help, 2011)中的艾比里恩·克拉克的职业就是抚养其他女人的孩子。她喂养他们，训练他们上厕所，哄他们睡觉，生病的时候照顾他们。她对爱和共情的理解是深厚的，在与她最后的看护对象梅·莫布利的相处中也体现了。艾比里恩尽力弥补梅妈妈的冷漠与疏于照看，为了让这个孩子生存，她创造了一个积极的口头禅，不断地重复，直到这个缺爱的小女孩可以自己说出来。电影中的其他例子：《尽善尽美》(As Good as it Gets, 1997)中的卡萝尔·康奈利、《哈利·波特》系列中的莫莉·威斯利。

配角身上可能会（与主人公）造成冲突的特质：
坏脾气的、独立的、捣蛋的、黏人的、自私的、忘恩负义的

对于抚育他人的人物来说，有挑战性的场景：
遇到了需要爱的人，但无法接受或回馈
因为接纳某个人而遭遇批评和指责
发现某个需要帮助的人，其需求超过了自己的能力
发现了某个需要抚育的人，但那个人可能已经无可救药
想关怀某个被当权者拒绝抚育的人

负责任的

定义：
对自己的行动和义务承担责任

类别：
成就、身份、互动、道德

类似的特质：
负责的（accountable）、可信赖的（dependable）、可靠的（reliable）、值得信任的（trustworthy）

可能的成因：
是长子或长女
从小照顾弟弟妹妹或体弱的父母
经历过要生存靠自己的状况
对错观念强
有颗感恩的心，驱使着自己去照顾别人
热爱家庭、社区和国家
在有着严格规则和期望的环境中长大
是与生俱来就肩负责任的家族（经营着自己企业的家族等）一员
相信人们应该为自己的行为负责

相关的行为：
可敬的职业道德
信守承诺
工作尽职尽责
对自己的工作感到自豪
按时完成项目
为自己负责的人着想
为了维持生计承担更多责任
犯错时承担责任
不找借口
如果自己的选择让别人失望，会感到懊悔、后悔或内疚
如果难以履行自己的义务，会感到焦虑
对自己的声誉感到自豪，并努力维持它
尊重地与人交往
知道自己的优点和缺点，利用或绕开它们工作
自律
直面困难情形
有条理
从错误中学习
采取主动
时不时有被压垮的感觉
诚实而客观地看待自己的处境
公平地对待他人
如果别人不履行责任，会表达自己的沮丧
别人犯错时会救场，并会感到气愤
即使面对没有预料到的情况，依然坚持到底
在团队中发挥带头作用
截止日期前完成工作
有内在驱动力
对自己负责的人说他们想听的话，打消他们的担忧
不想在别人面前显得很弱，所以不太向人求助
事后跟进，确保他人满意
完成承诺的事情后会感到骄傲

相关的想法：
"我不知道怎么样才能完成这个，但我会搞定的。"
"为什么人们就不能说到做到呢？"

Responsible

"这是一个好机会,但我没有时间。我会叫他们问别人。"
"如果要准时参加会议,我得比平常早起一个小时。"

相关的情绪:
期待、焦虑、自信、果决、感觉忙不过来的、愤恨、满足

积极的方面:
当困难发生,负责任的人物是值得托付的人。他们值得信赖,会努力工作提供他人所需。此特质与道德强相关,所以不论发生什么,负责任的人物为了履行义务会竭尽所能。为了大我,这些人物会做出牺牲,把他人置于自己之前。他们忠于自己圈子里的人,不论是家庭、朋友、社区还是公司。因为他们可以依赖、严肃对待自己的承诺,所以是理想的领导、照料者和伙伴。

消极的方面:
拥有此特质的人物会把责任看得太重,导致他们无法释怀,无法享乐。指手画脚、为人父母、道德说教是他们不假思索会做的事情。这种参与方式并不总是为人赞许,负责任的人物会发现自己被那些重视边界和坚持自己方式的人排除在外,甚至妖魔化。尤其是年轻人可能认为拥有此特质的人无聊、太过严肃,并不看重他们,直到出现麻烦需要帮助时才能看到他们的价值。

电影中的例子:
在《拯救大兵瑞恩》(*Saving Private Ryan*,1998)中,上尉约翰·米勒要履行一项职责——一项他并不怎么相信的职责。但作为陆军上尉,他的职责是找到大兵瑞恩并送他回家。困难似乎难以逾越:瑞恩不知所踪,法国到处都是敌兵,而且米勒连队的大部分人也不赞同这次的任务,以至于当两名队员被杀后出现了叛乱。尽管如此,米勒上尉不但自己恪守职责,还鼓励队员也这样做。最后,他完成了任务,为此付出了终极代价。文学中的其他例子:《魔戒》中的佛罗多·巴金斯、《大白鲨》(*Jaws*)中的马丁·布罗迪。

配角身上可能会(与主人公)造成冲突的特质:
古怪的、冲动的、不负责任的、懒惰的、捣蛋的、古怪的、鲁莽的、自私的、不合作的、无拘无束的

对于负责任的人物来说,有挑战性的场景:
目标与道德相悖(做一个负责任的盗贼、不诚实的父母等)
责任造成冲突,不得不做出选择
有某种强迫症或坏习惯,导致难以负责任
对某个自己不相信的项目或目标负责

富有想象力的

定义：
拥有丰富的想象力；脑海中能够形成之前未曾考虑过的事物的清晰图像

类别：
成就、身份、互动

类似的特质：
受灵感启发的（inspired）、有创新力的（inventive）

可能的成因：
想要逃离当前的状况
遗传
思维高度活跃
天生具有好奇心
通常不满意现状，知道事情总会变好

相关的行为：
能够热情且精力十足地表达自己的观点
在普通／普遍的东西上也能看到特别的地方
创造性地解决问题
具有艺术才能
做白日梦
能够在不借助道具或方案的情况下，想象事物的模样
能够描绘、撰写或记录自己的想法
从来不缺点子
具有创造力
沉迷于幻想或者还不能称之为现实的东西（科学的进步等）
喜欢神秘和未知的事物
被他人的创造性和创新吸引
喜欢电影和（或）读小说
会思考"如果"
乐观积极
相信不真实的事物
致力于将观念变成现实
思考的时候眼睛放空
被颜色和动作吸引
相信一切皆有可能
比大多数人能感受到更多的顿悟
古怪
寻乐好玩，为了探索想法而犯傻
好奇
足智多谋
梦境生动
对世界和自己有强烈的认识，能看到别人忽视的地方
能够自娱自乐（常常也能娱乐别人）
从多个来源寻找灵感
无所畏惧
很少感到无聊
不担心别人的看法
沉迷于角色扮演的游戏

相关的想法：
"如果衣柜里真的有东西呢？如果它正在看着我怎么办呢？"
"你仔细想想，外星人怎么可能不是真的呢？"

Imaginative

"我必须得把这个故事点子写下来——太棒了!"
"这个动物园资金募集活动太无趣了。为什么猴子们不逃出去占领餐厅呢?"

相关的情绪:
惊奇、自信、好奇、热切、激动

积极的方面:
富有想象力的人物总是在寻找一种自娱自乐的方式。他们的想法都很生动,清晰得就像在看电影一样,他们经常觉得有必要与别人分享自己的想法。这让他们成为派对上的活跃人物,和朋友及时行乐。对他们来讲,没有什么想法是不可理喻的。一旦受到激励,他们就想把梦想变成现实。这带来了令人难以置信的创新。

消极的方面:
一个想象力丰富的人物,如果让他的想象力横冲直撞,那么丰富的想象力会变成自己最大的敌人。这类人物过多地在幻想中生活,对现实世界的感知力不足,会导致他们产生社交焦虑障碍、强迫行为,对现实与虚拟之间的界限感知也变得模糊。想象力丰富的人物可能在别人眼里会显得古怪,变得孤立。尽管他们能够做出不可思议的创新,但并不是所有新点子都是积极的。大规模杀伤性武器、化学战争、虐囚技术中的水刑等都是带来黑暗结果的创新例子。

历史中的例子:
华特·迪士尼(Walt Disney)就是想象力丰富的人。从来不满足于现状,他总是思索更宏大的想法。漫画、动画、卡通短片、动画长片、游乐园——他的想象力是无穷无尽的。在追求事业的过程中,他遭遇很多风险,很多探索都失败了。但他总是向前,跳出既有的框架,不断提出新的想法。这些想法曾经被认为是不可能的,但在如今的文化中已经司空见惯。电影和历史中的其他例子:《寻找梦幻岛》(Finding Neverland,2004)中的 J. M. 巴里、史蒂芬·霍金(Stephen Hawking)、阿尔伯特·爱因斯坦(Albert Einstein)、本杰明·富兰克林(Benjamin Franklin)。

配角身上可能会(与主人公)造成冲突的特质:
善于分析的、爱挑剔的、拘谨的、规规矩矩的、迷信的、沉默寡言的

对于富有想象力的人物来说,有挑战性的场景:
自己的想法被别人偷去
想到了一个新点子,但被别人率先说出来了
过于生活在自己的幻想中,模糊了幻想和现实之间的界限
设想出了原创且惊艳的东西,但无法将其变成现实
因为想象力丰富的天性,不被别人相信

感官享乐主义的

定义：
欣赏感官；探索自己的欲望，以获得感官满足

类别：
身份、互动

类似的特质：
肉欲的（carnal）、享乐的（epicurean）

可能的成因：
深爱一切事物和体验
极具探索欲
天性富有创造力或艺术力
对自己的感官非常了解和敏感
性欲强烈

相关的行为：
好奇心强
深爱音乐、艺术和美
触觉敏感
天性浪漫
想和别人分享情感或感官体验
对自己和别人的情绪都很敏感
花时间吃喝，充分地享受这种体验
对温度和光线非常敏感
为了制造合适的氛围提前计划（点蜡烛、选音乐等）
享受颜色及其对情感状态的影响（认为它们更生动等）
欣赏光线的作用（光线如何制造阴影、使颜色更柔和等）
呼吸均匀缓慢
对质地敏感（了解织物的柔软度、了解织物触碰肌肤的感觉等）
想尝试新食物
享受食物在舌尖上的触感
能感觉到情欲给身体带来的变化（神经刺激、体温升高等）
对怡人的气味感到陶醉
大胆
对气味敏感
活在当下
无拘无束
寻求肉体上的满足
性挑逗和性玩笑
给予和接受按摩
会如痴如醉地喜欢一个人
享受性爱
当性欲得到满足，身体的紧张会得到缓解
纵情于声色，对其他事情关注变少
想象力丰富，喜欢幻想
热爱发现和探索
强烈地渴望享乐或狂喜
欣赏自然之美
对生活及其所带来的事物充满激情
对电影、书籍、艺术和自然之美有情感反应
跳舞或摇摆是表达感情的方式之一
喷香水或抹香粉
喜欢裸露
公开展示情感
发送有暗示性的笔记、信息或图片
感情外露

Sensual

相关的想法：
"兰花的香味令人陶醉。"
"在窗户边的躺椅上躺一整天晒太阳，简直是极乐。"
"艾伦的皮肤太柔软了。我可以花好几个小时抚摸他。"
"每次看见月光，我都想在月光下跳舞，沐浴在月光中。"

相关的情绪：
爱慕、好奇、渴望、激动、爱、满足

积极的方面：
无畏且充满激情，沉迷感官享乐主义的人物都是探险者。他们通过深入研究自己的感官，尝试一切能想象到的事物，从中获取满足。他们与自身的情感和欲望高度协调，无时无刻不在深爱着并寻求极乐，不浪费任何机会。

消极的方面：
在寻求感官刺激和情感满足的历程中，这些人物有时候会过火。在头脑发热时，他们判断力不佳，无法做出合理决策，可能会导致不负责任、不忠，以及依赖成瘾性物质的风险更高。

电影中的例子：
在《爱你九周半》（*9 ½ Weeks*，1986）中，刚刚离婚的伊丽莎白·麦格劳与一个还不怎么认识的人坠入了爱河。在这个过程中，他们一起探索感官，不仅通过冒险的性爱游戏，还通过食物、衣服、颜色、声音和质感。电视中的其他例子：《好汉两个半》（*Two and a Half Men*）中的查理·哈珀、《欲望都市》（*Sex and City*）中的萨曼莎·琼斯。

配角身上可能会（与主人公）造成冲突的特质：
冷酷的、拘谨的、内向的、孤僻的

对于感官享乐主义的人物来说，有挑战性的场景：
住在官能享受被禁止或难以获取的地方（修道院、监狱等）
患上感官疾病，引起对某种质感、气味或噪音等的过度敏感
自己的选择被家人或朋友反对，并被他们贴上性异常的标签
出乎意料地陷入某种易受责难的状态（裸泳的时候，爱打听他人隐私的邻居出现等）

干劲十足的

定义：
精力充沛，充满活力

类别：
互动

类似的特质：
兴致勃勃的（animated）、活泼热情的（bubbly）、精力旺盛的（energetic）、充满活力的（lively）、精力充沛的（peppy）、精神饱满的（spirited）

可能的成因：
崇尚自由
精力过剩
热爱玩乐
拥有鼓励或宽容的父母

相关的行为：

热情
想让人们微笑
容易激动
充满好奇心
拥有乐观的人生观
语速很快，伴随着很多动作
享受惊喜和新发现
睡醒后精力十足，期待新的一天
渴望通过经验来学习
在日常生活中看到魔力
为了乐趣尝试新事物
享受新的挑战
友好
因为激动而不是故意粗鲁地打断
用跳动的步伐行走
积极
坚定
喜欢音乐、人群和活动
不抱怨
自己无法控制的事情就随它去
时不时有善意之举
率性而为
提议有趣的活动："我知道了……咱们去看马戏吧！"
为了提振士气，故意做鬼脸或冒傻气
积极主动，喜欢锻炼
不担心别人怎么想
不浪费机会
下定决心，从不放弃
鼓励他人
开心
有话直说
做出受情绪驱动的决定
穿颜色鲜艳的衣服
有强烈的认同感
无法预料
不害怕展示自己的热情洋溢
很难慢慢走路、慢慢等待时机或者懒散

Spunky

相关的想法：
"我喜欢埃玛的红头发。我也要染头发！"
"我要吓一下大家，在桌子上跳舞。"
"他们说只有男孩子能试，但谁在乎呢？我也要玩橄榄球。"
"大家都太在意输赢了。好玩才最重要！"

相关的情绪：
期待、自信、激动、幸福、满足

积极的方面：
干劲十足的人物总是活泼热情而且乐观，知道什么能让自己开心。他们可以带动周围的气氛，也经常鼓励人们尝试新事物，追逐自己的梦想。他们以身作则，帮助别人摆脱恐惧，做真实的自己。

消极的方面：
干劲十足的人物精力太旺盛，也难以预料，导致在他们周围的人可能会感到筋疲力尽。他们也不总是能够准确判断形势，也可能不知道什么时候该给人打气、什么时候后退一步给人空间。其他人可能觉得他们幼稚且不负责任，因为他们总是活在当下，不考虑太远。

电影中的例子：
电影《亚当斯一家的价值观》（*Addams Family Values*，1993）中的夏令营辅导员加里和贝姬总是干劲十足、兴致勃勃，在营地里传播喜悦和鼓励。他们敢作敢为，不会被粗鲁的或反社会的行为吓到，这令他们成为星期三和帕格斯利当之无愧的对手，后者决心要冲出夏令营，去拯救叔叔费斯泰。电视中的其他例子：《邪恶力量》（*Supernatural*）中的贝姬·罗森、《我为喜剧狂》（*30 Rock*）中的肯尼思·帕斯尔。

配角身上可能会（与主人公）造成冲突的特质：
伤人感情的、对抗的、规规矩矩的、炫耀的、吝啬的、传统的

对于干劲十足的人物来说，有挑战性的场景：
努力处理一段破裂的感情
处在必须保持镇静和矜持的社交场合
在截止日期非常紧迫的情况下工作
不得不遵守自己不认同的规则
在做自己和让所爱之人骄傲之间左右为难

高效的

定义：
能够有效地完成任务；富有成效地利用自己的时间

类别：
成就

类似的特质：
高产的（productive）

可能的成因：

拥有 A 型性格*

有强烈的成功驱动力

在忙碌和活跃的家庭中长大

有高产的需求

高度活跃和投入，需要明智地管理自己的时间和精力

相关的行为：

有良好的时间观念

会列清单

极富生产力

懂得优先排序

决策迅速

完成任务后会有成就感

总是在行动、在做事情

在压力下茁壮成长

能够在需要的情况下控制自己的情绪

讲逻辑

设定可实现的目标

高度有条理

能够多线任务并行

家、卧室和办公室保持整洁

设置截止日期和时间范围

会分派任务给别人

避免分心

高度集中精神

直说重点

预先计划

尽可能地省钱省时间

主动思考和行动

对过于爱闲聊的邻居不耐烦，不喜欢闲谈

需要时会搜集相关知识

会善用科技

遵守日程安排表

来去匆匆

早起，会设置闹钟

准时

对事情期待很高

需要时会求助

制定计划并严格执行

有强烈的责任感

不纠缠于细节，聚焦于目标

对浪费时间、精力和资源的事情感到沮丧

---

* A 型性格和 B 型性格，是一类性格行为学理论。表现欲和竞争性很强、急躁、缺乏耐心，对时间有紧迫感的人群是"A 型性格"，与其相反的是"B 型性格"。——译者注

Efficient

相关的想法：
"跟孩子一起看电影的时候，也许我可以处理下我的邮件。"
"既然在上班途中路过邮局，明天我顺便把这个包裹寄出去吧。"
"趁着吉姆在练球，我去汽车美容店把车洗了。"
"发票这么零散，洛丽怎么能记录好花费呢？她应该做一个表格。"

相关的情绪：
焦躁、恼怒、自信、果决、骄傲、满足

积极的方面：
高效的人物都是以任务为导向的，有条理，能够在短时间里做成很多事情。他们可以迅速决策，所以常常不会纠缠于细节。他们也擅长执行提高项目和流程效率的系统，为了推进事务他们经常会担任领导职位。

消极的方面：
拥有此特质的人物会对速度和熟练度欠佳的人感到沮丧。同样，工作速度不快的朋友可能会因为他们的不耐烦和恼怒而勃然大怒。他们为了完成目标，可能对细节关注不够，最终为了时间牺牲了质量。

电影中的例子：
《终结者》(*The Terminator*，1984)中来自未来的机器人在寻找和追杀萨拉·康纳和她儿子时，是系统和高效的。无情、残酷的机器人利用一切资源执行消灭目标的任务。电影和电视中的其他例子：《奇幻人生》(*Stranger than Fiction*，2006)中的哈罗德·克里克、《犯罪心理》(*Criminal Minds*)中的阿龙·霍奇纳、《超感神探》中的特别探员周。

配角身上可能会（与主人公）造成冲突的特质：
难以自控的、古怪的、没有安全感的、心不在焉的、自毁的、唠叨的、爱发牢骚的、软弱无力的

对于高效的人物来说，有挑战性的场景：
和懒惰、不思进取的人做朋友
周围满是不断抱怨和发牢骚的人
因为以数量换质量，令重要的人失望
太过投入某事，为了完成任务被迫走捷径
不得不依赖不靠谱的人
和某个情感需求旺盛的人处于感情关系中

公正的

定义：
有强烈的公平理念

类别：
身份、互动、道德

类似的特质：
不偏不倚的（fair-minded）

可能的成因：
有强烈的是非观
长大过程中是不公平的受害者（父母偏袒其他兄弟姐妹）
偏见与不公正对待的受害者
信奉看重是非的宗教
在强调公平的环境中长大

相关的行为：
拒绝不公平的或有偏袒的有利条件
分享
尊重他人
相信法律应该适用于每个人
拒绝社会等级制度和提倡不公平的理念
遵守规则
尊重能够增强良好关系和公平的界限
遇到不公正挺身而出
利他主义
鄙视作弊或走捷径
客观地思考
三思而后行
即便不受欢迎也要做正确的事
行为符合道德
不论年龄、性别或种族，一视同仁
正义缺失时要求正义
拒绝说别人闲话
共情力强
自己不愿做的事情，也不要求别人做
不利用漏洞或疏忽
有超强的领导能力
选择正确的事情，而非简单的事情
犯错时不好受
在判断之前弄清楚所有事实
成为变革的推动者（加入董事会、竞选公职等）
为弱者站出来
通过别人怎么待人来判断他们
与受害者共情，并为他们讨公道
不想听到坏行为的借口
自己愿意投桃报李，也希望他人礼尚往来
遵守诺言
当发现不公时，会流露情绪（悲伤、愤怒等）
察觉到他人的不诚实行为会指出来
如果证明某人是错的就能暴露不公的话，会尽力去做
沉迷于纠正错误

Just

相关的想法：
"我告诉孩子们不能再吃曲奇了，所以我想自己也不应该再吃了。"
"本在这里工作的时间最长。他最值得涨薪。"
"可怜的杰里。他的兄弟对他糟透了，父母也没有注意到。这样是不对的。"
"这周末休息，我是一点问题没有的。毕竟我过去三个周末都在工作。"

相关的情绪：
焦躁、蔑视、果决

积极的方面：
公正的人物认为世界黑白分明，渴望错误得以纠正。他们不偏不倚，怒斥不公，能很快地为被压迫者站出来。他们不害怕做正义之事，哪怕因此与有权势和有影响力的人发生冲突。因为他们的信仰常常受到反对者挑战，正义的人物通常都能言善辩，能够机智地捍卫自己的观点。

消极的方面：
公正的人物似乎很容易在情感上与身边的事件脱离。他们容易陷入判断性思维，在渴望正义的过程中成为自发组织的治安维持会成员。他们如果认为规则已经不再能促进人人公平，就会打破现有规则，反过来助长了不公。如果公正的人物接受了错误信息作为真相，那么有缺陷的思考可能会让他们以为在匡扶正义，但其实是制造了更多的混乱和伤害。

文学中的例子：
在《罗宾汉》（Robin Hood）的故事中，罗宾汉时期的政府贪婪而残酷，为了自己的腰包，向人民课重税导致贫困。罗宾汉与这一体制发生冲突，体会到了它的冷血，于是召集了一群想法类似的人，开始打劫那些穿行舍伍德森林的腐败贵族。他将财富重新分配给国家的穷人，这本质上是物归原主。
文学和电影中的其他例子：《绿里奇迹》（The Green Mile）中的保罗·埃奇库姆、超人、蝙蝠侠。

配角身上可能会（与主人公）造成冲突的特质：
温柔的、贪婪的、充满敌意的、不理性的、痴迷的、反叛的、鲁莽的、迟钝的、意志薄弱的

对于公正的人物来说，有挑战性的场景：
发现亲戚犯了罪
抓到导师或信任的朋友撒谎
发现所爱的人犯了法，但动机是纯粹的
无意中违法，不得不面对后果
面临一个所谓公平违背其正义观念的情形

共情力强的

定义：
能够识别和判断别人的情感

类别：
互动、道德

类似的特质：
敏感的（sensitive）、通情达理的（understanding）

可能的成因：
深刻地了解情绪
有高超的直觉
有强烈的自我认知
与他人的能量同步
天生富有同情心
很小的时候就被教育爱与同情的重要性

相关的行为：
有着高度的同情心
能够体会别人情感，就像是自己的一样
与他人能产生紧密的联系
值得信赖，诚实
天性安静，喜欢沉思
真诚，对他人感兴趣
通过投射特定的情感和情绪，影响他人的态度
对他人的情感痛苦很敏感
在需要时提供安慰
积极地倾听
喜欢跟动物一起工作，或者陪伴在它们周围
很了解身体语言和语气语调的表达
能够感知到"虚假"的情感
能够透过行为和言语辨别真相
利他主义的
很难把自己的需求放在首位
不愿意过多分享情感，害怕被淹没
深深地尊重所有生物
思索生命的意义，及自己在其中的角色
智慧
能够描绘别人的情绪是什么感觉（发自肺腑的感觉等）
有强烈的价值观和理念
愿意帮助他人解决问题
回避痛苦情绪过多的地方（癌症病房、监狱等）
想分享幸福和乐观
为人类福祉奔走疾呼
理解赠予和回馈的重要性
有时候沉溺于情绪
希望别人能用他对待别人的方式对待他
相信超自然力量
参加志愿活动或参加出于善意的项目
感觉被情绪淹没，需要找一个安静的地方躲避
体会到痛苦的回音（是真正的移情者）
想独自一人待着
需要独处的时间充电和清醒头脑
对别人的痛苦难以释怀
能够形成亲密的、有意义的情感关系
回避令自己不快的人或事

相关的想法：
"德文表现得很坚强，但我知道他是怕别人认为他软弱。"

Empathetic

"那个男人身上散发出的恨意是极大的。我能够看穿他的假笑。"
"我要帮助那个失去家园的家庭。他们的经历太残酷了。"
"一部有趣的电影能将麦克斯从忧愁中解脱出来。"

相关的情绪：
极度痛苦、摇摆不定、渴望、热切、感谢、爱、同情

积极的方面：
共情力强的人物是好朋友和好爱人。他们善于倾听，真诚地关心，为其他人着想。他们努力培养积极性，享受分享开心情绪而带来的集体能量。他们设身处地为他人着想的能力，使他们能够对出现问题的情形有着深刻的理解，并以一种能够改善每个参与者的情感状态的方式做出反应。这些人物也能将共情转化成对变革的激情，成为为提高他人生活质量奔走的急先锋。

消极的方面：
积极的情绪会振奋共情力强的人物，同时消极的情绪也可能有毒，让他们陷入黑暗。除非他们能够抵挡住，否则其中有些人可能会捡起别人的情绪或痛苦，自己也重新体验一遍并受到同样的伤害。这会让他们跟其他人的交流变得困难，导致退缩，变得离群索居。另外，敏感、真情流露对共情力强的人物来说是双刃剑，其他人把他们当作担忧、恐惧和沮丧情绪的垃圾桶。太多这样的情况会导致他们情绪紧张和抑郁。

电影中的例子：
《辛德勒的名单》中，奥斯卡·辛德勒在故事开始时是德国的一名靠战争牟取暴利的商人，但是在目睹纳粹血洗克拉科夫犹太人聚集区之后，他发现自己不得不帮助幸存的犹太人。到了战争结束，尽管他已经拯救了上千条人命，但想到那些自己本来也许可以拯救但最终死去的生命，他依然伤心欲绝。电影和电视中的其他例子：《第六感》(*The Sixth Sense*, 1999) 中的马尔科姆·克罗博士、《绿里奇迹》(*The Green Mile*, 1999) 中的约翰·科菲、《星际旅行：下一代》(*Star Trek: The Next Generation*) 中的迪安娜·特洛伊。

配角身上可能会（与主人公）造成冲突的特质：
善于分析的、反社会的、谨慎的、对抗的、残忍的、仇恨的、过于情绪化的、反复无常的、孤僻的

对于共情力强的人物来说，有挑战性的场景：
与缺乏共情力的人互动，比如有反社会人格障碍的人
同时暴露在很多冲突的情绪之中
与缺乏道德、不珍视生命的人配对
与长期生病的人生活在一起

古怪的

定义：
展现怪癖或特异之处

类别：
身份、互动

类似的特质：
怪异的（eccentric）、不落俗套的（offbeat）、奇怪的（peculiar）、不因循守旧的（unconventional）、不寻常的（unusual）

可能的成因：
资格，认为自己有权利想做什么就做什么
不在意别人的想法
渴望与过于严格或死板的过去决裂
在不怎么尊重传统的环境中长大
痴呆
不成熟
没有安全感
想要获得关注
天性独立，以自己的个性为荣

相关的行为：
服装搭配不走寻常路
不在意自己的外表；对其他事情更感兴趣
展现出奇特的习惯
感受不到他人发出的常用社交礼节暗示
用略显尴尬的方式与他人互动
拥抱自己的古怪
做凸显自己的事情
做事不考虑别人怎么想
无视规则
制定自己的规则
无法预测
自信
独立
会被逗乐，如果别人对他的古怪感到不自在的话
尽管遭遇反对依然坚守自己的个性
思维开放
享受生活
即便做日常事情也与众不同
违反常规
如果别人追逐流行会感到厌烦
信奉不同于主流的信仰和主张
如果自己的个性被批评会辩护
愤怒会升级成怨恨，进而把自己的古怪变成一种挑衅行为
说话直接，不拐弯抹角
孤立
与同样古怪的人结伴
表现出创造力
为了获得关注或认可，养成古怪的习惯
透明，忠实于自己的内心，不担心别人怎么看
自己的古怪行为方式、观念和不可预测让别人感到紧张

Quirky

相关的想法：
"大多数人不会把这些衣服搭配在一起穿身上，但我认为它们真好看！"
"我不知道为什么大家都那么喜欢《阿凡达》(*Avatar*，2009)。我觉得它很蠢。"
"我能不能倒着从中央公园走到河滨大道呢。"
"今天我不说话。我要用唱的。"

相关的情绪：
愉悦、愤怒、焦虑、自信、戒备、果决、尴尬、漠不关心、满足、警惕

积极的方面：
一旦古怪的人物被贴上特立独行的标签，就没人会期待他们循规蹈矩，所以他们能够得到别人得不到的容忍，为所欲为，成为写作者"武器库"中一个不错的小工具。因为古怪的人物很容易被刻板印象定型，经常被社会轻视或忽视。他们创新的思考方式会让他们从不同的角度看问题，进而提出不同寻常的解决方案。

消极的方面：
尽管每个人都有可圈可点之处，但古怪之人的天赋并不常常被人欣然接受。这些人物很容易被误解，被质疑，成为替罪羊。他们的古怪也常常致使他们生活在社区或团队边缘。

电影中的例子：
《欢乐糖果屋》中的威利·翁卡就是相当奇怪的工厂主。他的衣服稀奇古怪，并雇用一群隆巴小矮人。孩子们在他的工厂参观时，经常消失或者被毁容。通过其言行，显然能看出他生活在社会规范之外，他对此种活法颇为自信。因为他本就以古怪闻名，人们对这一切泰然处之。电影中的其他例子：《诺丁山》(*Notting Hill*，1999)中的斯皮克、《突破二十五马赫》(*Space Camp*，1986)中的蒂什·安布罗斯。

配角身上可能会（与主人公）造成冲突的特质：
讲究策略的、爱挑剔的、拘谨的、规规矩矩的、负责任的、老练世故的

对于古怪的人物来说，有挑战性的场景：
生活在对个性零容忍的严格社会中
遇到必须得融入才能实现目标的情形
由于古怪而被误解或被错误评判
有一个与自己的古怪性格相悖的目标（想变得受欢迎等）

81

鼓舞人心的

定义：
用自己做榜样，鼓励别人，致力于改变和实现成就

类别：
身份、互动

类似的特质：
激励人心的（motivational）

可能的成因：
成功或有所成就
非常积极的人生观
对人类境况有智慧和见解
有鼓舞人心和帮助别人的心态
梦想远大，并愿意为之奋斗
对某个话题充满热情，想要提高人们的认识

相关的行为：
花时间与他人建立有意义的关系
以身作则
职业道德强
相信自己，也相信他人
高度自尊和自信
目标驱动
为他人大大小小的成功喝彩
不论遇到什么挫折，都会掌控自己的命运
看见其他人的价值，欣赏他们
为了成长而制定挑战
诚实
创造或分享自己认为别人应该知道的意识或信息
鼓励别人探索自己的个性，找到成就感
开诚布公，即便只是认识的人或者陌生人
相信人最好的一面
为了拉近与别人的关系而讨论自己的脆弱
真诚
通过帮助他人实现积极的改变，从而让自己充满力量
不被困难和逆境打倒
致力于成长和更深地了解自己
说话时口齿清晰、思想深刻
接纳而不是排斥他人
精力旺盛，能够专注
践行信仰，鼓励他人为自己的信仰站出来
思想深刻
知道什么是重要的，并据此确定优先顺序
分享自己的故事，以及自己的选择和决定是怎么为自己打开大门的
向需要的人说鼓励的话
给予多于索求
愿意提供帮助
有耐心
对自己的行动有信心，认为可以达到自己的目标
渴望学习，搜集信息，与他人分享

Inspirational

相关的想法：
"这件事不简单，但我能做到。"
"我应该跟卡萝尔说我的故事，也许可能鼓励她继续尝试。"
"我不知道学费怎么办，但我要上大学。"
"人们需要知道真相！"

相关的情绪：
自信、渴望、果决、感谢、幸福、平和、满足

积极的方面：
鼓舞人心的人物是实干家，不惧追逐梦想，坚持自己的信念。他们专注于让自己成长的目标，为能够给他人带来积极改变的事业奔走。这样的人物工作努力，愿意奉献，天性乐于助人，为他人喝彩，鼓励他们变得更好。他们无意中激励了别人，常常对他人产生积极影响。

消极的方面：
有时候鼓舞人心的人物过于专注于目标，忘了享受生活中的小成就和日常。他们也可能变得太成功，导致家人朋友觉得自己不够努力，无法收获更多成就。这或许会导致家人朋友陷入怀疑、怨恨，自尊变低。

历史中的例子：
海伦·凯勒（Helen Keller）天生看不见、听不见，无法说话，本可能一辈子生活在黑暗之中，与周围的人隔绝。但由于她的顽强、聪慧，以及有远见的老师的决心，海伦能够克服缺陷，成为有史以来最励志的人物之一。历史和电影中的其他例子：马丁·路德·金（Martin Luther King）、安妮·弗兰克（Anne Frank）、圣女贞德（Joan of Arc）、特里·福克斯（Terry Fox）、甘地（Mahatma Gandhi）、《杀死一只知更鸟》（To Kill a Mockingbird，1962）中的阿蒂克斯·芬奇、《辛德勒的名单》中的奥斯卡·辛德勒、《勇敢的心》中的威廉·华莱士。

配角身上可能会（与主人公）造成冲突的特质：
控制欲强的、轻浮的、傲慢的、嫉妒的、闲散的、懒惰的、规规矩矩的、害羞的、不合道德的、无热情的、软弱无力的

对于鼓舞人心的人物来说，有挑战性的场景：
想坚持，但是没有资源或健康状况不允许
经历了反复失败，出现了信仰危机
承担了太多对别人的责任，自己的梦想不得不让步
经历过一次受伤，导致目标几乎不可能实现

关心社会的

定义：
关心社会中的恶事，并想纠正它们

类别：
互动、道德

类似的特质：
人道主义的（humanitarian）、热心公益的（public-spirited）

可能的成因：

深信社会责任
很小就被教导要尊重世界和世界上的人
被虐待或残忍地对待
是非观念强
有过改变人生的体验（目睹第三世界的贫困或不公等）
亲眼看见不道德的行为，并亲历了其后果

高智商
相信做正确的事会有回报
功利主义（认为从长远来看，做对所有人都最好的事情是有益的）
坚守精神或宗教信仰（因果报应等）
有同情心

相关的行为：

意识到自己行为的影响
没有偏见
循环使用物品
向高举道德理想的慈善机构捐款、捐物
了解并遵守规则
相信他人，直到他人被证明不可靠
尊重他人的需求和意见
充满同情心
给乞丐钱
考虑周到
拥有坚如磐石的核心价值观
无私
花时间奉献在社会事业上（建房子、挖井等）
有强烈的公平意识
会注意街上的流浪汉，而不是视而不见
高度适应环境及环境中的一切
前往某地，目的是改善当地的生活品质

在被忽略的人身上看到潜力
诚实
信守原则，选择做正确的事而非容易的事
揭发不道德行为或不公现象
正直
提高对社会不公的认识
参加筹款活动
为不幸的人提供指导
忠心
与他人合作愉快
与人建立牢固的纽带和关系
用自己的信仰和理念评判别人
绝对素食主义者或吃素的人
非常具有同理心
抚养或领养孩子
成立慈善组织

Socially Aware

相关的想法：
"史蒂夫怎么好意思，做了这种事还敢照镜子？"
"那只可怜的狗整天都在叫。既然你只是把它拴在外面，那为什么还要养宠物呢？"
"人们都很懒。如果大家都学会循环利用，就会产生巨大改变。"
"为什么我要去一个视女人为财产的地方旅游呢？"
"从他们那里买鞋？不可能。他们雇用童工制造鞋子。"

相关的情绪：
愤怒、极度痛苦、摇摆不定、果决、热切、爱、怀疑态度

积极的方面：
关心社会的人物愿意审视多数人觉得不舒服或者憎恶的事情。其他人见到困难的局面可能会因为悲伤或震惊而转身离开，但关心社会的人物会内化这种情感，并与受苦受难者共情。这种共情能力会引导他们采取行动，不论形势有多困难、对手有多强大。他们常常能够鼓舞人心，调动人们朝着共同目标迈进，并最终让更多人受益。

消极的方面：
关心社会的人物对自己的信仰很狂热。他们把大多数问题都看成非黑即白，也难以接受反对意见。为了赢得别人赞同，他们会纠缠不休，毫无变通，导致别人敬而远之。尽管关心社会的人物乐于助人，也能够清晰地看待远大目标，但是他们容易将事情过于简单化，导致难以找到高效的解决方法。

文学中的例子：
在《杀戮时刻》（*A Time to Kill*）中，埃伦·罗克是有着强烈社会责任心的法律系学生。作为美国公民自由联盟（ACLU）的成员，她强烈反对死刑，并积极地谋求推翻这种刑罚。一个年轻的非裔女孩被强奸，其父亲因谋杀强奸者被送上审判席，埃伦自己前往密西西比州，无偿协助他的案件。文学和流行文化中的其他例子：《贴身情人》（*Two Weeks Notice*）中的露西·凯尔森、音乐人博诺（Bono）。

配角身上可能会（与主人公）造成冲突的特质：
冷酷的、懦弱的、铺张浪费的、贪婪的、顺从的、自私的、胆怯的、传统的

对于关心社会的人物来说，有挑战性的场景：
为了纠正一个错误，要面对看似无法逾越的困难和对手
想扶助很多事业，但手里的资源只够拯救一个
为了帮助他人决定要不要牺牲自己的时间、金钱、情感关系等
被要求对自己的信仰做出妥协

关注自然的

定义：
更喜欢自然资源而不是人工资源；非常熟悉自然

类别：
身份、互动

类似的特质：
环保意识（environmentally conscious）

可能的成因：
在农场长大或以土地为生
父母或榜样是环保论者或自然资源保护者
对自然有强烈的宗教或精神信仰
身处自然的时候感到完整
在一个以自然为重心的文化中长大（美洲土著居民等）

相关的行为：
养护花园
回收利用资源
高度重视生命的价值
买天然产品（在农民集市上买东西等）
只有为了养活家人才会打猎和捕鱼
生活在大自然中或亲近自然
耕种或放牧，以土地为生
尊重所有生物
对生命周期着迷
在精神上与地球及其生物有联系
吃天然食物
对营养知识很了解
避免浪费（重复使用、改为他用、只取所需等）
封罐保存自己的食物
参与远足、登山、泛舟等户外活动
避免污染物和化学品
用传家宝种子而不是改良过的
拥抱自然疗法而非人工疗法
冥想
胃口好
好奇心非常强
精力非常旺盛
选择对环境友好的交通工具
在户外时感到有活力
非常欣赏自然之美
想用一种有意义的方式独自体验户外
对于进入体内的东西非常在意
清理自己的垃圾，减少自己的碳足迹
观鸟
外出时关注感官细节（气味、声音、纹理等）
幸福和满足
在自然中看到智慧
欣赏不同的季节及其独特性
想要保护自然
从打理花园中找到乐趣

相关的想法：
"我要去找一些薰衣草和新鲜牛至泡茶，治一治娜塔莉的头疼。"
"到5点了吗？为了看山，我已经等了整整一个礼拜！"
"我很开心我们从城里搬了出来。在这里我能听见自己思考的声音。"

Nature-Focused

"花园里的西红柿要比杂货店买的好多了。"
"我不敢相信内森竟然拒绝回收。他看过我们的垃圾填埋场有多大了吗?"
"看看那个日出吧。照亮了整个山谷。"

相关的情绪:
惊奇、期盼、好奇、激动、感谢、幸福、平和

积极的方面:
关注自然的人物与自然有着强烈的共鸣。他们在户外的时候,精力十足,大脑清晰,更有目标感。他们尊重土地及生物,他们做的选择都是尽可能小地影响自然世界。他们通常很活跃,注重健康,非常了解自己吃进身体的都是什么,经常由于信仰而选择成为素食主义者。

消极的方面:
高度尊重自然的人物可能会与更关注都市的朋友和家人说不到一块去——尤其是所爱之人认为他们观点很古怪的时候。有些以自然为中心的人物为了保护环境选择反对工业和政府,因此越了界,从提倡者变成自发组织的治安维持会成员。也有人把自然生活带向了极端,拒绝洗澡、剃须或使用除臭剂,因此导致的不良卫生习惯给人际关系带来压力。

电影中的例子:
在《阿凡达》中,纳美族非常了解潘多拉星。他们是链接所有生命形式的生物神经网络的一部分,对他们的世界有着最高级的尊重和关注。他们与周围的自然一起生活,一起互动,从中汲取智慧。当人类工业寻找罕见的矿物质、威胁到纳美人时,他们不仅是为了生活反抗,也是为了自然。电影和文学中的其他例子:《风中奇缘》(*Pocahontas*,1995)中的波卡洪塔斯、《时光之轮》中的佩林·艾巴拉、《魔戒》中的树人。

配角身上可能会(与主人公)造成冲突的特质:
破坏性的、勤奋的、不敏感的、自负的、肤浅的、工作狂的

对于关注自然的人物来说,有挑战性的场景:
因为自然或经济灾难而失去财产
家人或邻居的破坏或浪费影响到了自然
被迫搬进城市无法轻松接触到自然
无法享受户外的情况(严重的过敏等)
面临保护自然资源对公众来说不是好事的情况

规规矩矩的

定义：
行为正规、正确、正派

类别：
身份、互动、道德

类似的特质：
礼貌得体的（decorous）、体面的（dignified）、正规的（formal）

可能的成因：

地域影响	不想冒犯别人
金钱的地位	自大
父母的期望	缺乏安全感
想做正确的事情	有严格遵守规则的成长背景

相关的行为：

能感觉到别人在想什么	有良好的卫生习惯
遵守规则	很负责任
家里很整洁	参与社区活动
不好好打扮不出门	支持慈善事业
说话语法规范	基于是否得体来判断别人
语气控制精准（说话轻柔、音量适中等）	有尊严地应对负面事物
不在公共场合表露情绪	避免冲突
忠诚	不喜欢惊喜
制定许多规则规范别人	不做任何让别人不舒服的事情
遵守社会规范	竭尽全力避免当众、有失体面的争吵
对自己和别人有高期待	保持现状
如果别人做了不得体的事情会表达鄙视	拒绝在公众场合卷入争执或分歧
属于有威望的团体或社团	除非符合社交礼仪（飞吻等），否则避免公开表达情感
攀附上流社会	
对自己的孩子很严格，以免他们不成器	三思而后行
恪守日程表或惯例	行为举止无瑕疵
仪态优雅	即便受不了，也会对主人表达感谢
对特定事物一丝不苟	难以放松或不得体

Proper

相关的想法：
"在这种情况下，怎么做才得体？"
"邻居会怎么想？"
"芭芭拉为什么总是大呼小叫？"
"我知道伊恩认为自己做的是正确的事情，但就不能做得更隐蔽一点吗？"

相关的情绪：
愉悦、恼怒、失望、恶心、尴尬、鄙视

积极的方面：
规规矩矩的人物是礼貌的、正直的公民，他们不会故意做挑战社会规范的事情。他们尊重权威，因为遵守公司规章而可靠，是杰出的老好人。这些人物极其忠诚，忠于一个人、一个团体、一种哲学、一种理念。

消极的方面：
规规矩矩的人物喜欢事物照常进行，不善于应对变化。他们思维狭隘，墨守成规，即便是错了。因为道德与正义常常是经过古老的传统或一系列命令传承下来的，规规矩矩的人物依靠它们判定是非，而不是靠自己思索。因为他们重视举止得体，如果有人举止不合适，他们会表现出鄙视。

文学中的例子：
《杀死一只知更鸟》中的亚历山德拉姑姑是一位体面的南方女士，有着质朴的举止和完美的外表。她举办派对，自己烤制茶点，对家族传统感到非常骄傲。尽管她不同意哥哥阿蒂克斯的一些选择，但是她的规矩意识令她始终忠于哥哥，对于侄子杰姆和侄女斯考特来说，是一位尽管严格但是得体的照顾者。文学和电影中的其他例子：《欢乐满人间》（*Mary Poppins*）中的玛丽·波平斯、《女王》（*The Queen*，2006）中的伊丽莎白二世。

配角身上可能会（与主人公）造成冲突的特质：
对抗的、好奇的、无组织纪律的、懒惰的、过于情绪化的、捣蛋的、鲁莽的、惹是生非的、粗鲁的

对于规规矩矩的人物来说，有挑战性的场景：
在守规矩的同时，对某种令人恶心或不得体的习惯有强迫症倾向
与粗鲁、不得体的人组队
缺乏维持体面生活方式的资源
社会沦为适者生存模式，规矩变得奢侈

果断的

定义：
有能力做出快速有效的决定；不犹豫

类别：
成就

类似的特质：
坚决的（resolute）

可能的成因：
很小的时候就开始承担责任
父母缺席或者不愿尽责
存在控制的问题
受成功的欲望驱动
有强烈的责任感
渴望领导

相关的行为：
获取相关知识和技巧以做出明智的决策
把事情看得非黑即白
周围都是有技术的人
直问尖锐的问题："你能保证按照这个时间线吗？"
自信
任何时候都需要一个行动计划
表现得很肯定，即便事实并非如此
要求别人诚实和服从
只信任那些已经赢得自己信任的人
选择领导而非跟随
对不能做承诺或做决策的人感到失望
不喜欢模棱两可
全力以赴做好每个决定，不事后自我批评/怀疑
意志力强
知道自己想要什么、需要什么
高度有逻辑和理性
目标导向
把达成任务放在考虑他人的感受之前
直接解决问题和情况
表里如一
能够激励他人
有很强的职业道德
独立
有条理
有自信和自尊
不被害怕和后悔控制（但有时候会否认）
敢于承担风险
观点坚定
善于解决问题
善于利用机会
如果犯错会感到愤怒和失望
愿意承担责任，从自己的差错中学习
态度积极乐观
有决心
日常决策迅速（穿什么衣服、点什么菜等）
相信自己的直觉

Decisive

相关的想法：
"为什么她搞得这么纠结？随便选一家餐馆不就完了。"
"贝姬知道自己有家庭作业。为什么她不坐下来写呢？"
"我喜欢这个候选人所说的话。投票给他，是合理的选择。"
"如果我们私奔，就能避免无数生活琐事和家庭狗血事件，过好我们自己的生活。"

相关的情绪：
自信、果决、不耐烦、恼怒、鄙视

积极的方面：
果断的人物能激发人们的信心，因为他们相信自己做的决定。一旦他们决定投入某个行动，就会坚定地朝前看，永远不会质疑自己的选择。这些人物是负责任的，能成为好的领导。他们通常也是世界变革的驱动力。

消极的方面：
不幸的是，这些人物过于投入自己的决定，很难改变方向，哪怕形势越来越糟。因为他们通常能做出好的决策，所以当他们犯错时，他们也很难承认自己做错了。因为他们的结论是基于逻辑的，如果别人的选择中掺杂过多的情感因素，会让他们不耐烦。这可能会导致各方面的摩擦和受挫。

电影中的例子：
《星际旅行》系列中的詹姆斯·T. 寇克就能又快又好地做决定。他不推诿也不自我猜疑。当出现问题，他会分析形势，有必要也会向值得信任的同事咨询，权衡各种选项，然后采取行动。有时候他的果断显得轻率和鲁莽，但作为星际舰队的指挥者处在这样的高风险职位上，这种快速做决策的能力很有用。历史和电影中的其他例子：美国将军乔治·S. 巴顿（George S. Patton）、《华尔街》中的戈登·盖柯、《拯救大兵瑞恩》中的米勒上尉。

配角身上可能会（与主人公）造成冲突的特质：
戒备的、随和的、古怪的、愚蠢的、健忘的、轻信的、犹豫不决的、不负责任的、懒惰的、自寻烦恼的

对于果断的人物来说，有挑战性的场景：
和一个优柔寡断的搭档一起做决定
在某个受制于规则、安全委员会和规章的领域中工作
必须在自己缺乏相关知识的领域做决定
明知道该做正确的事，但是被拒绝听从理性的搭档牵制
做了决定但是被老板推翻

好客的

定义：
欢迎别人；对客人慷慨大方

类别：
互动、道德

类似的特质：
邻居般友善的（neighborly）

可能的成因：

拥有经常聚在一起社交的大家族
住在联系紧密的社区里，大家都互相照应
父母或监护人会向需要的人敞开大门
从小就被当作社交名流培养，经常扮演"主人"的角色
是一名养育者
社区理念强

相关的行为：

敞开家门欢迎别人
举办活动把人聚到一起
热情地接待别人
慷慨
乐观而开明
向客人提供舒适的环境（饮食、供梳洗的卫生间等）
接纳别人
主动攀谈，让人感到重要和受欢迎
不做道德评判
尊重客人
能够站在别人的角度思考
庇护他人
像对待家人一样对待新来者
真诚
想让人感到舒适
愿意服务别人
向可能有需要的邻居伸出援手
寻找能帮助别人的方式
把自己的日程安排放在一边，去照顾别人
善于倾听
对他人的生活表现出积极的兴趣；常常提问
分享自己的愚蠢故事，让他人放松下来
毫无保留地信任别人
给出旅行推荐（最好的餐馆、值得去的景点等）
在细节处细致周到（早餐给人烘烤松饼等）
看到别人身上最闪光的地方
态度友好
喜欢交流经验、想法和观点
心地善良、乐于助人
遵守承诺
向他人表明，脆弱也是 OK 的
用希望别人对待自己的方式去对待别人
即便可能有怀疑的地方，暂时也要信任某人或某事
给不熟悉某个地方的人当导游
让别人感到安全无虞
与别人分享自己的财产和资源
享受与别人的交情
更关心他人，而不是自己的财产

Hospitable

相关的想法：
"地下室有沙发。我问一下马克他的朋友愿不愿意留宿。"
"我喜欢昨晚听到的尼泊尔的事情。杰斯去过一些很棒的地方！"
"可怜的萨姆，没了家。我们应该把卡尔之前的屋子收拾一下给他住。"
"我去邀请新邻居过来吃甜点。"

相关的情绪：
期盼、好奇、激动、感谢、幸福、爱、骄傲、满足、同情

积极的方面：
好客的人物是有爱心的，开放的，有强烈的社区意识。他们渴望与他人建立有意义的连接，令他人感到安全、受重视和受欢迎。好客的人物用慷慨、善良和自我牺牲来增进信任和友谊。

消极的方面：
好客的人物会过于开放，把过多的时间和精力放在满足朋友、熟人和陌生人的需求上，导致与家人的一对一时间不够。因为慷慨，他们也可能受到自私或有权势的客人的摆布。这些自私或有权势的客人会尽力索取而从不付出。尽管好客的人物能从让别人宾至如归上获取真正的满足感，但也会因为善良没有得到回报而心生幻灭。

电影中的例子：
《浓情巧克力》中，薇安·罗切尔对光顾她巧克力店的顾客都笑脸相迎，提供各种免费试吃，试图猜测他们最喜欢的甜点是什么。作为一个流浪者，她了解被拒绝的痛楚，决心让每个她遇见的人都觉得受到欢迎和被接受。文学中的其他例子：《霍比特人》(*The Hobbit*) 中的比尔博·巴金斯、《纳尼亚传奇：狮子、女巫和魔衣橱》(*The Lion, the Witch, and the Wardrobe*) 中的河狸夫妇、《分歧者》系列中的克己派、《悲惨世界》(*Les Misérables*) 中的米里哀主教。

配角身上可能会（与主人公）造成冲突的特质：
反社会的、作威作福的、多疑的、粗鲁的、疑心的、不友好的、忘恩负义的、孤僻的

对于好客的人物来说，有挑战性的场景：
组织一群相互不信任的人
因失去所爱之人而痛苦的时候，还要努力好客
被要求招待或帮助过去曾伤害过家人的人
想帮助和照顾别人，但没有能力（因为生病等）

好奇的

定义：
充满调查并学习的欲望

类别：
成就、身份、互动

类似的特质：
爱发问的（inquisitive）

可能的成因：

天生具有好奇心
在鼓励探索和提问的环境中成长
相信总有更多值得学习的东西

渴求知识
想要纠正错误或者让事物变得更好
拥有爱冒险的精神

相关的行为：

问问题
拥有高超的观察技巧
追求知识（阅读、研究、上学等）
分享见解时表现出兴趣和热情
会寻找志趣相投的人
拆解事物看它们是怎么运转的
走弯路，而不是遵循既定的计划
偷听他人的谈话
如果遇到了更有趣的事情，就很难专注当下的任务
会试错，边做边学习
尝试新的想法和技巧，善于创造
收藏东西
对规则、界限和限制嗤之以鼻
不容易感到厌倦
用创新的方式解决问题
强烈地追求兴趣
为了学习会模仿或模拟类似的发现
偶尔越界（问不合适或太尖锐的问题等）

愿意尝试新事物
冲动
想提高和加强，或者创造更好的流程
忘记时间
使用错误、弱点和缺陷当作提高或创新的方式
用口头方式完成自己的理论或问题
参加团体或俱乐部
为了满足自己的好奇心而冒险
为了学习而做出牺牲（无薪实习、无酬劳研究等）
在新发现和新体验中获得乐趣和满足
享受谜语、谜题和未知事物
思考"假如"的情形
为了追求某个想法和兴趣而破坏规则
开诚布公告诉他人自己的兴趣和目标
有强迫的倾向
尝试新事物看看感觉如何，或者做某件事看会发生什么

相关的想法：

"看他俩在窃窃私语。我稍后问问埃拉是什么情况。"
"那个女人每天都会独自一人去操场。我想她有什么故事呢？"
"有趣，在特定的环境里，不同的动物是怎么聚到一块的。"

Curious

"吸尘器还是有那种声音。我们拆开看看里面到底发生了什么。"
"哈罗德在甩钓鱼线之前转了转手腕。我得问问他为什么要这么做。"

相关的情绪：
自信、好奇、热切

积极的方面：
好奇的人物会被别人选择回避的问题或麻烦吸引。他们的好奇心让他们变得敢于冒险，做别人不敢做的事情。他们通常是博学的，不论是通识方面还是具体门类。好奇的人物容易碰到神秘事物，或者陷入危险的麻烦之中。正因如此，他们可以很方便地把冲突引入故事线中。

消极的方面：
好奇的人物常常是冲动的，不经思考就开始行动。他们也执着于某个错误——专注于自己的追求（或者无可救药地分散心思），追求当前出现的东西。好奇的人通常更关注当下探索的话题，而不是其中的关系，他们可能不理解或不欣赏那些没有类似好奇心的人。

文学中的例子：
佛罗多的霍比特人同伴皮聘·图克的好奇心是出了名的，常常因此陷入麻烦。在《魔戒第一部：魔戒现身》(*The Lord of the Rings: The Fellowship of the Ring*) 里，同伴们在摩瑞亚城中，皮聘碰了一把古代宝剑，让旁边骷髅的脆弱骨骼掉进了一口空井里。声音引来了半兽人，同伴们被迫逃离。后来，在《魔戒第二部：双城奇谋》(*The Lord of the Rings: The Two Towers*) 中，皮聘克制不住欲望想看一看真知晶球的内部，导致他从睡着了的甘道夫那里偷走了它。通过触碰它，皮聘不小心与索伦建立了连接，让大家再次身处危险之中。文学和电影中的其他例子：《爱丽丝漫游仙境》(*Alice in Wonderland*) 中的爱丽丝、《好奇的乔治》(*Curious George*) 中的猴子乔治、《美国鼠谭》(*An American Tail*，1986) 中的费尔维尔·鼠克维茨。

配角身上可能会（与主人公）造成冲突的特质：
谨慎的、无知的、不耐烦的、不理性的、百事通、悲观的、固执的、不肯帮助的

对于好奇的人物来说，有挑战性的场景：
与对自己的知识遮遮掩掩的人打交道
生活在不鼓励自由思考的社会里
接受需要集中注意力的任务
与缺乏探索动力或欲望的人一起工作

好学的

定义：	类别：
勤于学习	成就

类似的特质：
学术的（academic）、书卷气的（bookish）、博学的（learned）、有学问的（scholarly）、博览群书的（well-read）

可能的成因：

在学术家庭长大 渴望摆脱无知的生长环境
非常尊重真理和知识 需要摆脱自己受限的环境

相关的行为：

经常去图书馆
开心地跟别人分享自己的知识
阅读广泛
如果没有找到答案会沮丧
阅读经典作品
傲慢
承担繁重的课业
超额完成必修课程的作业
不接受"我不知道"作为答案，查找资源，丰富自己的知识
对自己的学术成就非常自豪
对崇高的理念和议题，有哲学思考
了解很多领域的知识
跟书相处，比跟人相处更舒服
藏书量大
说别人听不懂的话题
对无知的人感到不耐烦和鄙视
举止严肃
跟其他有学识的人辩论和讨论
学习高级课程
思维开阔
遣词造句严谨
用词深奥
维护自己作为学者的名声
过于专注学习，忘了其他事务
在分享自己的学识之前，会核实
不重视自己的外表
在功课上表现出完美主义倾向
偏爱自己喜欢的学者（亚里士多德、牛顿、霍金等）
如果声誉遭到质疑，会表达愤怒
更喜欢独处与安静
享受家庭作业和课堂作业

Studious

相关的想法：
"我需要更多的信息，才能发表有见地的意见。"
"我能跟哪个懂这个领域的人聊聊呢？"
"从这种情形中我能学习到什么？"
"这篇关于古埃及的博文很有意思。我要跟历史俱乐部的人分享一下。"

相关的情绪：
自信、好奇、决心、不耐烦、满足、鄙视、自命不凡

积极的方面：
好学的人物因为富有学识，热爱学习，因而弥足珍贵。如果出现问题，但又缺乏信息，他们知道该去哪里寻找答案。在寻找知识方面，他们十分刻苦，从不妥协，极具驱动力。好学的人物知他人所不知，渴望分享自己所学，因此他们可以成为对主人公来说非常有帮助的咨询师。

消极的方面：
好学的人物致力于寻求真相，学习新事物。由于太过专注，导致人际关系和其他重要问题被忽视了。拥有渊博的知识让他们变得傲慢，鄙视那些不如自己懂得多的人。好学的人物知识面很广，但都是书面知识，实际经验很少，导致他们不切实际，与现实脱节，无法帮助别人。

电视中的例子：
《辛普森一家》（*The Simpsons*）中的莉莎·辛普森就是家中的异类，聪颖好学。她知识面很广，懂很多领域的东西，远远超过其家乡斯普林菲尔德的范畴。作为门萨俱乐部成员，她自视甚高。但总体上，她心地善良，愿意用知识帮助别人。文学和电影中的其他例子：《哈利·波特》系列中的赫敏·格兰杰、《早餐俱乐部》（*The Breakfast Club*，1985）中的布赖恩·约翰逊。

配角身上可能会（与主人公）造成冲突的特质：
愚蠢的、轻浮的、犹豫不决的、不理性的、懒惰的、多疑的、心不在焉的、迷信的

对于好学的人物来说，有挑战性的场景：
遇到了自己的信息来源不可靠的状况
截止日期紧迫，导致无法进行全面研究
在干扰下工作，没法集中精力学习
失去获得资源的途径，只能利用现有的知识
想在尚未被完全探索或者难以理解的领域寻找答案

积极主动的

定义：
提前思考和行动；预计到会带来改变的困难和挑战

类别：
成就

类似的特质：
有远见的（farsighted）、超前的（forward-thinking）、有战略的（strategic）

可能的成因：
目标导向、成就导向
需要做准备
极度担心或妄想
不断地被威胁或处于危险之中
有强烈的责任感
在有备无患的家庭中长大（生存主义者、末日生存者等）

相关的行为：
行动前会思考
是理性思考者
有强烈的前瞻意识，能够看到事物如何联系在一起
思维开阔，有大局观
从各个角度研究和调查问题
在付诸实践之前会测试方案
做计划
警觉，及早地预见到改变，方便做出应对
众包信息，依赖团体协作
创建清单和需要回答的问题
设想最糟糕的结果，以便更好地测试想法
安排好优先级
不慌不忙地做事
能够脚踏实地地思考
直觉很准
问别人怎么做更好，以便下次做得更好
勤奋缜密
善于抓住机会
为了更熟练，学习技术、继续深造
不用别人问就主动做事
观察力强
眼里有活并动手去做
为任何情况做好准备
密切关注别人的情绪
该说的时候就说出来
毫不犹豫地带头领导
能感知到潜在的危险
在出发前会考虑天气、旅行计划和可能出错的地方
可靠
不依靠运气
找出阻碍自己前进的原因，并采取行动将其克服
问别人需要和想要什么
在紧张的情况下依然保持冷静
为自己的行为负责
自信
勇于面对挑战
慷慨
有条理
需要时会求助别人
总是目的明确

Proactive

相关的想法：
"本的报告还没弄完。他在弄上个月的数据，我得开始这个月的了。"
"如果我在爸爸做出要求之前割完草坪，也许他这周末就会把车借给我。"
"车胎看上去瘪了。出发前我应该检查一下的。"
"洛娜看上去要杀了阿兰娜一样。我不知道发生了什么，但我最好从中调解一下。"
"蒂姆太擅长演讲了。我下一次演讲之前问一问他的建议。"

相关的情绪：
期待、自信、好奇、果决、满足、警惕

积极的方面：
积极主动的人物会超前思考，做好准备再行动，因而能掌控自己的命运。因为他们总是想提高自己，所以常常在商业上取得成功，成为优秀的领导者。这些人物有大局观，而不是纠结于眼前的利益。通过防患于未然，他们有更多时间做重要的事情，而不是处理因为缺乏准备和远见而造成的后果。

消极的方面：
因为积极主动的人物通常能预知麻烦并提前规避，所以他们不容易和做不到这些的人相处。他们常常不公平地评判那些拖延的家人、朋友或同事，认为他们懒惰，不像自己那么在乎事。他们的高标准和高要求不分工作还是生活，可能会造成关系紧张，尤其是当双方优先级不同的时候。

文学中的例子：
《唉，巴比伦》（*Alas Babylon*）中的兰迪·布拉格暗中得知一场核战争即将爆发，他为了求生开始行动。尽管无法阻止即将到来的末日，但他依然快速而果决地行动起来。他弄到现金，屯积食品杂货和水，储存汽油，借此拯救了家人。电影中的其他例子：《极度恐慌》（*Outbreak*，1995）中的萨姆·丹尼尔斯、《独立日》（*Independence Day*，1996）中的戴维·莱文森。

配角身上可能会（与主人公）造成冲突的特质：
镇静的、控制欲强的、苛刻的、随和的、古怪的、轻浮的、不理性的、懒惰的、过于情绪化的、自负的、敏感的、难控制的

对于积极主动的人物来说，有挑战性的场景：
为经常改变目标和优先事项的领导工作
资源不足，导致难以积极地预先推进
想要行动，但是没有足够的知识和信息
在不相信其直觉的管理机构里遭到反对

激情的

定义：
能够表达强烈的情感

类别：
成就、身份、互动

类似的特质：
诚挚的（earnest）、热烈的（fervent）、热忱的（zealous）

可能的成因：

在深刻的情感层面上感受事物
关注并拥抱自己的情感
对某个人、某种关系、某种理念或某个组织非常忠诚

情绪、个性和冲动控制障碍
使用药物或酒精
在道德层面认为人应该为正义挺身而出
有一种根深蒂固的责任感

相关的行为：

表达各种各样的情绪
很容易发怒、伤心或激动
使用大而兴奋的手势
说话声音大
无休无止地谈论自己热爱的东西
绕过障碍得到自己想要的东西
着迷于自己热爱的东西
为自己的信仰站出来
不考虑是否得体或合适就轻率地表达自己的感受
咄咄逼人
参与社会或政治运动
为自己的事业辩护
与志同道合的人站在同一战线
非常忠诚
全心全意地奉献于某个人或某项事业

通过给予金钱与时间来表达支持
尽管面临反对，依然保持忠诚
需要与更高层次的人建立关联
冒险
固执，有决心
稳扎稳打直到实现目标
用具有创造性或有意义的方式表达自己
以目标为导向
有勇气
对情绪敏感
一心一意专注于某个目标
研究自己感兴趣的东西，尽可能地了解它
独立思考，不为他人所动
在生活的诸多方面展现热情
自我激励

Passionate

相关的想法：
"我做什么才能纠正这一切呢？"
"我不敢相信这事竟然发生了。为什么人们看不出这有多错？"
"有了足够的支持，我们能为此多做点什么。"
"约翰对艾丽斯做的事情，我太讨厌了。他会后悔的。"

相关的情绪：
爱慕、果决、热切、激动、沮丧、仇恨、不耐烦、爱、悲伤

积极的方面：
激情的人物有很强的是非观念。他们基于自己毫不动摇的价值观做决定。一旦决定自己所热爱的行动轨迹，他们便不畏艰险一以贯之。如果遇到反对，这些人物会迎面而上，找出解决方法，然后继续前进。激情是有感染力的，带动和鼓励他人也行动起来，使得他们变得充满激情。

消极的方面：
激情的人物非常专注，可能会忽略或轻视其他的人和想法。他们对自己的理念太投入，很难容忍他人的不同观点。充满激情的人物对事物有深层次的感受，因而过于敏感，也容易被冒犯。他们往往直言不讳地表达自己的感受，让别人感到不舒服。因为他们感情用事，所以情绪也可能大范围波动，难以预料。

文学中的例子：
感情用事的绝佳例子，是世界上最著名的爱情故事《罗密欧与朱丽叶》（*Romeo and Juliet*）中的男主人公。罗密欧第一眼看到朱丽叶的时候，便为之倾倒。他们不太可能在一起，家族和社会中的大部分人都反对他们，但是罗密欧相信他们应该在一起，为了赢得朱丽叶的爱，他甘冒一切风险。电影中的其他例子：《美食总动员》（*Ratatouille*，2007）中的雷米、《死亡诗社》（*Dead Poets Society*，1989）中的约翰·基廷、《好人寥寥》（*A Few Good Men*，1992）中的乔安妮·加洛韦。

配角身上可能会（与主人公）造成冲突的特质：
懦弱的、随和的、拘谨的、紧张的、节俭的、孤僻的

对于激情的人物来说，有挑战性的场景：
生活在认为表达情感是不得体且不被接受的社会中
面对必须选择某种爱好而抛弃另一种的情况
对某个人或某个事物充满激情，但遭到家人或社会反对
对某人充满深情，但对方无法回馈这份感情
想为自己复仇，但又违背自己的道德观念

坚持不懈的

定义：
不顾反对、困难或危险，顽强地坚持下去

类别：
成就、道德

类似的特质：
有决心的（determined）、不屈不挠的（perseverant）、不放弃的（relentless）、执着的（tenacious）

可能的成因：
绝望
相信自己的目标是唯一值得追求的东西
野心
想证明什么，不论是向别人还是自己

固执
有强迫性人格
从经验中学到——坚持就有收获

相关的行为
心中有一个终极目标
从过去的错误中学习
把大目标分解成不那么难的小目标
如果旧方法不奏效，就尝试新方法
分析问题，并想出可能的解决方案
向他人寻求帮助和鼓励
把自己的目标和日程表分享给别人，督促自己负起责任
有耐心
接受人生之路漫长，难免会遇到挫折的事实
制定计划
培养并收集对自己有所裨益的知识
培养好习惯，改掉坏习惯
避开影响自己进步的人或事
为了实现长期目标，做出眼前的牺牲
达成小目标会激动
投入大量金钱、时间和精力去实现目标
变得沉迷

花费大量时间思考如何取得成果
暂时被挫折打垮，但最终会反弹
寻求他人的帮助
太过专注于实现自己的目标，导致人际关系变糟
不注意健康（营养不良、因压力导致头疼等）
从不放弃，即使是面对看似不可能的事情
在如何能帮助自己实现目标的基础上做决定
放弃曾经的爱好和兴趣，减少其他投入
由于缺乏专注，在工作或学习中表现不佳
非常有自信
鼓励那些朝自己目标奋斗的人
不注意卫生（不刮胡子、不洗澡、不换衣服等）
如果他人表达质疑会展现出防御姿态，尤其是随着时间的推移
对一个项目产生心态上的改变，从自信到困惑到绝望
屏蔽一切分心的东西
从不放弃希望

相关的想法：
"会水到渠成的。我只需要继续努力。"

Persistent

"换备选计划。"
"现在他们嘲笑,但等着瞧。总有一天会轮到我笑。"
"一定有方法搞定这件事。如果我一直想,就能想到。"
"这太重要了,我不能放弃。在内心深处,我知道玛丽能理解我。"

相关的情绪:
期待、自信、否认、果决、失望、热切、激动、沮丧、担忧

积极的方面:
坚持不懈的人物都有强大的意志力。他们为了实现目标竭尽所能。尽管不适、不便或痛苦会让有些人却步,但他们从不迷失方向。他们极善于集中注意力,总能够把目标锁定在视线内。因此该特质是受人钦佩和令人艳羡的。他们能克服普通人克服不了的困难,令我们情不自禁地被打动。

消极的方面:
因为专注,坚持不懈的人物常常被自己的欲望吞噬。其他一切都是次要的:事业、情感关系,甚至道德。他们变得太过专注于目标,别的一切都靠边站。这些人物常常过于执着,即便追求目标有害无益也在所不惜。他们不听其他人的意见,可能因痴迷目标丢掉了常识。尽管他们的目标可能是高尚的,但追求的方式常常不那么光彩。

电视中的例子:
在《乐一通》(*Looney Tunes*)中,歪心狼只有一个目标:抓住哔哔鸟。他的存在就是为了抓住、诱捕、废掉和智取自己的对手。如果一个想法行不通,他就会一个接着一个换,不论自己受到什么伤害,遇到什么不便。哔哔鸟速度比他快,这不重要。通过自己的聪明和资源,以及他在阿克米公司的宝贵关系,歪心狼自信地认为,只要自己持之以恒,总有一天能够得偿所愿。电影中的其他例子:《猎杀本·拉登》(*Zero Dark Thirty*,2012)中的马娅、《亡命天涯》(*The Fugitive*,1993)中的理查德·金布尔、《追梦赤子心》(*Rudy*,1993)中的鲁迪·鲁迪格。

配角身上可能会(与主人公)造成冲突的特质:
苛刻的、随和的、共情力强的、古怪的、不讲逻辑的、懒惰的、黏人的、胆怯的、无私的、意志薄弱的

对于坚持不懈的人物来说,有挑战性的场景:
遇到了某种疾病或衰退,影响了自己继续下去的勇气
只有有限或不充足的资源
在不可能达成的截止日期下工作
不得不在自己的目标和人生中其他重要事情之间做出选择
对抗同样坚持不懈的反派

简单的

定义：
不花哨；朴实

类别：
身份、互动

类似的特质：
接地气（down-to-earth）、要求低的（low-maintenance）、朴实的（plain）、不张扬的（unassuming）

可能的成因：

有强烈的自我意识
能够看清事物的表面价值
在联系紧密的社区或家庭中长大

很容易被压垮
意识到并感激自己已拥有的
天性善解人意

相关的行为：

人际关系透明、简单
不乱评价他人
对自己拥有的东西感到满足
不大惊小怪
诚实
讲求实际
通过观察和倾听获取智慧
对自己的能力很了解且充满自信
不需要华而不实或伪装
在其他人忽视的事情上发现美
对谈话中的沉默泰然处之
不把事情复杂化，力求简单化
努力工作会产生成就感
脚踏实地
不求荣誉或认可
更爱舒适而非时尚
适应性强，随机应变
乐观
与家人和朋友的关系亲密

不在乎是否拥有最新或最好的东西
不怕刻苦工作，干好自己的分内事
躲避引人注目
维持"自然"的形象（不化妆等）
容易对话和相处
谦虚
慷慨大方
善于观察
有耐心
不急不躁
不对他人高期待
喜欢简单的东西
对时尚潮流不感兴趣
更喜欢与他人合作，而不是领导他人
性格安静
不强求
真实，了解自己
不需要用物质让自己幸福

Simple

相关的想法：

"每个人可能都会盛装出席，但我还是穿牛仔裤更舒服。"
"我喜欢跟妈妈一起烘焙，即使她大多数时候都在忙碌而不讲话。"
"我等不及想跟你约会了！希望也能像上次一样去看星星。"
"玛拉值得在自己的生日这天成为焦点，我升职的事情等等再说。"

相关的情绪：

感谢、幸福、希望、平和、满足

积极的方面：

"所见即所得"这句话很适合简单的人物。他们开诚布公，做事分主次，也有开阔的视野。他们善于平衡自己的情绪，是很好的倾听者，是值得交的朋友，通常也知足常乐。

消极的方面：

简单的人物常常乐于待在幕后，因而容易被忽视。如果他们有话要说，常常是重要的或者充满洞见的，但由于他们性格不张扬，别人可能不会听或者不相信他们的见解。他们想把事情简单化的理念意味着常常不愿意主动参与或尝试新体验，也就失去了获得更大满足和幸福的机会。

文学中的例子：

《飘》（*Gone With the Wind*）中的梅拉妮·威尔克斯是身体柔弱的年轻女人，更喜欢谈论书籍而不是八卦。她的衣着在别人看来是朴素的，哪怕是在订婚派对上穿的。当战争造成食物、衣服等生活必需品短缺的时候，她也不抱怨。作为故事的配角，梅拉妮简单而安静的举止与主人公的奢华、轻浮和情绪化形成了鲜明的对比。文学中的其他例子：《非关男孩》（*About a Boy*）中的马库斯·布鲁尔、《傲慢与偏见》（*Pride and Prejudice*）中的伊丽莎白·贝内特。

配角身上可能会（与主人公）造成冲突的特质：

铺张浪费的、耀眼的、轻浮的、傲慢的、品头论足的、过于情绪化的、完美主义的、规规矩矩的、自寻烦恼的

对于简单的人物来说，有挑战性的场景：

在耗神费力的行业工作（为时尚杂志担任会计师等）
经常被情绪化的朋友拖进讨厌的混乱状态中
出于安全原因（比如远离自然灾害）不得不背井离乡
因为追求简单和平静，被误认为脆弱
被迫搬离自己生长的舒适小镇

讲究策略的

定义：
擅长在尊重他人需求的情况下处理人与事

类别：
互动、道德

类似的特质：
圆通的（tactful）

可能的成因：

与两个或多个兄弟姐妹一起长大
对观点、态度和需求不同的人负责
从事管理或政治工作
获得有权力的职位并想要保住它
有强烈的团队协作意识和群体意识

重视公平和尊重
共情力强
天生具备直觉力
在经常爆发冲突的家庭中担任调解者
是慢性病患者或精神疾病患者的看护人或赡养人

相关的行为：

承认他人及他们的需求是合理且重要的
表达尊重
善于倾听
在行动前思考
能够设身处地地为别人着想
值得信赖
公平和没有偏见地对待每个人
用中立的口吻说话
天生有逻辑和推理能力
不断重复事实直到大家都没有误解
能够保持冷静和理性，不被不良情绪裹挟
真诚地夸奖别人
给每个人提供意见以示尊重
委婉地谈及过去的错误
不指责他人，除非是以指导性的方式
为如何协作能达到最佳效果而提供意见
坚守自己的信仰和理念
避免消极的语言，比如"我不喜欢那个""那样

行不通"
为变革提供想法和解决方案
积极乐观
认真选择措辞而显得犹豫
攻击性不强
尊重别人的界限和个人距离
保持强烈的眼神交流
为了缓解紧张气氛会开玩笑
善意地纠正别人的误解或错误
态度诚实，但十分小心，并不会引起冒犯
避免争论，有很强的谈判技巧
以身作则
愿意妥协
敏锐地觉察人的情绪，并尽力不去伤害别人的感情
为了让别人放松下来，会分享自己的奋斗经历
密切关注且能正确地解读别人的肢体语言

Diplomatic

相关的想法：
"没被邀请参加埃丽卡的派对，布伦达很生气。如果事态变糟的话我就介入。"
"我得向他们表明，他们是可以相互帮助的，因为他们为的是同样的目标。"
"如果孩子们能够每隔几个礼拜交换所做的家务，就不会抱怨不公平了。"
"如果爸爸来拜访，我会向他展示这座城市有多安全。他就会对我搬到这里来感觉好点了。"

相关的情绪：
自信、果决、希望、听任、满足

积极的方面：
讲究策略的人物常常是博学、有远见和聪明的。在一个事件中，他们能够超脱情感，娴熟地提供可以帮助他人做好决策的见解。他们是天生的调解者，不让激情冲昏头脑。他们也注意言辞，在提出可能的解决方案时会先搜集信息、调查并获取反馈。一个讲究策略的人物会帮助他人，忠诚且值得信赖，因此是很好的知己。

消极的方面：
讲究策略可能是一种消耗。如果讲究策略的人物有强烈的情感需要发泄，他可能不愿意这么做，因为害怕损害自己的名誉。朋友们也可能频繁地向他咨询他们的争执、矛盾和纠纷。这可能会导致巨大压力和不幸福，以及一种挫败感，因为他知道不论什么结果，最后总会有人不满。一个讲究策略的人物也会被人认为善于操控，因为他阅读和说服别人的能力可以用来谋取私利。

电影中的例子：
《蝙蝠侠》(*Batman*) 系列中，布鲁斯·韦恩的管家阿尔弗雷德·潘尼沃斯能够为自己的主人巧妙地解决各种事务，同时还能保证布鲁斯的身份不泄露。作为知己，他既是布鲁斯的导师，也是他的道德罗盘，因为布鲁斯的判断力有时候会被哥谭市地下犯罪世界的邪恶迷惑。文学和电影中的其他例子：小说《塘鹅暗杀令》(*The Pelican Brief*) 中的格雷·格兰瑟姆、电影《心灵捕手》中的肖恩·马圭尔。

配角身上可能会（与主人公）造成冲突的特质：
戒备的、不诚实的、冲动的、厌倦的、疑心的、甜蜜的、不肯帮助的、天马行空的

对于讲究策略的人物来说，有挑战性的场景：
在结果事关个人利益的情况下，保持应有的态度
自己道德上的追求与他人对立，却要试图帮助他人找到"中间立场"
在面对不尊重、对抗、威胁或者操控的情况下，仍讲究策略

节俭的

定义:
进行合理的管理和节约

类别:
成就、道德

类似的特质:
节省的（economical）、俭省的（frugal）

可能的成因:
父母节省、花钱吝啬
在贫困的环境中长大
渴望高效
害怕没有钱
害怕未来会发生什么
觉得自己有责任管理好自己的资源和财产

相关的行为:
省钱，而不是花钱
制定预算并严格遵守
鄙视浪费和铺张
密切关注自己的账目
使用优惠券
只使用自己需要的
对自己的花费设限
去廉价商店购买商品或代购商品
打折的时候才购物
参加便宜的爱好或活动
避免任何形式的浪费
吃饭的时候光盘
买大件商品时会先存钱，而不是立刻购买
会修坏掉的东西，更好地利用它们
量入为出
重新利用旧物品（把光秃秃的轮胎变成秋千等）
穿旧衣服
利用别人丢掉的东西
在一个领域做出牺牲，去负担另一个领域的需求
节约（水电、空调等）
买二手货（车、教材、衣服、家具等）
嫉妒那些不需要担心钱的人
亲自修东西，而不是雇人
卖掉穿不下的衣物，而不是丢掉或捐献
保留旧物品，以防以后用得上
对自己能存下来的钱数感到骄傲
痴迷于记账（银行对账单、保留所有发票等）
把节俭当作游戏（挑战极低的预算、把优惠券积攒起来等）
教育孩子要负责任，保管好自己的东西
如果因为不小心弄坏了什么东西必须要更换，自己会感到沮丧
对于入不敷出的人缺乏耐心
尽快还掉自己的贷款
生日礼物更喜欢红包，这样可以用来付账单
不愿意借钱
想法子赚钱（打零工、当保姆等）

相关的想法:
"干这件事我的预算够吗？"
"吸尘器啥时候才打折呀？"

Thrift

"我不想把杰克的旧工具扔掉。也许还可以废物利用一下。"
"难怪他们欠债呢,看看他们浪费的钱吧。"
"我汽车没油了。也许我应该走着去店里。"

相关的情绪:
焦躁、蔑视、果决、妒忌、骄傲、满足、鄙视、担忧

积极的方面:
节俭的人物不会浪费,他们物尽其用。他们对待财务很务实,导致很节省——比如时间和物质。其他人可能因为资源浪费而陷入麻烦,节俭的人物通常不会无准备,他们也可以帮助他人和拓展自己。他们喜欢储蓄而不是花钱的特性,让他们能够度过困难时刻。

消极的方面:
因为节俭的人物过于节省,常常不愿意花钱,因而吝啬和小气。一方面,其他人可能由于他们的自律觉得他们小气,也由于他们拒绝在给礼物的场合(生日、圣诞等)礼尚往来,而感到沮丧。另一方面,节俭的人物也可能看不起浪费铺张的人。他们把金钱、资源和结果看得比人还重要,因此也难以与别人共情。

文学中的例子:
在《绿山墙的安妮》中,玛丽拉·卡思伯特成年生活中的大部分时间都是和兄弟一起度过的。安妮到来的时候,玛丽拉也难以改变节俭的习性。安妮的裙子都是用打折时买来的实用材料做的,一点装饰(褶边、褶皱或泡泡袖)都没有。玛丽拉的头发总是用两根大头针别起来,仿佛任何别的方式都是浪费时间和精力。可怜的安妮一开始很难接受,她没那么节省。但是随着时间推移,两人互相影响,玛丽拉的节俭也没那么严重了。电影和电视中的其他例子:《龙凤配》(*Sabrina*, 1954)中的托马斯·费尔柴尔德、《华生一家》(*The Waltons*)中的奥利维娅·华生。

配角身上可能会(与主人公)造成冲突的特质:
铺张浪费的、愚蠢的、慷慨的、不成熟的、不负责任的、惹是生非的

对于节俭的人物来说,有挑战性的场景:
和一个铺张或爱表现的人组队
生活在节俭被人鄙视而不是当作优点的文化中
面对必须要用财富和铺张来伪装自己的情形
工作中必须经常浪费(宾馆厨房、餐馆等)

谨慎的

定义：
在行动之前审慎地思考

类别：
成就、互动

类似的特质：
小心的（careful）、细心留意的（heedful）

可能的成因：

在危险的环境中生活	生活在害怕、恐惧或社会焦虑之中
目睹所爱之人因危险举动而蒙受不幸	身体羸弱
过去曾受到伤害	父母过度保护
成为虐待或犯罪的受害者	迷信、相信厄运

相关的行为：

提出问题
决策之前调查和研究
会避开危险的情境和地点
进入关系缓慢
过于关注细节
建立信任速度慢
防御型身体姿态
分享想法和观点时更婉转，而不是直截了当
有备选方案
挑剔
多次重复指示，以确保它们会被遵循
花时间研究新的地点
事先做研究
重视隐私
对自己的决策很自信，知道这些决策经过深思熟虑
悲观，最多也就是谨慎的乐观
尊重界限和规则
警惕；注意是否有危险

会锁门，睡觉的时候不开窗
勉强承诺
总结过去经验并吸取教训
为了保护自己的网络安全，经常修改密码
把珍视的物品放在安全的地方
把东西藏起来避免自己被诱惑（不把平板电脑放在车子座位上等）
比较不同的选择和场景
给从自己这里赢得信任的人以信任
说话慢，用词审慎
澄清自己说过的话，保证别人理解无误
需要时间反思自己的选择
如果需要时间考虑清楚会申请延迟
积极处理自己的金融和投资情况
做什么都会反复检查
不喜欢惊喜
评估过往的经验，确定不会重蹈覆辙
很难让别人做决定

Cautious

相关的想法：
"她好像对走的路不太自信。我来查一查导航，确保没错。"
"呃哦。萨拉把手提包丢在这人多眼杂的地方。在她回来之前我看着吧。"
"我不敢相信他们竟然在电话里要我的信用卡账号。他们是觉得我很傻吗？"
"如果他同意在饭馆碰面而不是来我家接我，我就同意跟他出去。"

相关的情绪：
焦虑、自信、猜疑、警惕、担忧

积极的方面：
谨慎的人物都有观察力，了解周遭环境，能注意到形势变化。在情绪高涨的时候，这些人物能够恢复平衡，运用推理的技巧让他人也能够清晰地做决策。他们会在行动之前观察和思考，通常是恐怖片里活到最后的人。

消极的方面：
在其他人率性而为的时候，谨慎的人物有时候被视为情绪杀手。这些人物担心潜在的风险，会依赖数据和事实；他们需要在行动之前知道变化因素和可能的结果。他们也自认为有责任向队友指出风险，但这并不总是被他人接受。谨慎的人物在舒适区之外的环境中可能很难放松，也不愿意尝试新事物。如果有太多未知因素，他们常常没法投入。

电影中的例子：
《异形》中的埃伦·里普利是谨慎的化身。当她的队友试图把一个外星生物带进飞船的时候，她花时间收集了信息，然后拒绝它们进入。她的决定被推翻了，自己被困在飞船上，与一只留着酸液的异形共处。结果是，她的队友纷纷死去，她因为谨慎活了下来。依靠勇敢、智慧和直觉，里普利得以控制自己的恐惧，一步一个脚印，在采取行动之前考虑危机和风险。电影和文学中的其他例子：《丧尸乐园》（*Zombieland*，2009）中的哥伦布、《悲惨世界》中的冉·阿让、《魔戒》系列中的阿拉贡。

配角身上可能会（与主人公）造成冲突的特质：
难以自控的、果断的、高效的、古怪的、不负责任的、执意强求的、鲁莽的、暴力的

对于谨慎的人物来说，有挑战性的场景：
醉酒
身处在高风险的"倒计时"时刻
有一个需要不计后果才能成功的目标
身处需要冒险的境地
面对一个没时间预先计划的危险场景

警觉的

定义：
对于可能的改变或危险有所感知和提防

类别：
成就、互动

类似的特质：
警惕的（aware）、警戒的（vigilant）、留心的（watchful）

可能的成因：
在战争或动荡中长大
暴露于危险或偏见之中
父母总是教诲要警惕危险
过去曾遭受伤害或虐待
生活在充满不确定、腐败或没有信任的社会里

相关的行为：
在事件发生前就能预判到可能的危险
提前计划
评估自己的选择
总是有全身而退的计划
常问问题
对别人说话的内容投以密切关注
观察力极强
感官高度敏锐，能注意到他人忽视的地方
总是会设想"假如"的场景
能够躲避风险和可能陷入危险的境地
总是有备选方案
重视隐私
注意规则和警告；阅读细则
涉及网络安全时变得谨慎
锁门
遵循已经得到验证的、稳定的惯例和选择
重视直觉
优先考虑健康，保持充足的睡眠
控制情绪
避免多变的事态和人
更喜欢确切知道接下来会发生什么，而不是感到惊奇
会看好钱包、手提包等重要物品
在购物前会试用（买车前试开等）
犯错时对自己很严苛
能注意到很小的变化
展现出很强的倾听技巧
在旅行前会非常细致地研究要去的地方
家里和车中配备应急装备
采取额外的安全措施（安装安保系统、开灯等）
会与他人眼神接触
难以敞开心扉或展现自己的脆弱之处
对邻里环境很警觉（能认出停在自己街道边的车等）
阅读报纸或观看新闻以了解最新情况
充分注意周遭的环境（开车不发信息等）
感受到威胁时会变得带有攻击性
为他人负责（比如看着邻居孩子安全坐上巴士）

Alert

相关的想法：
"孩子们又把玩具丢在外面了。我得捡起来，防止有人在黑暗中绊倒。"
"我记得大门锁了呀。"
"这个停车位不错——正好在泛光灯下面。"
"别人可能都喜欢卡丽，但是我感觉她有些不对劲。"

相关的情绪：
期待、果决、惧怕、猜疑、担忧

积极的方面：
警觉的人物总是会注意到周遭环境，预判危险的出现。因为警觉，他们在保护他人安全方面颇有价值。这类人物观察力强，能注意到他人没有注意到的地方。他们相信直觉，更注重安全和躲避危险，而不是别人对他们过度警觉的看法。

消极的方面：
尽管警觉的人物擅长防患于未然，但他们也可能过犹不及造成狼来了的现象。他们对潜在问题的担心，导致他们无法尽情享乐和放松。这些倾向对他人来讲也比较窒息。一个经历过许多危险的警觉人物，可能会陷入妄想，把所有人和不确定的场景都视作危险。

电影中的例子：
《亡命天涯》中的医生理查德·金布尔同时遭到芝加哥警察局和财政部的追捕，他决心自证在杀妻事件中的清白。在寻找杀害妻子的凶手和原因的相关线索时，金布尔必须始终保持警觉，留意当局是否在逼近他。电影和文学中的其他例子：《第一滴血》中的约翰·兰博、《火线狙击》(*In the Line of Fire*, 1993)中的福兰克·霍里根、《谍影重重》系列中的杰森·伯恩。

配角身上可能会（与主人公）造成冲突的特质：
爱冒险的、冲动的、爱玩的、干劲十足的、无拘无束的

对于警觉的人物来说，有挑战性的场景：
感到会造成冲动的强烈情感（愤怒、爱、欲望等）
与一个总是不考虑后果的冲动人物搭档
在不停变化的环境中生活
身处某个感官消退或者不再可靠的环境中
某个因自己忽视危险讯号而造成的悲剧，并为后果感到自责

慷慨的

定义：	类别：
大方地给予	互动、道德

类似的特质：

利他主义的（altruistic）、心胸宽广的（bighearted）、乐善好施的（charitable）、大方的（giving）、慈善的（philanthropic）

可能的成因：

心怀强烈的感激之情

想要分享，鼓舞和帮助他人

想回馈或回报

在一个慷慨善良的家庭或社区里长大

有很强的道德感

体验过他人的慷慨解囊，让自己的生活得到了改善

相关的行为：

只要有所帮助就愿意分享

无条件给别人礼物

仁慈

体贴

以提升别人的精神境界为乐

将自己的时间、精力和金钱投入慈善事业

花时间帮助组织活动或社交活动

值得别人信赖，也信赖别人

承担额外的义务或责任，让别人喘口气

用自己的关系网或影响帮助别人

赞扬别人

把时间花在别人身上

自己率先慷慨，同时希望其他人也能够受到鼓舞变得慷慨

看到了别人的需求并为此做一些事情

敞开家门欢迎别人

不物质

力所能及地乐善好施

谦逊；淡化自己的慷慨行为

积极地关心别人的福祉

传播幸福和乐观积极

视他人如同家人

思考怎么能更好地帮助某个人或某项事业

积极主动

回馈社区和工作地

从给予中获得能量

在某项心向往之的事业中担任带头人的角色

谦逊地活着

激励他人

为他人奉献

对自己的给予行为充满热情

平等地对待别人

对他人展现出真诚的兴趣

善于倾听

共情力强

友好

感激自己现在所拥有的

通过参与其中更多地了解某项事业（在慈善厨房中工作等）

Generous

相关的想法：
"这个流浪汉总是穿那件同样的破大衣。也许我的一件适合他穿。"
"玛丽怀孕期间不好受呀。我做些炖菜放她的冰箱里吧。"
"总得有人组织圣诞派对。因为今年我在家，我能帮忙。"
"卢卡斯走之前我在他夹克里塞20块钱吧。会是个不错的惊喜。"

相关的情绪：
自信、决心、感谢、爱、满足

积极的方面：
慷慨的人物通过给他人带来安慰、满足和幸福而感到完满。他们对自己现在所拥有的感到知足，深深地感激周围的环境和生命中重要的人。他们通常是很好的倾听者，而且观察力很强。他们如果看到了需求，便会站出来尽其所能地提供帮助，而不是等待别人去做。这些人物通过自己无私的举动能够激发他人的善良和仁慈。他们认为，给予仅仅是正派的人不可分割的一部分。

消极的方面：
慷慨的人物通过积极的滤镜看待世界，看见人身上的闪光点。由于他们的这种天真态度，使得他们容易被无所顾忌的人利用。他们很难拒绝别人，而且往往过度承诺，为了不让仰仗他们的人失望，常常力有不逮。他们也可能过于慷慨，牺牲了自己的福祉。

流行文化中的例子：
圣诞老人可能是慷慨的经典化身了。根据广为流传的故事所说，圣诞老人和他的精灵一整年都在为世界上的好孩子们制作礼物，一直到平安夜，他乘着神奇的驯鹿挨家挨户送礼物。圣诞老人性格开朗、心地善良，努力工作，总是不吝赞美之词。电影中的其他例子：《辛德勒的名单》中的奥斯卡·辛德勒、《生活多美好》(*It's a Wonderful Life*，1946) 中的乔治·贝利和玛丽·贝利。

配角身上可能会（与主人公）造成冲突的特质：
坏脾气的、不负责任的、善于操控的、吝啬的、固执的、喜怒无常的、胆怯的

对于慷慨的人物来说，有挑战性的场景：
想给某个自尊心极高的人东西
病情或负担太重，导致无法继续慈善事业
必须拒绝一项值得的事业
与觉得自己不够重要的家人对峙

考虑周到的

定义：	类别：
故意不引人注意；行为小心、判断力佳、尊重隐私	互动

类似的特质：
慎重的（circumspect）、深谋远虑的（prudent）

可能的成因：

有尊重他人的天性
忠实
在机密很重要的时代长大（冷战、二战等）
在一个必须保护敏感信息的行业工作

过去暴露在危险中（内乱、政治接管、高犯罪率等）
在公众视野中长大（在政治、名人或富裕家庭中长大等）

相关的行为：

保守秘密
为了更大的利益而控制信息流
谨言慎行，处事得体
为了更了解情况而主动搜集信息
通过隐瞒真相以保护他人
穿没有特征或者不显眼的衣服
让自己的行为更低调，避免成为关注焦点
有逻辑地思考，提前计划
对自己的个人信息小心翼翼
保持对自己情绪的控制
避免容易失去控制的情形（过度饮酒等）
观察力和警惕性
不暴露自己的动机，小心翼翼地问问题
值得信赖、可靠
尊重隐私
先思考再行动，规避风险
防御性强
承担必须谨慎处理的工作职责，确保工作正确地完成

信任他人的过程比较慢
自我克制
谦虚、谦逊
不泄露信息
必要时能提供建议；保守他人的秘密
以普遍通用的方式回答问题
为了保护自己隐私而改变话题
为了避免暴露信息而故意省略细节："我就不说细节来烦你了。"
外交上有天赋
关注细节，注意自己的周边环境
不事张扬或带有神秘气息
用阿谀奉承让他人放松
细致谨慎地与别人打交道
忽视或熟练地处理尖锐的询问或信息需求
通过认真的计划，避免出现中断
低调地搜集信息
对时间有很好的判断力

相关的想法：
"我希望她不会问这么私人的问题。那些秘密不应该是我来说的。"

Discreet

"我得让洛娜远离丹,这样丹就不会不小心把洛娜的惊喜派对泄露出去。"
"如果乘晚班的火车,应该就不会碰到认识我的人了。"
"他只需要知道8点在餐馆外等着就行。剩下的我来搞定。"
"听迈克吹嘘自己赚了多少钱。他会疏远他的朋友的。"

相关的情绪:
果决、不情愿、愤恨、怀疑态度、同情、担忧

积极的方面:
考虑周到的人物觉察到社会环境以及其可能对自身福祉、他人福祉造成的潜在危险。他们保护自己和所爱之人的隐私,并有良好的判断力,知道该说什么、做什么来正确处理信息流。这些人物基于强大的观察能力做决定,他们知道该说什么、对谁说,他们尽力保持低调,小心翼翼不招摇。

消极的方面:
因为考虑周到的人物的目标是保守特定信息不让别人知道,所以他们可能显得封闭或神秘,而这样不容易建立友谊。如果出于必要,考虑周到的人物会操控他人,这可能有损于他们正直或他们所保护的人的正直。他们通常极注重隐私。当他们完成了某些特殊的事情,别人可能永远不知道他们在其中扮演了什么角色,因此渴望收获欣赏和认可的人物会得不到满足。

电影中的例子:
在大体以真实故事改编的电影《逃离德黑兰》(*Argo*,2012)中,托尼·门德斯是美国中央情报局特工,他卧底从伊朗救出六名被困的美国外交官。门德斯装作一名电影制片人,为某部虚构的电影物色拍摄地点,他与伊朗官员打交道时所说的和所做的,都是为了做好伪装。他保持低调,小心地教导外交官们,让他们假装成电影剧组人员,从而逃脱。抵达美国领土之后,门德斯为了保护依然在伊朗的美国战俘,对自己参与营救的事实讳莫如深。电影中的其他例子:《沉睡者》(*Sleepers*,1996)中的博比·卡里洛神父、《一级恐惧》(*Primal Fear*,1996)中的阿龙/罗伊·斯坦普勒。

配角身上可能会(与主人公)造成冲突的特质:
警觉的、冲动的、有才智的、爱管闲事的、鲁莽的、疑心的、不得体的、不合作的、无拘无束的

对于考虑周到的人物来说,有挑战性的场景:
发现信任的朋友说谎
犯了一个错误,导致自己要保护的人面临冲突
为了更大的利益而被要求侵犯别人的隐私
发现自己被夹在敌对者和目标之间
自己的隐私被侵犯,结果导致自己的秘密被揭露

可敬的

定义：	类别：
拥有高尚的原则；表现出正直	身份、互动、道德

类似的特质：
讲道义的（ethical）、有原则的（principled）、声誉好的（reputable）、受尊敬的（respectable）、正直的（upright）

可能的成因：

富有强烈的共情力

在一个道德规范和荣誉得到重视的环境中成长

有把责任和国家放在首位的榜样

相关的行为：

忠诚

被问及时要说实话

坚守自己的信仰，虽千万人吾往矣

不求回报地付出

用尊重和公平对待他人（哪怕是敌手）

走最光荣最正确的道路

原谅别人

即便可能有怀疑的地方，暂时也要信任某人或某事

透明；行为不涉及操控

诚实

彬彬有礼

比赛之后感谢对手，希望他们也好

诚实地表达自己的欲望和需求

需要的时候请求帮助

力所能及地帮助他人

谦逊

遵守道德规范

寻求真相和知识

核查事实

举止有礼貌

克制自己的自负

不占其他人的便宜，不利用不法的机会

控制自己的情绪

承担责任

为了带来积极的改善而做出改变

是非观强烈

以身作则

有强烈的自尊

平等对待他人

保护需要保护的人

尊重和维护法律

遵守自己的承诺

为保他人安全做出牺牲

强烈忠实于群体或国家

自己不愿意做的事情，从不要求别人先做

Honorable

相关的想法：
"我从一开始就诚实。他应该相信我说的话。"
"我不是什么英雄。我只是做了正确的事情而已。"
"埃米是新来的，但是这件事我相信他。如果我俩角色互换我也希望这样。"
"我应该在马克喝多了之前送他回家。"

相关的情绪：
自信、果决、感谢、希望、骄傲、满足

积极的方面：
可敬的人物拥有内在力量和正直，让他们非常值得相信和尊重。他们做自己认为正确的事情，不论付出什么代价。有高尚节操的人会把个人的自负放在一边，完全透明地行事、生活，展现自己品格的力量。

消极的方面：
可敬的人物因为试图看到他人的闪光点，会成为没有原则的人的目标。这可能导致他们被人欺骗或利用。有些可敬的人物可能会盲目相信组织和人，看不到这些人或组织不值得被如此忠实对待。如果他们没有不停地评估所在的团体和个人，他们的行为会有害无益。

电影中的例子：
《悲惨世界》（*Les Misérables*，2012）中被释放的奴隶冉·阿让试图做正确的事情，平等对待他人。他的尊重对象包括各行各业的人，因为他同情这些人为生存和自由做的斗争。他有尊严地对待别人，也原谅别人，甚至是无情的警察沙威，尽管冉·阿让第一次犯法之后一直高尚地生活，但沙威还是追捕他数十年。文学和电影中的其他例子：《搜捕红十月号核潜艇》（*The Hunt For Red October*）中的马尔科·拉缪斯、《魔戒第一部：魔戒现身》中的阿拉贡、《空中监狱》（*Con Air*，1997）中的卡梅伦·坡。

配角身上可能会（与主人公）造成冲突的特质：
雄心壮志的、伪善的、不耐烦的、忠实的、不合道德的

对于可敬的人物来说，有挑战性的场景：
在家庭和法律之间做出选择
自己的信任遭到背叛
在本可以避免的损失（孩童死于醉酒驾驶等）出现后，想要寻求惩罚
与自己的欲望冲突时，要做出正确的事情

客观的

定义：
观点不受偏见或个人喜好影响；思维清晰

类别：
成就、互动

类似的特质：
中立的（impartial）、无偏见的（unbiased）

可能的成因：
有深刻的公平和平等意识
非常欣赏各种形式的知识
尊重经验的价值
是一个求真务实的人

相关的行为：
能控制自己的情绪
想在做决定之前从各个角度看待问题
能够发现偏见，然后将其剔除恢复平衡
试图找出问题的根源
强大的倾听技能
问问题，以保证自己完全理解
不轻易得出结论或做出假设
擅长外交，用能够稳定他人的方式说话
高度逻辑和理性
为了保持中立观点而抛开情绪
等到不受情绪影响的时候，才开始做决定
必要时把友谊放在一边或者与他人建立边界，从而避免偏见
强大的观察技能
避免可能造成个人偏见的情形（不接待家人作为客户等）
始终试图寻找最佳解决方案
有时候倾向于观察而不是参与
花时间调查和搜集信息
能够看到并承认自己的缺点
不被动地采取行动；保持冷静的举止
从各个角度传达事实
能够设身处地地为参与其中的每个人着想
克制发表意见，只传达事实
能够清晰地表达对立方的观点，以表示自己是理解的
拒绝贴标签或刻板印象
用全新的眼光看待某个情形，不论会发生什么
不省略特定的事实
发生什么如实描绘，不加入解读
不依赖直觉
不下判断
用最少的沮丧或压力去应对小失望
思维清晰
避免与试图奉承的人接触
诚实，并看重他人的诚实
在日常生活中，不像别人那样公开表现情绪
天性内敛
很难恼怒或生气
花时间深入思考
不被恐惧或变化无常的情绪控制

相关的想法：
"在问问题之前我将给每个人几分钟时间冷静下来。"

Objective

"因为艾伦的姐妹牵涉到里面,所以应该由其他人从中调解。"
"我对生态农业了解不多,所以我在发表意见前应该多了解一下。"
"我会画一个事故的示意图,帮助警察理解发生了什么。"
"我确信如果我们关注事实而不是意见,就能找到一个合理的解决方案。"

相关的情绪:
果决、满足、同情、不确定

积极的方面:
客观的人物擅长担任顾问的角色,因为他们能够在一个多变的情形中抽离感情,有逻辑地行事。如果出现问题,他们会想办法基于现有的事实得出一个公平的解决方案。这些人物花时间调查和收集信息然后做决策,其他人对此很尊重。因为客观的人物是中立的,即便是涉及家人或朋友,他们的建议也常常颇具分量。

消极的方面:
客观是把双刃剑,尤其是涉及家庭的时候。当中立的人物毫不费力地把自己的情感与具体的事情剥离开来的时候,所爱之人可能会认为事情是针对个人的,或者会觉得被客观的人物背叛了。一些情形对拥有此特质的人物不太理想,尤其是他们必须快速行动的时候。因为他们需要知道所有事实,因此机会可能在他们最终做决定的时候就已经溜走了。

电视中的例子:
《生活大爆炸》中的埃米·法拉·福勒天生客观,作为神经生物学家是合适的。她可以娴熟地掌控情感,会问直达核心的问题。她观察力惊人,根据信息和已证实的事实行动,而不是受直觉和情绪摇摆。即便涉及个人,她也常常能将自己从情感纠葛中抽离,运用逻辑的方式解决问题。电影中的其他例子:《蝙蝠侠》系列中的卢修斯·福克斯、《危情十日》(*Misery*,1990)中的巴斯特。

配角身上可能会(与主人公)造成冲突的特质:
健忘的、拘谨的、善于操控的、过于情绪化的、在乎隐私的、心不在焉的、沉默寡言的、不社交的、爱说谎的

对于客观的人物来说,有挑战性的场景:
成为受害者,并试图中立地叙述事件
本能地知道某件事错了,但无法证明
卷入某种情形,在那里事实和法律会造成正义得不到伸张
试图在控制情绪的同时保护他人

宽容的

定义：
包容别人的信仰、观念和行为，即便与自己的相抵触

类别：
互动、道德

类似的特质：
包容的（accepting）、有气量的（broad-minded）、宽容大度的（liberal）、思想开放的（open-minded）、纵容的（permissive）

可能的成因：

生活在多元文化的社会里
拥有鼓励思想开放的父母
小时候接触过很多不同的观点和信仰

尊重个人、自由和人权
了解人各有不同，正是这点让人变得独特而有趣
极其有耐心

相关的行为：

有耐心
能够妥协
擅长与他人合作
愿意向他人解释，或者教别人
尊重他人的观点
宽宏大量
了解一个人的过去如何影响一个人的信仰和行为
不随意评判他人
避开不宽容的人
反思别人说的话，从他人的角度看待事物
客观
不试图动摇或改变别人的观念
体贴照顾他人
友好
求同存异
接受别人的本来面貌
尊重宗教自由，接受人们自己选的路

专注于人际关系或处境中的积极面
行动前会思考
拒绝积怨
控制自己的情绪
讲究策略
不需要控制一切
站在他人角度思考
在了解更多后会改变观念
意识到与自己相悖的观点也是合理的
不会防御心太强，也不会往心里去
试图与别人达成共识
去自己文化和国家之外的地方旅行
愿意倾听和学习
对自己没那么严苛
随波逐流
善于沟通
讲究公平

Tolerant

相关的想法：
"我希望孩子们不要把名字刻在树上，但我想这是他们表达自己的方式吧。"
"洛娜新交的男朋友不是我喜欢的类型，但如果他能让她开心，就行了。"
"我希望我的姐姐能教育好孩子，但终究是她自己的孩子，不是我的。"
"阿兰在家说英语和斯瓦希里语。他的孩子也会从懂两种语言中受益。"

相关的情绪：
幸福、平和

积极的方面：
宽容的人物是宽宏大量的，相信每个人都可以且应该自己做出选择和决定。这些人物不会迫使别人推动自己的事宜，而是倾听别的观点和信念。在面对不同意见时，他们也认同每个人都有权表达自己的观点。宽容的人物是不错的调停者，在情绪当道的场合能够保持客观。他们明白，妥协与耐心常常是推动进程的必备工具。

消极的方面：
这些人物看上去没什么激情，因为为了让别人的声音被听见，他们往往埋没了自己的声音。这可能造成他们错失受到瞩目的机会，或导致别人以为他们太消极。其他人也可能利用宽容者的耐心和同情心，为了达成所愿而伤害他们。

电影中的例子：
《奔腾年代》（*Seabiscuit*，2003）中的查尔斯·S. 霍华德决定从事赛马行业，他发现自己需要知识渊博的团队成员来帮助他。其他人可能会认为他选择的专家及赛马是不合格的、不相干的且无法管教的。但是他能够透过缺点看到他们的潜力。即便他们让他失望了，他也会展现仁慈，提醒他们不要因为遇到一点点困境就抛弃生活。电影中的其他例子：《光辉岁月》（*Remeber the Titans*，2000）中的赫尔曼·布恩、《在云端》（*Up in the Air*，2009）中的亚历克丝·戈兰。

配角身上可能会（与主人公）造成冲突的特质：
控制欲强的、残忍的、自我为中心的、作威作福的、公正的、不容忍的、善于操控的

对于宽容的人物来说，有挑战性的场景：
生活在一个自由受到限制的地方
在课堂上，学生认为宽容是可以利用的弱点
遇到了观念或行为无法容忍的人
与利用宽容、为所欲为的人打交道

老练世故的

定义：
有世俗的知识和智慧

类别：
身份、互动

类似的特质：
有修养的（cultivated）、温文尔雅的（debonair）、娴熟的（polished）、优雅的（refined）、练达的（urbane）、老成持重的（worldly）

可能的成因：
有全球到处旅行的父母
在成长过程中接触到不同的文化（教育之旅等）
就读女子精修学校
出身于要求老练世故的名门望族（皇室、上层阶级等）
渴望学习与历练
从小在有权势和富裕的环境中长大，接触上流社会

相关的行为：
穿着得体、干净
了解全球性议题，能够谈论它们
有自信
令自己保持自信的姿态（神态）
优雅
了解当下的流行和趋势
会说多门语言
接受品质方面的教育（懂得品鉴酒的好坏等）
举止大方得体（为他人开门、自己站着、让座给别人等）
社交能力强
有强烈的个人风格
忙于交谈
对艺术感兴趣（音乐、绘画等）
高度社会化
阅读广泛
说话语气节制
了解相关历史事件
世俗经验丰富，接触其他文化和观念
了解热门运动或活动的规则
善于攀谈
寻找增长知识、帮助自己成长的方式
保持完美（在坐下的同时，优雅地掖好裙边等）
独立
品尝和享受来自不同文化的食物
对当下的政治及政治家有基本的了解
微笑
避免八卦或挖苦贬低的判断
衣冠楚楚
在公开场合展现克制（不暴饮暴食等）
愿意尝试新事物
愿意学习
言辞丰富、讲究
浅斟而非牛饮
为了充实自己，参加活动（看歌剧或芭蕾等）
关心社会（提升对不公的意识、支持慈善组织等）
与他人结交以获取信息或帮助他们

Sophisticated

相关的想法：
"亚历克斯怎么不扶妻子下车？她可是怀了六个月身孕！"
"我等不及要和露西一起看《国王与我》（*King and I*，1956）了！"
"我在想埃玛和我有没有读过一样的意大利书籍呢？"
"这个时节的布拉格太漂亮了。我想去那里。"

相关的情绪：
自信、好奇、感谢、幸福

积极的方面：
老练世故的人物了解不同的文化和生活方式。他们常常吸收外国文化的某些方面，令他们具备一种特别的格调。他们接触不同的人群，令他们更加宽容和开放。

消极的方面：
老练世故的人物不全是势利的社交名流，喝着红酒、说着八卦、细数认识的名人。但其中有些人确实如此，他们会给其他人带来恶名。这帮更肤浅的人会穿着合适的设计师品牌，出席各种重要活动。这些人像挥舞大棒一样展示权力和财富，提醒别人他们的地位，因此也常常被同龄人忌惮或讨厌。

电影中的例子：
电影《龙凤配》的主角萨布丽娜是富裕家庭的司机之女，从小害羞、不起眼。尽管她一直生活在拉腊比家里，远远地看着拉腊比家的男孩们，可直到出国去巴黎，她也未曾引起男孩们的注意。从巴黎归来后，她成了时尚的、自信的、世故的年轻女性，一下子吸引了戴维和莱纳斯两个人的注意，她发现自己不得不从中二选一。流行文化中的其他例子：奥黛丽·赫本（Audrey Hepburn）、戴安娜王妃（Princess Diana）、格蕾丝·凯利（Grace Kelly）。

配角身上可能会（与主人公）造成冲突的特质：
伤人感情的、狭隘的、惹是生非的、卑劣的、胆怯的、传统的、粗鲁的、暴力的

对于老练世故的人物来说，有挑战性的场景：
和粗鄙且不尊重人的权势者打交道
由于家庭成员的管理不当，导致自己失去财富或影响力
使人变得更糟的经历（周游世界后变得傲慢等）
在经历改变之后被所爱之人批评

乐观的

定义：
期待最好的可能结果；用最积极的心态看待事物

类别：
身份、互动、道德

类似的特质：
希望的（hopeful）、积极的（positive）、乐天的（sanguine）

可能的成因：
相信人性本善
生活哲学是如果一个人真的坚信某件事，那么往往会心想事成
天真
长大过程中受到保护
不想承认或相信不愉快的事物
专注于更宏大的目标，让生活中的麻烦相较之下变得微不足道

相关的行为：
理所当然地相信人最好的一面
醒来时开心，睡觉时满意
微笑、大笑
面色红润、开朗积极
热切地对待新任务
把困难的工作看作学习和成长的机会
思想积极
相信他人
即便是在糟糕的情况下也能找到好话说
慷慨
拒绝承认除了好结果之外的可能性
使用善意的、鼓励的话
是调解者
期待未来，不论未来是什么样的
行动有目的性；不懒惰不勉强
不会让自己无聊或闲下来，用有意义的方式度过时光
不抱怨
在小事中寻找快乐
不纠结于负面
意识到困难局面只是暂时的
有幽默感
接受事物本来的面貌
不在小事上耗费力气
相信生命是珍贵的
避免接触总是消极的人
选择不焦虑
喜欢喜剧结局的书和电影
视错误为学习机会
喜欢牵线搭桥，想让其他人分享自己的快乐
乐于助人，鼓励人们追求自己的目标和梦想
相信偶尔的挫折会让成功更有意义、更令人满足

相关的想法：
"这只是暂时的。事情会变好的。"
"我太激动了，又要照顾孙辈啦！"
"安杰尔没通过司法考试，太糟糕了。我敢说她下回一定能考好。"

Optimistic

"今天我又会遇到什么样的大好机会呢?"
"世界真美好呀。"

相关的情绪:
愉悦、期待、热切、兴高采烈、激动、感谢、希望、平和

积极的方面:
乐观的人物常常很合群。作为和事佬,他们致力于保持开心和良好关系,所以通常不是冲突的来源。他们的积极情绪会感染人,然后产生更多的积极情绪。他们常常也有别的优良品质,比如尊重他人、同情心强、善于处理人际关系。在一个怨声载道的世界里,乐观者带来光明与希望,能在困难时刻成为主人公的避风港。

消极的方面:
有些乐观者选择积极而不是现实,拒绝承认事情本来的样子。这可能导致他们不现实,不脚踏实地。在事态严重的场合,在面对不可能时,他们无可救药的希望会变得令人沮丧。这种时候,他们因为天真、不讲逻辑而失去别人的信赖。极端的乐观者完全没有准备应对最糟糕的场合。面对这种情况,他们可能成为周围人的负担,而不是支撑。

文学中的例子:
《波利安娜》(*Pollyanna*)中的波莉安娜·惠蒂尔是孤儿,与暴躁的阿姨生活在一起并不容易。但她通过曾经和爸爸一起玩过的"快乐游戏",在任何情况下都能找到积极面。这就是作为一名乐观者的意义,波利安娜的例子是对"乐观"的真正诠释,以至于她的名字成为这一品质的代名词。电影和文学中的其他例子:《魔法奇缘》(*Enchanted*, 2007)中的吉赛尔、《绿山墙的安妮》中的安妮·雪莉。

配角身上可能会(与主人公)造成冲突的特质:
诚实的、对抗的、悲观的、执意强求的、愤恨的、惹是生非的、迷信的

对于乐观的人物来说,有挑战性的场景:
面对没有好结果的场景
与过于聪明或疑心的人物搭档,对方总是质疑一切
遭受幻灭,引发痛苦的怀疑(被所爱之人背叛等)
面对一种必须在实际和乐观之间调和的场景
被愤世嫉俗者包围,他们认为自己有义务让乐观主义者睁开眼睛看清现实世界
得了心理疾病,偷走了自己的乐观(比如抑郁症)

理想主义的

定义：
以应然的方式看待世界；追求高尚的目标、理念和意图

类别：
成就、身份

类似的特质：
高尚的（noble）、有远见的（visionary）

可能的成因：
父母或导师有远见
想让世界变得更好
想留下一份遗产
对人、世界和特定的信仰或事业有着深沉的爱
目睹腐败、危险和困难
有充满激情的信念

相关的行为：
拥有强大的想象力
问"如果"？
极富观察力
创造性地解决问题；创新
直觉力强
了解需要提高什么，以及怎么去提高
重视他人的幸福
相信人性之善
有深刻的价值观和信仰
高尚而有原则
梦想远大
对世界及其中的人感到好奇
顽强地追逐目标
深邃的思想者
能在一切事物中看到潜力
慷慨
鼓舞和激励他人
会反思
能从失望或挫折中走出
能做独立自主的选择，不为其他人所动
自信
大胆地高举自己的信仰
充满希望，乐观
积极地帮助他人
忠于自己的追求
有很高的个人期待和标准
找到生活中的乐趣并与他人分享
对自己选的路感到满意
尽可能地避免冲突
善于当调停者与和事佬
用行动支撑自己的信念
试图让事情在自己手中变得更好
声称对生命的意义感兴趣
善于表达情感
从事帮助他人的工作（社会工作、慈善募捐等）
善于倾听
体贴他人

Idealistic

相关的想法:
"一定有法子能帮到那家孤儿院。孩子不应该活成那样。"
"我想做点有意义的事,而不是每天浑浑噩噩打卡上下班。"
"迪安遇到了烦心事。也许我们能一起攻克它。"
"我们如果都贡献一份力,就能把这片湖清理干净。然后其他社区也会跟着加入了。"

相关的情绪:
期待、自信、好奇、渴望、热切、幸福、希望

积极的方面:
理想主义的人物因诚实、愿意倾听、真诚关爱的天性而受到珍视。他们很善于调停,给出建议,能够去芜存菁,切中肯綮,抓住让人更快乐更满足的东西。涉及信念,他们坚韧而果断,不会轻易被失望或失败打倒。这些人物拥有远大的理想和追逐理想的勇气,因此常常有机会变得更好。

消极的方面:
尽管理想主义者能够轻松地看清宏观局面,但有时候不擅长解决细节问题。由于缺乏在实际层面让梦想变成现实的能力,导致他们及想助他们一臂之力的人都感到失望。

电影中的例子:
在《机关枪牧师》(*Machine Gun Preacher*,2011)中,曾经的帮派成员萨姆·奇尔德斯皈依上帝后,成了为南苏丹孤儿奔走疾呼的人。尽管面临着圣灵抵抗军洗劫的危险,萨姆依然建立了一座孤儿院,保护孩子不再被迫成为童军。随着斗争越来越激烈,萨姆深陷在自己的使命之中,牺牲了事业、个人钱财和家庭关系,追逐自己所信仰的正义。历史和电影中的其他例子:圣雄甘地、马丁·路德·金、《甜心先生》(*Jerry Maguire*,1996)中的小杰里·马圭尔、《雾水总统》(*Dave*,1993)中的戴夫·科维克。

配角身上可能会(与主人公)造成冲突的特质:
好争论的、对人性悲观的、狂热的、不耐烦的、悲观的、疑心的、不肯帮助的

对于理想主义的人物来说,有挑战性的场景:
有一位满口"为你好"的亲戚,不停打压这个理想主义人物
遇到了让自己怀疑或质疑目标的挫折
感觉需要追求一个目标,可这个目标会将自己或家人置于危险境地
生活在受到严格管控的社会中

明智的

定义:
拥有合情理的判断力和敏锐的意识

类别:
成就、互动

类似的特质:
头脑冷静的(levelheaded)、切实可行的(practical)、务实的(pragmatic)、现实的(realistic)、合理的(reasonable)

可能的成因:
有智慧
非常有逻辑
父母鼓励深入思考
照顾他人,或者对他人负责
高度理性

相关的行为:
在做决定之前调研自己的选项
权衡利弊
对结果有现实的预期
很好地控制自己的情绪(尤其是激昂或鲁莽的情绪)
扎根当下,生活以所见的真实为基础
明白需要和想要什么,然后采取相应的行动
停下来思考,行动之前会思考
善于与别人讲道理
很有常识
在投入之前会评估可能性和风险
根据不同场合穿不同的衣服,做相应的举止
善于言辞
提供实用的见解和建议
客观
不谋求或期待超过合理程度的东西
信守惯常的信仰和观念
受到他人的尊重
在谨慎的形势下,会保持沉默
尊重他人的经验和智慧
用平静和安慰人的口吻说话
在情绪失控的场合,成为理性的声音
保护别人远离自我伤害(阻止朋友冲动行事等)
通过实际情况和常识来劝服别人
不冒险
寻求智慧或建议
从实用角度重复或循环使用物品
谨慎地进入情感关系
欣赏脚踏实地的人
拒绝被裹挟进危险行为之中
同时进行多项任务
善于做决策(即便是在压力之下)
讲求现实的希望和期望
保持身体健康
不放纵(暴饮暴食等)
对梦想家和理想主义者表达不耐烦或沮丧
负责任,值得信赖
预料到变化并主动适应,以避免意外
重视秩序与规则
有高超的领导才能和组织技巧

Sensible

相关的想法：
"柜员可能不会在没有收据的情况下给我退款，但试试无妨。"
"黛安娜对这次投资机会非常激动，但我宁愿选择风险没那么高的。"
"我担心埃德加能不能赢得选举，但我们需要选择权。这是正确的一步。"
"我不知道着装要求是什么，但商务休闲通常来讲没错。"

相关的情绪：
自信、果决、感谢、满足

积极的方面：
明智的人物是船锚，是救生筏。当情况变得紧张或情绪化，这些人物通常会发出理性的声音，让事情稳定下来。他们负责任，时刻做好准备，能为举棋不定或思路不清的人提供有效的咨询。他们能快速分析问题，实事求是地提供意见，避免混乱的情绪纠结。

消极的方面：
明智的人物通常满足于停留在某一舒适状态，而不是更进一步。因为他们喜欢评估成功的概率，坚持做合理的事情，不太会追求大梦想或危险的目标。他们憎恶心血来潮，别人可能因此认为他们无聊。

电影中的例子：
《肖申克的救赎》中的埃利斯·雷德·雷丁是个在监狱里走私违禁品的因犯，给狱友们提供实用的服务，进而免受他们的伤害。他和蒙冤入狱的安迪·迪弗雷纳成了好朋友，向安迪传授如何在残酷的环境中生存。他对监狱里任何的情绪变化非常敏感，知道该在哪里煽风点火，知道什么时候最好离开。文学和电影中的其他例子：《草原上的小木屋》中的劳拉·英戈尔斯、《星际旅行》系列中的麦科伊医生、《西雅图未眠夜》（*Sleepless in Seattle*，1993）中的萨姆·鲍德温。

配角身上可能会（与主人公）造成冲突的特质：
难以自控的、不成熟的、犹豫不决的、古怪的、愚蠢的、过于情绪化的、爱玩的、迷信的

对于明智的人物来说，有挑战性的场景：
必须和愚蠢的人一起工作或相处
接触到自己不相信的东西（超自然活动、第一次接触等）
被迫靠信仰而不是逻辑来行动
被迫追求不可能实现的梦想，或走向不合理的方向

耐心的

定义：
在考验或压力之下展现自我控制和镇定

类别：
成就、互动、道德

类似的特质：
长期忍受的（long-suffering）

可能的成因：
相信一切最后都能解决
举止不慌不忙，随和自在
成熟；知道强推或者抱怨没用
专注于他人而非专注于自我
克服逆境（贫困、虐待，等等），意识到成功需要时间

相关的行为：
轻松对待生活
小心驾驶，花时间慢慢来
不疾不徐地、悠闲地说话
不担心事情花费了比预期长的时间
平静地等待（不坐立不安，不来回踱步）
能够在等待的时候自娱自乐
当事情拖得太久时，不抱怨
往积极方面思考而不是关注负面
享受当下，而不是总在想接下来会发生什么
睡眠好
不担心自己无法控制的因素
能正确看待自己的问题
和善地对待他人
友好
让别人先行（排队结账、十字路口等）
坚持不懈
从挫折中迅速恢复
冷静地专注于最终目标，相信一切都会水到渠成
等待时机
不被意料之外的事物吓到
能够毫无愧疚地放松
花时间做决定
对他人投以十足的关注
对自己拥有的一切感到满足
有效地管理自己的时间
被动；顺其自然，而不是靠自己驱动
相信人凭其能力终究会做正确的事情
心态放松，不会一直从一个思绪跳到另一个思绪
走路不慌不忙
能够延迟享受；不会心急火燎
会因为延期而表达失望，但很快就恢复积极
允许自己走神享受时光
在等待其他事情的同时转向不同的任务

相关的想法：
"这花的时间比我想象得长。至少在此期间我也做了很多事情。"
"我不着急。"
"担忧不会让时间走得更快。"

Patient

"阿尔没得到那份工作肯定是有理由的。"
"我可太幸运了。还怎么能抱怨偶尔的一点不完美呢?"

相关的情绪:
自信、失望、感谢、幸福、希望、平和、听任、满足

积极的方面:
耐心的人物不着急。他们意识到情况比预期会花更长的时间,既然担心和抱怨没什么好处,他们选择平静地接受延迟。在付出行动去习得耐心的过程中,需要大量其他积极品质——坚持不懈、满足、积极、平和——的配合。在当下的世界,大多数人苦于过度投入、糟糕的时间管理以及持续不断的急躁,耐心的人能给大家带来急需的冷静。

消极的方面:
有时候,耐心的人物可能太过随和而失去了紧迫感。如果涉及截止日期和团队工作,就成问题了。耐心很容易导致粗心和懒惰,人物也会变得被动且不努力做事情。

电影中的例子:
《肖申克的救赎》中的安迪·迪弗雷纳就是有耐心的好例子。他花了19年的时间,日积月累,凿出了自由之路。与此同时,他也开展了有意义的项目,比如扩展监狱图书馆、指导并教育一名同狱犯人,为监狱职工报税。尽管遭遇很多失望,且生存艰难,他依然保持专注,并在大部分时候保持乐观与自信,认为自己终将成功。文学和电影中的其他例子:《基督山伯爵》(*The Count of Monte Cristo*)中的埃德蒙·当泰斯、《非常嫌疑犯》中的凯泽·索泽。

配角身上可能会(与主人公)造成冲突的特质:
自以为是的、难以自控的、高效的、作威作福的、铺张浪费的、不耐烦的、冲动的、多疑的、执意强求的、爱发牢骚的

对于耐心的人物来说,有挑战性的场景:
与故意制造障碍阻挡自己实现目标的人搭档
必须在不合理的截止日期内工作
在匆忙的环境中工作,完成速度比质量更重要
为了维持和平,必须安抚性格无常的人
为某个要求很高或者不切实际的人工作

内向的

定义：
倾向于探索内心世界而非外部世界

类别：
身份、互动

类似的特质：
自省的（introspective）、内敛的（reserved）

可能的成因：
基因遗传（对多巴胺过于敏感）

自我意识强

相关的行为：

只在有重要事情的时候说话；避免闲聊
在和他人相处后需要独处来恢复精力
喜欢一对一的社交而不是群体
高度自给自足
避免吵闹或混乱的活动（摇滚演唱会、大派对等）
尊重他人的界限和隐私
忘记查看手机、邮箱的信息
期待独处和放空
爱思考
说话慢而且严谨
当个人空间被侵犯，会感到不自在
躲着别人（不回复手机、不应门等）
焦急等待什么时候可以从某个活动上溜走
派对上会一直待在一个地方而不是全场跑
自己一个人吃午饭而不是和同事一起
被单独拎出来后感到不自在
专注力和注意力强
让他人主动，而不是自己主动
有耐心
深思熟虑

善于观察和倾听（在对话有意义的时候）
行动前思考
喜欢平和和安静
了解自己的情感，但不急于表达和分享它们
避免危险的活动
为了不参加集体活动或家庭聚会而找借口
不和他人竞争
喜欢单打独斗而不是跟人合作
与小部分人建立深厚的关系，而不是跟很多人成为泛泛之交
认真选择朋友
酷爱阅读
选择孤独的兴趣和体育运动（徒步旅行、针织、观鸟等）
在某些方面富有创造力
被过度刺激后容易恼怒
讲求实际
重视架构、组织和时间限制
选择千篇一律的衣服而不是独特花哨的
听音乐喜欢小音量而不是大音量

相关的想法：
"我就待一个小时，不能再长了。那样应该能让马西开心了吧。"
"我不想再听办公室的各种唠叨了。明天我要去公园吃午饭。"

Introverted

"这里太吵了。也许我能说服卢卡斯去另一家餐厅。"
"如果我申请下周末加班的话,就有借口翘掉家庭聚会了。"

相关的情绪:
焦虑、摇摆不定、好奇、戒备、怀旧、平和、宽心

积极的方面:
内向的人物善于倾听,结交能在更深层次产生共鸣的朋友。他们在说话和行动之前会思考,防止由于急躁或情绪高昂而犯下愚蠢的错误。拥有这一特质的人物通过平和与安静汲取精力,喜欢沉思与反思。他们能够在外向者不耐烦或情绪波动的情况下保持冷静,维持自己的观点。

消极的方面:
尽管内向者也能处理社交,但在太多人中待太久时间会让他们精疲力竭。他们因此常常找借口早点离开,或者避不参加群体活动和聚会。其他人可能不理解他们独处的需求,认为内向者害羞、不友好或者自命不凡。这种误解也可能造成好意的朋友想"治疗"内向的人物,逼迫他们参加社交活动,造成关系中出现不开心和摩擦。

电影中的例子:
《洛奇》(*Rocky*, 1976)中的阿德里安·彭尼诺是典型的壁花(即不善于社交的人),藏在阴影中,喜欢独处。因为她的母亲曾告诉她外表不行,应该更多地发挥自己的头脑,阿德里安听了进去,不再注重外表,而是关注内心。直到洛奇把她引出来,她才真正地认清自己,敞开心扉,获得自信,与他人建立情感联系。文学中的其他例子:《牛仔裤的夏天》(*The Sisterhood of the Traveling Pants*)中的莉娜·卡利加里斯、《龙文身女孩》(*The Girl with the Dragon Tattoo*)中的莉丝贝特·萨兰德。

配角身上可能会(与主人公)造成冲突的特质:
适应力强的、爱冒险的、狂热的、耀眼的、调情的、过于情绪化的、紧张的、卑劣的、胆怯的

对于内向的人物来说,有挑战性的场景:
爱上一个喜欢欲擒故纵的人
生活在非常爱社交和外向的家庭中
被迫成为领导
生活在一个几乎没有隐私或独处时间很少的环境里
声名大噪,进入公众视野
不得不与兄弟姐妹共用一个房间

谦逊的

定义：
不傲慢，不自大，不居高临下

类别：
互动、道德

类似的特质：
娴静端庄的（demure）、温顺的（meek）、谦虚的（modest）、朴实的（unpretentious）

可能的成因：
天生内向
在有才华的父母或兄弟姐妹的阴影下长大
生活在不应该引起关注的环境中
诚恳地希望别人能够得到认可和赞扬
有着尊他抑己的宗教背景
低自尊，不自信
害羞

相关的行为：
避免聚光灯
选择幕后工作
对自己的技能和能力轻描淡写
夸赞别人的成就
为成为团队的一部分感到满意
被赞扬的时候不自在
分歧和僵局产生时选择顺从
说话轻柔
动作低调不吸引目光
从事不会引起注意的爱好和活动
不吹嘘自己的成功
有很强的职业道德
对内在而不是外在促动因素有所反应
做好工作不抱怨
慷慨
使用激励和鼓舞的话语
热心助人
不吝夸奖
低估自己
走更安全的路；不冒险
做别人不想做的工作
除非被要求，否则不表达观点
先倾听，再开口说
最小化自己在成功中的作用，避免被人关注
对成功和成就讳莫如深
如果有人提起自己的才能或能力，会感到尴尬
把赞美转向给予者，转移注意力

相关的想法：
"她在这个项目上工作太刻苦了。我希望她能得到足够的认可。"
"别叫我……千万别叫我……"
"成为这个团队的一员，我太骄傲了。"
"我希望他们别老强调我的参与了。这是集体功劳。"

Humble

相关的情绪:
自信、幸福、不安全感、惶恐不安、满足

积极的方面:
谦逊的人物顺从他人,让别人获得认可。他们很开心能够参与到做好事的过程中,且不用分享其中的功劳。他们通常更喜欢当配角,甘当机器中的齿轮,不把自己置于他人之上。因为慷慨通常和谦逊并行,这些人物通常会被同龄人高度认可。谦逊的人物被人直接点名表扬的时候,常常会转移话题,称赞周围的人才是"真正的英雄"。这种善良广受称赞,也让大家互相感觉到了强烈的忠诚与友谊。

消极的方面:
很难感谢或称赞这些过于谦逊的人,因为他们自觉不值得获得如此大的关注。类似地,他们不愿意接受更多功劳的态度,也会造成不必要的尴尬。试图给无法接受此等善意的人回报或者帮他一个大忙,可能会导致挫败感。也可能因甘于配角,谦逊的人物无法充分发挥其全部潜能。

电影中的例子:
《生活多美好》中的乔治·贝利一辈子都在服务别人,支持他成功的朋友和家人。他没有认识到他在周围人的生活中扮演着重要的角色,而是把自己看作一个简单的居家男人,以及只是一家"简陋的建房贷款公司"的所有人。尽管他曾不停地为贝德福德瀑布镇人民做出牺牲,但故事的最后,面对他们喷涌的感激之情,他依然感到震惊。文学中的其他例子:《飘》中的梅拉妮·威尔克斯、《草原上的小木屋》系列中的玛·英戈尔斯。

配角身上可能会(与主人公)造成冲突的特质:
雄心壮志的、充满魅力的、戒备的、铺张浪费的、耀眼的、花哨的、八卦的、骄傲的、执意强求的

对于谦逊的人物来说,有挑战性的场景:
被迫担任领导职位
不得不从阴影中站出来纠正错误
和一个总是吸引眼球的浮夸或古怪人物搭档
用一种令自己很不舒服的公开方式体验成功
身处与自己价值观和职业观互斥的团队

勤奋的

定义：
带着决心投入工作

类别：
成就、互动

类似的特质：
刻苦的（diligent）、努力工作的（hardworking）、不知疲倦的（tireless）

可能的成因：

拥有 A 型性格
由努力做事获得成功就会给予青睐的父母抚养长大
努力并成功了

渴望实现愿望；目标导向
有强烈的激情或使命感
有强烈的成功动机
渴望权力、地位或影响力

相关的行为：

早起，工作到很晚
有条理，守时，高效
研究并获取信息
闲暇时间也想着工作
高标准
常常谈论自己热爱的事物
提前达成目标
与自己竞争，或与他人竞争
如果需要，可以和他人协作得很好
追求能够让结果变好的想法
如果需要会更多地练习
为了适应工作档期而调整约会
精简自己的流程，变得更高效
即使是微小的胜利也能体会到满足
坚持不懈
直击要点，不拐弯抹角
与同事社交并讨论工作
恪守日常惯例
不浪费时间或拖延
能预测所需的东西

重复确认，担心小错误
可靠且一以贯之
反思某个事件，评估它的过程
不埋怨完成项目中付出的劳力
如果忙，会不吃饭
需要始终处于活动状态，有任务在手
总是为活动或会议做好准备（甚至是过度准备）
承受肌肉紧张和肌肉酸痛（如果任务是体力活的话）
每一天都会在心理上和生理上感到筋疲力尽
比别人睡的少
奖励自己（工作后喝杯啤酒、看场比赛等）
保护自己的个人时间
下班很久后在家也接听工作电话
在项目之间焦躁不安
研究别人在同一件事上获得成功的技巧
释放压力来平衡紧张的长时间工作
为了在工作上更精进，克制坏习惯或行为（熬夜等）
跟自己说话，鼓励自己更努力地工作

Industrious

相关的想法：
"如果我整个夏天都刻苦训练，秋天的跳舞比赛我就能准备好了。"
"每次游泳训练都加五圈，我就能很快再减几磅了。"
"已经8点了，唐还在睡觉啊？该起床了，睡美人！"
"里克受到鲍勃的偏爱，因为他特别敬业。我也得多花点时间了。"

相关的情绪：
自信、渴望、果决、激动、不耐烦、感觉忙不过来、满足

积极的方面：
勤奋的人物值得依靠，工作努力。他们将所有精力都注入某项任务或目标上。如果有一份工作需要完成，他们会站出来顶上且全力以赴。他们能好好地利用时间，是很好的榜样。勤奋的人物常常能看到成功，并为自己尽全力而感到满足。他们有动力去完成已经开始的事情，而且常常最终会参与到创新和变革之中。

消极的方面：
勤奋的人物有时候会过于投入工作，导致身体和关系受损。长时间的工作和压力会扰乱睡眠习惯，削弱他们的免疫系统。勤奋的人物把所有时间精力都奉献给某个工作或项目，而忽视家人和朋友导致他们也心生怨恨。追求成功、权力和名声会令他们着迷，导致生活失衡，疲惫不堪。

电影中的例子：
《追梦赤子心》中，年轻人鲁迪·鲁迪格梦想进圣母大学的橄榄球队踢球。尽管他的成绩、经济状况和关于橄榄球运动员的体格测试都不合格，但他拒绝放弃。他疯狂地工作赚钱，在邻近学院学习时，克服阅读障碍，提高成绩，得以转入圣母大学。鲁迪自告奋勇免费当球场管理员，以便接近自己热爱的球队，最终在训练队里谋得一个位置。由于他训练刻苦、动力十足，并心怀令人不可思议的热爱，他获准在最后一次主场比赛作为球队一员出场。文学和电影中的其他例子：小说《冷山》(Cold Mountain)中的鲁迪·休斯、电影《万夫莫敌》(Invincible，2006)中的文斯·帕普利。

配角身上可能会（与主人公）造成冲突的特质：
随和的、古怪的、懒惰的、黏人的、爱玩的、反叛的、惹是生非的

对于勤奋的人物来说，有挑战性的场景：
正在遭遇需要自己付出时间和注意力的家庭危机
失去了工作，同时失去了对自我的认同感
无法实现相互冲突的目标，必须在某一项上失败换取在另一项上的成功
尽管拥有很强的工作热情和工作责任感，却依然无法完成任务（因为缺少技能等）

热情的

定义：
经常感到或表现出极大的兴奋

类别：
身份、互动

类似的特质：
热烈的（ardent）、热情洋溢的（ebullient）、易激动的（excitable）、活力充沛的（exuberant）、亢奋的（hyper）

可能的成因：

多动症/注意力缺失症
很有创造力、富有激情
自由奔放
精力过度旺盛
好奇心
不成熟

前景乐观
需要行动或探险；外向
渴望向他人表现或证明自己
使用药物或节食
作为一个高智商的人，却总是缺乏刺激

相关的行为：

喜欢成为团体的一部分
具有感染力的笑声
语速很快
触碰别人，以达到效果
举止不耐烦
不经过思考就行动
在不总是思考清楚的情况下就答应
组织有趣的活动和聚会
因音乐和人而感到活力十足
乐于助人
对自己狂热的项目会百分百付出
产生很多点子并表达出来
对自己的家乡、运动队、国家等表现出自豪感
如果别人动作缓慢，会变得不耐烦
不停地说自己感兴趣的东西
很快从负面的打击中恢复

参与自己所在社区的项目
试图劝服别人加入自己的兴趣项目
专注未来而不是过去
享受当下
问问题
经常微笑
参加摔跤和嬉笑打闹
想看和体验新事物
通过热情地打招呼让别人感到受重视
快速建立友谊
使用大量的手势
不总是知道个人界限在哪里
做散发能量的动作（蹦跳、敲桌子，等等）
大声且喧闹地说话
匆忙完成不会让人兴奋的职责

Enthusiastic

相关的想法:
"我们的花车将会是巡游中最棒的一辆!"
"划船之旅会非常棒。我希望周末赶紧到来!"
"这个组织太棒了。我等不及要看看自己能帮什么忙了。"
"看看这条攻击线。我们队要赢了!"

相关的情绪:
自信、渴望、激动、幸福、希望

积极的方面:
热情的人物是富有激情的。无论他们拥护什么样的观念或组织,他们都会忠诚地奉献于它,常常会担任其他人可能会拒绝的讨人厌的角色或背景职位。他们的热情颇具感染力,可以成为刺激骑墙派展开行动的催化剂。

消极的方面:
热情的人物或许富有激情,但是他们并不总能把事情想清楚。他们对一个组织或即将发生事件的激动,可能会让他们产生不切实际的美好愿景,以至于无视其中的缺陷和预警。其他人可能觉得这些人物孩子气且幼稚,不拿他们当回事。热情的人物可能会变得太激动,以至于接管了项目,从而和其他组员产生摩擦。

电影中的例子:
在《圣诞精灵》中,热情地迎接每一天是巴迪的天性。尽管发现自己不是真正的精灵之后,他短暂地感到悲伤,但很快就恢复过来,在纽约市的奇幻世界里,投身于寻找亲生父亲的冒险之中。电视和电影中的其他例子:《安迪·格里菲思秀》(*The Andy Griffith Show*)中的巴尼·法伊夫、《甜心先生》中的罗德·蒂德韦尔。

配角身上可能会(与主人公)造成冲突的特质:
伤人感情的、自以为是的、坏脾气的、不负责任的、耐心的、悲观的、喜怒无常的

对于热情的人物来说,有挑战性的场景:
参与展露情绪是不利因素的活动(打扑克等)
得知自己倾注热情的对象并不是看上去那样
在一群唱反调和扫兴的人之中,是唯一兴趣盎然的
热情地支持一个多数人认为是骗子的组织

热心助人的

定义：
为他人提供鼓励和协助

类别：
互动、道德

类似的特质：
给予鼓励的（encouraging）、有同情心的（sympathetic）

可能的成因：
天性乐于助人、慷慨大方
极富同理心，拥有灵敏的直觉
天性关怀体贴
性情温柔，善于抚育他人
在困难时期得到过别人的帮助，知道帮扶的必要性

相关的行为：
是个细心的倾听者
鼓励别人为理想和志向奋斗
用积极乐观的态度鼓舞别人
如果有需要会提供反馈或建议
微笑，且与他人有频繁眼神交流
使用关怀的姿势（触摸手臂、拥抱、捏肩膀等）
通过品评他人的优点，让人感觉到被珍视和重视
为他人奉献时间（慈善工作、义务帮忙等）
对有需要的人说些善意的话语，比如，"蒂姆，你总是善于选择"。
正直
如果别人需要，会把自己的计划放一边
自己的行为很平和
可靠
不（按照个人好恶）进行道德评判
打电话给朋友，只是问问近况
送礼物（朋友生病，送花给对方等）
主动找帮忙的机会（当朋友失业时，帮她看招聘广告）
把朋友的需求置于自己的需求之前
告诉别人为什么他们很特别

避免批评
为别人加油欢呼，不论他们成功的大小
把害羞的朋友介绍给别人，这样他们不用自己主动
如果别人需要意见，会温柔地诚实相待
用温柔或充满鼓励的语气说话
更专注自己能提供的，而不是自己能获得的
相信别人
与别人分享自己的经历，以表示相互扶持
原谅别人
对他人的感受很敏感
保护欲强
展现同情
认可别人的感受："你当然很不爽。任何处在你的位置的人都会这么想。"
必要的时候，会给予严厉的爱
在极度共情别人的痛苦时，会说对不起
主动询问自己可以提供什么帮助
处理在朋友无能为力时突然出现的小问题
因为同情而哭
无条件地关怀

Supportive

相关的想法：
"梅琳达太努力了。我做点饼干给她当作放学后小零食吧。"
"贾斯廷今天很烦躁。可怜的人——他老板肯定又发脾气了。"
"如果利亚娜想知道真相，我会告诉她，但用不伤害她感情的方式。"
"可怜的妈妈。三次约会，三个男的都不行。是时候跟她来个女孩之夜了。"

相关的情绪：
极度痛苦、果决、失望、不相信、爱、同情

积极的方面：
热心助人的人物是很好的搭档和朋友。他们为周围的人而存在，不带偏见地倾听，做任何需要做的事情。他们是天生的啦啦队，鼓励所爱之人实现梦想。热心助人的人物有关怀照顾他人的本性，为人可靠，允许朋友和同事在他们面前展现脆弱。

消极的方面：
有时候热心助人的人物因为总是倾听朋友们的需求，导致自己承受重压。这可能会让他们很难一直保持积极向上的状态。如果别人总是一味索取，而没有给予对方正面反馈的话，会导致热心助人的人物觉得自己不被欣赏，进而心生不满，这对人际关系来说是不妙的。

电影中的例子：
《我的表兄维尼》（*My Cousin Vinny*，1992）中，当莫娜·莉萨·维托交往已久的未婚夫作为律师接了第一个案子时，莫娜陪他深入南方腹地亚拉巴马州。当未婚夫笨手笨脚地处理谋杀案时，莫娜通过阅读他的法律书籍，分享重要的法律建议，拍摄犯罪现场的照片以及确保他的出庭穿着得体，来帮他渡过难关。不论是在法庭上，还是在亚拉巴马这个地方，她都格格不入，但依然坚守在未婚夫的身旁，作为案件的最重要证人，提供了关键证据，扭转了案件的方向。电影中的其他例子：《第六感》中的林恩·西尔、《永不妥协》中的乔治、《谍海军魂》（*No Way Out*，1987）中的斯科特·普里查德、《壮志凌云》（*Top Gun*，1986）中的古斯·布拉德肖。

配角身上可能会（与主人公）造成冲突的特质：
不忠诚的、悲观的、鲁莽的、自私的、不合作的、忘恩负义的

对于热心助人的人物来说，有挑战性的场景：
有一个总是处在灾难边缘的朋友
需要别人的帮助，但别人无暇帮助
对朋友受到的伤害负有部分责任，且不得不坦白
发现自己陷入了一个充满戏剧性的境地，需要一条出路

仁慈的

定义：
在个人可行使的权力范畴内展现出宽宏大量；表现出同情

类别：
身份、互动、道德

类似的特质：
有同情心的（compassionate）、宽厚的（gracious）、有人情味的（humane）

可能的成因：

天然具有共情力
曾经脆弱和无助
是非观强烈
想要缓解痛楚
拥有具备同情心的导师或老师
重视他人
有强烈的正义感

相关的行为：

宽宏大量
以怜悯之心主持正义
能站在他人角度思考
用尊重和公平对待他人
帮助有需要的人
选择教导而非惩罚
鼓励他人成长、学习和变得更好
不偏不倚
以身作则
有耐心
不积怨
用理解提供宽慰
善于倾听
思索全局而不是纠缠细节
向需要的人施予恩惠
在任何情况下都对改变抱有希望
思想开明
用希望自己被他人对待的方式对待别人
说真心话
夸奖而不是贬损别人
能认识到做出改变的机会
不害怕展现同情
回顾人们的行为，看看他们的动机
与他人共情
能够放下自尊和个人情感
发自真心地想要帮助别人，而不是为了行使正义或处罚

Merciful

相关的想法：
"安迪已经对发生的事情感到难受了。为什么还要进一步惩罚他？"
"我知道卡拉在家里要面对什么，所以我会忽视掉她的粗鲁。"
"我再给萨拉一个机会。如果我不放弃她，她也不会放弃自己。"
"我输了的时候，利亚姆让我很难受，但我不会这么对他。失败太痛苦了。"

相关的情绪：
摇摆不定、尴尬、感谢、内疚、希望、懊悔、满足、沉痛、同情

积极的方面：
仁慈的人物具备的理解力和同情心，使他们超越了琐碎的嫉妒、愤恨和恶意。他们认为没有必要杀一儆百，或者幸灾乐祸。相反，当事态变糟，他们会感到悲伤，他们更愿意拥抱这样的观念：尽管人们会做错事，做错选择，但风度和宽恕会带来和平的行为。

消极的方面：
珍视成就和成功的人可能认为仁慈的人物是软弱的，误把他们的和蔼当作不情愿或害怕做某事。当仁慈的人同情作恶者，被伤害的人可能会愤怒和憎恨。可能有人指控他们偏袒，进而损害了他们在盟友中的地位。

电影中的例子：
在《悲惨世界》中，米里哀主教为一名新近获得假释的罪犯冉·阿让提供了庇护所，而他偷了主教的银器逃走了。当局找到冉·阿让，试图起诉他。但主教不但没有惩罚他，反而宣称银器是送给他的，然后还加了几根烛台。米里哀主教的慷慨与仁慈之词鼓舞了冉·阿让光明正大地谋生，从过去走出来，这也让他有机会向其他人展现仁慈。文学中的其他例子：《魔戒》中的佛罗多。

配角身上可能会（与主人公）造成冲突的特质：
控制欲强的、残忍的、品头论足的、武断的、多疑的、压迫的、疑心的、存心报复的

对于仁慈的人物来说，有挑战性的场景：
即使怀疑某个人已经无法得到救赎，也要展现仁慈
面临现在展现仁慈意味着以后所有人会痛苦的情况
做出仁慈判决，但知道这会让其他人生气
知道别人在评判自己的行为，质疑自己是否有能力担任领导

睿智的

定义：
由于洞察力、时间或经验而具有深刻的理解力和明智的判断

类别：
成就

类似的特质：
有丰富知识的（knowledgeable）、贤明的（sage）

可能的成因：

高智商
对特定主题有深刻的理解
经历过太多情形和场面

博览群书，深思熟虑
一生都在研究某个主题、某群人或某种环境（简·古道尔等）

相关的行为：

在说话前会观察和倾听
只在自己有所补充的时候才说话
了解世界的真实面目
善于辨别人
花时间冥想
把错误视为学习机会
心胸宽广，同情他人
坚守自己的道德标准
谦逊
在多年的过程中形成了坚定的理念和观点
在做出行动或走某条路之前会深入思考
非常了解自己
与他人共情
追求自我成长
渴望学习
拥抱可以提升健康与幸福的好习惯
做出平衡的决策
目光远大
与别人分享自己的知识

不断地审视自己
对他人有耐心，尤其是对年轻人和没有经验的人
是愿意受教的
博览群书
有幽默感
对他人善良
提出问题且主动寻找答案
利用机会学习或体验新事物
尊重世界及世界上的生物
思想开明
成熟
有耐心
能够放下个人感情，就事论事
透过外在（面具人格）看内在（个体）
理解因果关系
渴望改变并积极谋求改变
接受自己和自己有缺陷的本性

Wise

相关的想法：
"贾森的妈妈不用担心。假以时日，他会找到方向的。"
"如果人们在行动之前好好思考，这种麻烦就可以避免。"
"有人称我为大师，但我永远是学生。"
"如果我告诉格雷格怎么做，他永远也学不会自己思考。"

相关的情绪：
惊奇、愉悦、极度痛苦、期待、好奇、感谢、幸福、希望、平和、满足

积极的方面：
睿智的人物受益于年龄和经验。他们思想开放且成熟，一辈子都是学习者，寻找机会分享自己所学，别人也因此受益。有智慧的人能看到全局，对周围的人和生活的世界抱有热情。人们因此尊重和敬畏他们，常常赞赏他们独特而渊博的观念。

消极的方面：
睿智的人物极度有耐心，常常不急于让事情发生。他们可能会有一种一切都会按计划进行的态度，他人可能因此觉得沮丧，或者觉得这种想法太迂腐。然而有时候快速或积极的行动是必需的。如果不立刻行动、牺牲掉谨慎和反思，变革和减少灾难的机会就可能稍纵即逝。

文学中的例子：
《魔戒》三部曲中的甘道夫得益于年龄和经验，睿智非凡。因此他能给中土人民提供指导，帮助他们打败魔多的军队。当他自己需要帮助的时候，也毫不犹豫地求教更有知识的人，因为甘道夫明白追求智慧是无止境的。电影和文学中的其他例子：《高地人》(*Highlander*，1986) 中的拉米雷斯、《星球大战》(*Star Wars*) 系列中的欧比旺、《哈利·波特》系列中的阿不思·邓布利多。

配角身上可能会（与主人公）造成冲突的特质：
控制欲强的、残忍的、轻信的、不耐烦的、多疑的、鲁莽的、粗鲁的、自毁的、疑心的

对于睿智的人物来说，有挑战性的场景：
与对年龄、知识和权威毫不尊重的愣头青打交道
预见未来会发生糟糕的事情，却无力阻止其发生
提供建议和咨询却被无视
发现自己的导师并不总是心怀好意
提供建议，并用它来做坏事，而不是做好事

善良的

定义：
天性仁慈，充满善意

类别：
身份、互动、道德

类似的特质：
仁慈的（benevolent）、心善的（good-hearted）

可能的成因：

在充满爱的家庭里长大
与他人分享着密切的关系
喜欢世界和世界上的人，并与之建立联系
相信善良是对待他人的正确方式

服务他人的时候体会到喜悦，并想重复这种体验
过去曾经被别人的善良影响过
非常善解人意

相关的行为：

帮助有需要的人
对自己的金钱、时间和资源很大方
专注于倾听别人，对他们说的东西感兴趣
当别人需要帮助时采取行动（做饭、寄送卡片等）
使用鼓励和积极的言语
号召大家一起帮助某个人
即便是对自己没有好处的时候也能表现出善良
把别人的需求放在自己的需求之上
对于别人的好消息能表达真诚的开心
跟那些蒙受损失的人一起哀悼
发生不愉快时也能宽厚地回应
有耐心
送礼物
全心全意地支持某个人的梦想
为其他人扶门
经常微笑

表情和善，行为可亲
一天中不论什么时候都能为别人腾出时间
跟没有朋友的人也能做朋友
尽可能用好的措辞表达
尽量不冒犯别人
夸奖而不是贬损别人
善于倾听
积极地帮助人
没有缘由地令别人开心一整天
为他人的行为开脱
看到别人被不公正对待会表达悲伤和愤怒
使用和平的手段解决冲突
对自己所拥有的感到满意
不分享会伤害别人的意见
注意到积极面并点评（夸别人、注意到好天气等）

相关的想法：

"小浣熊好像又钻进奶奶的垃圾桶里面了。我得立刻打扫一下垃圾。"
"我弄自己家草坪的时候顺便也帮斯坦家弄一下吧。"

Kind

"我问问莫莉不在家的时候需不需要人帮她取邮件。"

"大家最近好像工作得很烦。布朗尼蛋糕应该能让他们高兴起来。"

相关的情绪：
热切、感谢、幸福、爱、平和

积极的方面：
善良的人物是真诚直接的，他们用自己慷慨的天性和积极的态度吸引人们。他们善于观察，常常也善于倾听，在别人最需要的时候提供鼓励的话语或伸出援手。许多心善的人认为帮人是责任，即便需要某种程度的牺牲。

消极的方面：
善良的人物知道如何慷慨地给予，但别人回馈善良的时候却又诚惶诚恐。他们可能会拒绝回礼或者回馈的善意，让别人感到不满。在自己需要的时候，他们常常也拒绝别人的帮忙，或者不承认自己需要帮助，别人也因此无法体会到乐于助人的良好感觉。善良的人物因为是给予者而不是接受者，会被别人轻易地利用和剥削。

文学中的例子：
《饥饿游戏》中第十二区的男性贡品皮塔，对他人善良且富有同情心，即便每个人都是只为自己。小时候，他把烧焦的面包给了饥饿的凯特尼斯，因此遭到暴打。在都城，皮塔利用了能做到的一切，让凯特尼斯受到赞助人喜欢，然后在游戏过程中，在凯特尼斯被其他贡品追捕的时候继续保护她。电影和文学中的其他例子：《七个毕业生》（*St. Elmo's Fire*，1995）中的温迪·比米什、《公主新娘》（*The Princess Bride*）中的费齐克。

配角身上可能会（与主人公）造成冲突的特质：
雄心壮志的、不诚实的、独立的、自我为中心的、受伤的

对于善良的人物来说，有挑战性的场景：
生活在善良很少见且容易引起疑心的环境中
面对动机会被质疑的情形
和公开利用自己善良的人组队
和自私的人打交道
对某个似乎只会制造麻烦的人善良
发现自己的善良不受欢迎或不被需要

善于分析的

定义:
擅长思考和推理；有学习和分析的天赋

类别:
成就，互动

类似的特质:
逻辑的（logical），理性的（rational）

可能的成因:
- 高智商
- 强烈的好奇心
- 渴望秩序，并受此驱动
- 害怕犯错
- 对事物运行的原因充满兴趣
- 父母鼓励他弄明白因果关系
- 情感上孤僻
- 完美主义

相关的行为:
- 喜欢提问
- 为了弄明白某个主题而大量阅读
- 学习能够激发好奇心的事物
- 做实验
- 读书多
- 提出理论，并试图证明之
- 被小事缠住/耽搁
- 对人类的行为和心理感兴趣
- 除非已穷尽一切办法，否则绝不放弃
- 善于观察人们的言行
- 寻找行为模式和因果关系
- 生活中凡事爱归类，寻找秩序
- 探索某个决定如何引发连锁反应
- 对讽刺和玩笑感到不自在
- 执着于细枝末节
- 充满执念，无法顺其自然
- 总想弄明白某种过程、行动或行为背后的"为什么"
- 比大多数人更不爱展露情感
- 重事实而非情感
- 有条理有逻辑
- 恪守常规和计划
- 喜欢问"如果"类问题
- 乐于解释事物的运行规律
- 即便伤人也实话实说："是的，这件衣服你穿上显胖。"
- 对新观点新理念，或是没有根据的"真相"，持怀疑态度
- 不擅长处理社交场合（攀谈等）
- 观察能力惊人
- 爱纠正错误信息或观念
- 喜欢一本正经跟人理论，让人扫兴
- 擅长处理数字
- 记录自己的想法和观察
- 能够快速而准确地分析状况

Analytical

相关的想法：
"既然不想知道真相，为什么她还问我呢？"
"利亚姆非常怕黑。也许是小时候经历过什么。"
"我不懂恋爱的规矩。为什么不想什么就说什么呢？"
"每个人都有自己的意见，但就是没人想寻找事实。"

相关的情绪：
摇摆不定、果决、怀疑态度

积极的方面：
善于分析的人物都是思考者，常常比别人更能看透问题或状况。他们喜欢抽丝剥茧的过程，只为了解事物的运行规律，以及有什么改善空间。这些人物是独行侠，专注而聪慧，极善于解决问题。

消极的方面：
拥有此特质的人物常常沉迷于细节而忽视了全局。他们的大脑始终在工作，因而很难放松和享受社交。他们始终想分析一切人一切事，人们因此感到不舒服。基于这些原因，善于分析的人物很难与他人建立有意义的关系。

电视中的例子：
《生活大爆炸》中的谢尔顿·库珀看什么都用分析的眼光，几乎所有决策都基于数学概率。他智商超高但情商欠奉，生活规律极其死板，处理友情中的情感部分捉襟见肘。作为理论物理学家，谢尔顿不赞成没有大量经验证据的理论。他的行为基于逻辑和事实而非情感。其他来自文学和电影中的例子：夏洛克·福尔摩斯、《神探林肯》（*Lincoln Rhyme*）系列中的林肯·莱姆、《赌王之王》（*Rounders*，1998）中的麦克·麦克德莫特。

配角身上可能会（与主人公）造成冲突的特质：
适应力强的、有冒险精神的、不讲逻辑的、冲动的、过于情绪化的、多疑的、多愁善感的

对于善于分析的人物来说，有挑战性的场景：
陷入或卷入某种能带来快乐但是没有逻辑的爱好或活动
喝酒
参加无聊的活动（在鸡尾酒会上闲聊等）
花大量时间和小孩子在一起
有某种无法分析或解释的恐惧

善于观察的

定义：
投入仔细的注意力*

类别：
成就、互动

类似的特质：
专心的（attentive）、敏锐的（keen）、眼尖的（sharp-eyed）

可能的成因：
喜欢打听别人的事
害羞，更喜欢独自观察，而不是参与其中
好奇
非常聪明，容易无聊
害怕错过重要的事情
多疑症

相关的行为：
能注意到别人情绪的变化
别人理发或者穿新衣服的时候会评论
同时倾听多个谈话
观察别人
发现别人紧张时的抽搐或习惯，并问他们发生了什么
准确地知道同学或同事一整天都在干什么
注意到别人可能会错过的细节
发现可能的危险
一进房间就立刻打量一番
记忆力极强
感官发达
谨慎
准确地重复很早前说过的事情
严谨地采取安全和预防措施
关注特定的细节（某人是否武装、是否可疑等）
能注意到身体发出的警告，并因此行动
注意力集中，不会走神或做白日梦
观察而不是做其他事情（阅读、上网等）
开车时避免分神
在进入某栋建筑时会注意出口在哪里
不着急行事
直视他人眼睛
注意身体语言和表达
阅读别人的语气、声音的犹豫或者遣词造句
爱打听别人隐私
注意因果关系，所以总是知道在发生什么
把东西放在不会被绊倒或踩到的地方
总是知道自己的个人物品放在哪里
能发现常态被打破（同事的频繁缺席、丢钥匙等）
靠着墙坐，以便能够观察整个房间
注意自己的身体，注意可能预示疾病的变化

---

* 注意：善于观察（observant）是指一个人注意事物的能力，而洞察力强（perceptive）则是从观察的事物中得出结论的能力。尽管二者紧密相连，但不是同义词，也不总是同时出现。——作者注

Observant

相关的想法：
"丹尼丝理了新发型。看起来真棒！"
"在我车边逛来逛去的那个人是谁？"
"哦，凯茜阿姨重新摆了家具的位置。"
"玛吉今天看着很伤心。我得弄明白是为什么。"

相关的情绪：
愉悦、好奇、不安、警惕、担忧

积极的方面：
善于观察的人物能注意到别人忽略的东西。总体来讲，人们想被看见，所以这些人物的关注令人感觉良好。对于写作者来说，接收和传输重要细节的观察者也是值得信赖的。这些袖手旁观的人更不太可能陷入危险境地，或者被别人恶意伤害到。他们由于思维清晰，常常能在事情发生前就预判风险，救自己和他人于危险之中。

消极的方面：
善于观察的人物常常爱管闲事，在本来不应该有他们掺和的场合中偷听或暗中打听。如果只听到了片面之词，是很容易得出错误结论的，所以这些人物运用手头信息做判断的时候，可能出错。尽管有的观察者的观察技巧精湛，但也有很多人的观察方式让人不舒服。

文学中的例子：
夏洛克·福尔摩斯似乎可以预知任何人任何事。但仔细研究你会发现，这位侦探只是出色的观察者。他不仅事无巨细地记录周围的情况，而且能够将这些细节整合起来，发现别人发现不了的东西。文学和电影中的其他例子：《神秘拼图》(*The Bone Collector*)中的阿梅莉亚·多纳吉、《终结者》系列中的终结者

配角身上可能会（与主人公）造成冲突的特质：
易激动的、漫不经心的、懒惰的、多疑的、心不在焉的、多愁善感的、不社交的

对于善于观察的人物来说，有挑战性的场景：
被影响观察力的东西拖累（药物治疗、缺少睡眠等）
生活在混乱多变的环境中，很难追踪变化
缺乏洞察力的敏锐观察者（无法从观察中得出结论）
记忆力差，无法回忆自己的观察

适应力强的

定义：
不论什么境地下都能灵活应对和展现多种技能

类别：
成就，互动

类似的特质：
灵活的（flexible）、有韧性的（resilient）、多才多艺的（versatile）

可能的成因：

拥有超强的内在驱动力

在危险或无法预估的环境中长大

是某个慢性病患者的照顾者

善于接受挑战

童年时期经常辗转

性格沉稳、波澜不惊

极少或没有感情包袱

态度乐观

拥有极强的自尊（心）

相关的行为：

思维敏捷

同时从事不止一份工作

勇于承担责任

喜欢旅行，接触新的文化

做事有条理

善于团队合作

善于交际

自信

跟自己竞争

心胸开阔

展现出强大的决策能力

善于说服他人，不论是通过良好的人际交往技巧还是通过操控

预先规划，牢记备选方案

什么事都有准备

不惧挑战

在很多领域都有渊博的知识

继续接受教育或训练，使自己做好准备

高效地服从命令

更喜欢不同的经历，而非固守常规

率真而且讨人喜欢

愿意临场发挥

迅速从失望和挫折中恢复

高超的多任务处理技能

善于用语言表达自己的想法

善于倾听

共情能力强

考虑周全，体贴周到

兴趣爱好广泛

情绪控制力强

善于抓住机会

能从自己过往的错误中学习

Adaptable

相关的想法：
"我想出去吃，但如果玛格丽特想在家吃也可以。"
"我会接手里克的报告。团队在等着呢，他可能得请病假好些天。"
"既然没人站出来，那我来。"
"我很高兴马希在计划我们的假期。不论去哪儿一定都很棒。"

相关的情绪：
自信、好奇、热切、幸福、平和、骄傲

积极的方面：
适应力强的人物是可靠且负责任的，几乎能在一切情境下健康成长。他们喜欢挑战和体验，享受变化。即便是在压力大的情况下，他们也能够保持情绪不怎么波动。只要能完成目标，适应力强的人物能够与他人合作，也能领导他人。他们思维敏捷，能够在他人失去理智的时候保持冷静。

消极的方面：
拥有此特质的人物如果觉得刺激性不够，会变得烦躁。他们不像别人那么看重家庭和友谊；如果这些人物与那些想要稳定和常规的人配对，他们的关系会受到影响。

文学中的例子：
《伯恩的身份》（*The Bourne Identity*）中的杰森·伯恩是训练有素的特工，却失去了记忆。被政府视为威胁的他，遭到其他杀手追杀。为了生存，他必须具备多种本领。他足智多谋，坚韧不拔，必要的时候会武力对抗，获取钱财和证明身份的文件，适应每个新环境，这样他就可以根据需要及时做出反应和保持安全。电影中的其他例子：《圣徒》（*The Saint*，1997）中的西蒙·坦普勒、《最后的莫希干人》中的霍克依。

配角身上可能会（与主人公）造成冲突的特质：
难以自控的、果断的、不耐烦的、内向的、品头论足的、一丝不苟的、沉思的

对适应力强的人物来说，有挑战性的场景：
模棱两可（指情境、指令等），让人没法提前准备
被指示去做可能造成受伤、痛苦或更糟情况的事情
在自己的道德信仰和执行命令的需要之间经历冲突
被要求始终用同一种方式回应不同情形，没有任何变化

率性而为的

定义：
喜欢自然而然发生的事情；习惯于按照健康的冲动行事

类别：
身份、互动

可能的成因：

在严格的环境中长大，想摆脱这样的环境
在随性而易冲动的家庭里长大
富有自由精神
注意力短缺
想不考虑后果地活在当下
天性爱冒险，喜欢肾上腺素飙升的感觉
外向，当有机会跟人出去玩时，改变计划

相关的行为：

拥抱变化
凑合着用已有的东西
突然拜访朋友，而不提前打招呼
在任何情况下都会尽量找乐子
日程安排非常松，或者压根没有安排
容易满足，即便所处状况不理想也没有压力
不理解其他人为什么不能在没有计划或没有准备的情况下处理事情
没有条理
不提前计划
突发奇想就会去旅行和度假
为了保持新鲜感，故意改变自己的日常惯例
制定计划，但是当更好的选项出现时会改变
品尝新食物，尝试新体验
爱冒险
不会彻底全面地思考问题，直到得出合逻辑的结论
活在当下，不担忧未来
鼓励别人尽量享受生活
不在意细节
难以预测
经常改变想法
非常独特，爱表达自己的个性
富有创造力
选择能够率性而为的非传统工作（演戏、写作、艺术等）
态度随和，随波逐流
让别人做决定
对新旅程和新经验感到兴奋
更专注于短期目标而不是长期目标
兴致勃勃
思维开阔
生活如果变得太常规会感到压抑
尝试各种不同的爱好、活动和消遣
爱耍闹
即便事情没有按照计划进行，也能保持冷静和镇定
做冲动的决定
喜欢惊喜
不被恐惧和担忧支配或过度影响

Spontaneous

相关的想法：
"我从来没走过这条路。让我们看看它通向哪里。"
"是时候做晚饭了。我想想食物储藏室里都有啥。"
"我太无聊了。我想去蒂姆和茱莉的家，看看他们在干啥。"
"下一次度假，我想直接去机场，然后随便选一个目的地！"

相关的情绪：
愉悦、期待、好奇、兴高采烈、激动、不耐烦、惊奇

积极的方面：
率性而为的人物对待生活很随性。他们中的许多人觉得自己被条条框框禁锢住了，试图活在当下，做任何想做的事情。虽然大多数人害怕变化，但率性而为的人物则将变化视为拓展自己和开阔眼界的机会。崇尚自由，不循常规，他们会做其他人不敢做的事情。而需要快速行动的时候，他们总能率先跳出来。

消极的方面：
这些人物经常考虑不周，行动前没考虑到全部风险。他们不怎么做计划，导致毫无准备（如果有的话），如果是团队合作，常常给别人造成麻烦。他们对新的行动兴致勃勃，但一旦兴趣减弱，他们的可靠度和生产力就会下降。因为这种倾向，别人难以把重任交给他们。

电视中的例子：
《老友记》（*Friends*）中的菲比·布菲崇尚自由，随心所欲。由于不受别人规则的束缚，她常常偏离传统路径，比如跑起来像个孩子一样，而不是以更端庄的方式去跑，与按摩的客户发生越界的关系，偶尔扮演第二自我——雷吉娜·法兰吉。她似乎没有任何长期目标，满足于活在当下，好坏一并照收，尽量在任何情形下活得最好。电视和电影中的其他例子：《办公室》（*The Office*）中的迈克尔·斯科特、《芳心天涯》（*Anywhere But Here*，1999）中的阿黛尔·奥古斯特。

配角身上可能会（与主人公）造成冲突的特质：
雄心壮志的、善于分析的、谨慎的、控制欲强的、遵守纪律的、勤奋的、拘谨的、紧张的、爱管闲事的、有条理的、规规矩矩的、负责任的、明智的

对于率性而为的人物来说，有挑战性的场景：
必须做一份有条理、可预测的工作，没有自我表达的自由
没有时间和金钱去追求率性而为的生活
目标产生了冲突（想率性而为，但又想讨好别人等）
和渴望纪律和秩序的人生活或工作

顺从的

定义：	**类别**：
服从于权威	成就、互动、道德

类似的特质：
听话的（biddable）、依从的（compliant）、尽职的（dutiful）、服从的（submissive）、温顺的（tame）、循规蹈矩的（well-behaved）

可能的成因：

天性恭顺
被教育尊重权威的重要性
发现社会中权威的价值
害怕惩罚
渴望取悦别人
相信遵守规矩即能获得奖励

强烈的公平观
看见别人因问问题或独立思考而受到惩罚
来自要求顺从的严格宗教或军事背景
充满感激和忠诚；因别人过去的所作所为而顺从他们

相关的行为：

立刻服从指令
在组装东西前先阅读手册
向权威人士寻求意见
相信权威人士把自己的最佳利益放在心上
尽管私下有疑虑，但依然遵守指令或规则
在行动之前积极地获取许可
理解每个人都在社会中有其作用
擅长团队合作
高效地完成任务
相信有更伟大的东西在起作用，并感恩它的存在
遵守秩序（保持房间整洁、有条理等）
即使不方便，也仍然遵守规则（在限速范围内行驶、夜间不外出等）
鼓励其他人遵守规则
不是自己做艰难决定时，松一口气
其他人不服从的时候，打小报告
如果不遵守规则的人逃脱了处罚会表现出气愤

想知道负责人们的期待是什么
感到安全，受到保护
是守法公民
在工作或学校能履行职责；可以信赖
加入有明确等级制度的组织或俱乐部
忠诚
与权威人士交谈或说到他们时语气尊敬
当别人质疑权威人士时，会感到不自在
当权威人士做了不同寻常或不值得信赖的事情时，感到困惑
稳定连贯
寻求权威人物的认可，而不是同事
容易感到畏惧
即便是违反了无伤大雅的规则，也感到不安
当自己违反规则被发现时，感到羞耻
选择和听话的人一起玩

Obedient

相关的想法：
"这条规定很傻，但我还是遵守。"
"妈妈说要做，所以我就做。"
"如果每个人都遵守规则，世界上就不会有这么多问题了。"
"我在这个项目上干得这么漂亮，多亏了埃米莉给了我一个可以遵守的大体框架。"

相关的情绪：
幸福、漠不关心、听任、满足

积极的方面：
顺从的人物是忠诚且值得信赖的。他们可靠，负责任，且行为处事相当好预测，按要求行事，说什么就做什么，不会惹麻烦。他们支持社会秩序，是正直的公民。

消极的方面：
不论他们服从的理由是什么，顺从的人物都难独立思考。这既可能成为坏事，也可能成为好事。如果被要求，非常顺从的人物可能会发现自己正在做一些从未做过的事情，仅仅因为他信任的人让他这么做。他们效忠于权力者之后，很难想象所效忠的对象也可能不值得信任，甚至没有一丝丝怀疑。

文学中的例子：
《查理和巧克力工厂》（*Charlie and the Chocolate Factory*）中，查理·布克特尽管生活艰难困苦，但依然是一个听话温顺而满怀希望的男孩。他的旺卡工厂之行中，有一些奇怪的规则，其他的获奖者毫不犹豫地无视了。但查理遵守规则，最终因良好行为而获得奖励。文学和电视、电影中的其他例子：《星球大战第四部：新希望》（*Star Wars Episode IV: A New Hope*）中的达斯·维达、《超感神探》中的格雷丝·凡·佩尔特、《潘神的迷宫》（*Pan's Labyrinth*，2006）中的奥费利娅。

配角身上可能会（与主人公）造成冲突的特质：
爱冒险的、控制欲强的、自由自在的、聪颖的、捣蛋的、善于观察的、反叛的、愤恨的、惹是生非的、自私的、糊涂的、疑心的

对于顺从的人物来说，有挑战性的场景：
被要求做违反自己道德准则的事情
发现掌权者的动机或品行可疑
利益冲突，比如想服从老师，但又想融入同学
和喜欢对抗权威的独立思考者合作
同时有两个权威人物给了相互冲突的要求

随和的

定义：
举止和心态轻松随意

类别：
身份、互动

类似的特质：
无忧无虑的（carefree）、随遇而安的（happy-go-lucky）、懒洋洋的（lackadaisical）、闲散的（laid-back）、放松的（mellow）、自在的（relaxed）

可能的成因：

父母随遇而安，喜欢享乐
自信
天然感到满意和满足

相信事出皆有因，如果控制不了就随它去吧
在特别严格和高度紧张的环境中长大，选择了不一样的生活

相关的行为：

幸福
天性不爱竞争
出现冲突的时候当和事佬
行为冷静而友善
享乐且不担心他人指摘
避免压力
愿意显露自己的情绪
诚实
要求不高
不对自己的外表斤斤计较
为了生活而工作，不是为了工作而生活
享受假期和周末
花时间在自己的兴趣上
鼓励别人不要担心，要享受生活
如果取得了成就，就享受其中的乐趣
深思熟虑
随性而发
重视公平，不爱竞争
凡事喜欢拖到最后而不是提前计划

在团体中工作出色
不必当领导，满足于追随他人
喜欢宽松的时间线，而不是严格的截止日期
迟到
很容易就忽视别人的冒犯，善于原谅和忘记
睡懒觉
不担心大多数事情
积极思考
有耐心
有良好的幽默感
平心静气，不容易心烦意乱
不担心成功，只是享受经验
友好，愿意接受他人
有随遇而安的态度，能够融入不同的群体
不容易生气
从他人的幸福中获取能量
心态开放
心平气和
更喜欢让别人做决定

Easygoing

相关的想法：
"不论戴比挑什么电影，我都会喜欢的。"
"另一队配得上胜利。他们今天表现得绝对比我们好。"
"我不觉得我能做里克的工作，截止日期太紧，耗时太长。"
"这次露营之旅会非常有趣。就算下雨，我们也可以打打牌叙叙旧。"

相关的情绪：
愉悦、自信、幸福、漠不关心、满足

积极的方面：
随和的人物相处起来很舒服。他们悠闲放松，顺其自然。与其为那些他们控制不了的事情抓狂，他们更愿意随遇而安，享受积极的一面。拥有此特质的人物并不关心输赢，也不追求成功，他们只是简单地享受、体验。

消极的方面：
随和的人物并不总是和其他人一样有相同的优先顺序。他们对生活的随意态度，让别人以为他们漠不关心或者缺乏热情。随和意味着不在乎对他人来说重要的事情，比如守时、有序或者志向。优先次序的不一样，会导致与珍视这些事情的人物产生冲突。

电影中的例子：
在阿甘（《阿甘正传》）的生命旅程中，遇到过很多超负荷的危险与压力。但是他欣然接受这一切。不论是被迫穿"魔法鞋"，在战火中向最好的朋友道别，照顾一个痛苦的截瘫患者，还是独自抚养幼子，阿甘都不担忧。他用积极的态度和开放的心态面对每一项挑战，愿意从每一天的生活中学习。文学和电影中的其他例子：《芳心何处》（*Where the Heart Is*）中的诺瓦丽·内申、《关于一个男孩》（*About a Boy*，2002）中的威尔·弗里曼。

配角身上可能会（与主人公）造成冲突的特质：
雄心壮志的、内向的、品头论足的、过于情绪化的、黏人的、紧张的、痴迷的、疑心的、工作狂的

对于随和的人物来说，有挑战性的场景：
看到朋友或所爱之人处于长期痛苦中却无能为力
承受了不公（比如因为程序失误导致自己的保险没有办上）
一个竭尽全力都要满足的欲望和需求
经历了一场悲剧或灾难，温和的情绪荡然无存

天真无邪的

定义：
意图和动机都是纯洁的

类别：
身份、互动、道德

类似的特质：
清白的（blameless）

可能的成因：
在受庇护的环境中成长
有发育性残疾（如唐氏综合征）
从来没有体验过邪恶、残忍或仇恨
只看见人性中善良的一面
心智退化，年迈

相关的行为：
率直
诚实
好奇
格外信任别人
不肤浅
善良
任何情况下都看到积极的一面
脆弱
尊重他人
如果其他人撒谎或欺骗，会实实在在地感到困惑
友好
值得信赖
在没有意识到的情况下犯错
直接回答问题，不躲避
直视人的眼睛
易激动和热情
现实地看待问题
情绪溢于言表
被挖苦和反讽搞糊涂了
准确地告诉别人自己的感受
无意中越界，问了侵犯别人隐私的问题
饶有兴致地听别人讲故事或叙述他们的冒险经历
难以理解超出经验以外的概念（仇恨犯罪、战争、饥荒等）
情绪化而不感到尴尬
对自己的兴趣充满激情，哪怕别人不在意
犯错时会承认
愿意帮助他人
和事佬，与别人产生冲突时不自在
积极乐观
笑口常开
什么事情都按字面理解
相信人们会把自己的最大利益放在心上

Innocent

相关的想法：
"爸爸妈妈会知道做什么的。"
"吉姆为什么不开心？伊莱贾当然会尽快还钱给他啊。"
"太糟了，玛丽腿断了，但至少她可以多读书了。"
"卡拉都说对不起了。刘易斯为什么不原谅她呢？"

相关的情绪：
爱慕、好奇、激动、幸福、爱

积极的方面：
天真无邪的人物纯洁且容易相信别人。他们看见什么就是什么，总是在别人只看到负面的时候看到积极面。不论年纪多大，他们常常被认为充满孩子气——善良但是脆弱，容易让人喜欢并产生保护欲。

消极的方面：
天真无邪的人物只看到好的一面，可能无法认清世界和其他人的真实面目，因此陷入被动。尽管有些人可能会欣赏他们的天真无邪，但很多人会认为这是被利用的弱点，容易成为目标。还有人认为天真是缺点，为了他们好，应该消灭掉，于是亲自揭示残酷的真相，摧毁他们孩童般的幻象。

电影中的例子：
在《剪刀手爱德华》（*Edward Scissorhands*，1990）中，情感脆弱的爱德华孤独地住在一间哥特式宅邸里，他是一个有着剪刀手的人造人。当邻居对他展露友好的时候，他爱上了邻居的女儿金，开始敞开心扉，与镇上的人互动。但好景不长，他被想利用他的人背叛了。在最后的争吵里，金的男朋友意外死亡，爱德华意识到自己无法应对家墙以外的情感骚动，再次选择了孤独。文学和电影中的其他例子：《末日逼近》中的汤姆·库伦、《绿里奇迹》中的约翰·科菲、《音乐之声》中的玛丽亚小姐。

配角身上可能会（与主人公）造成冲突的特质：
大胆的、控制欲强的、残忍的、调情的、轻信的、善于操控的、成熟的、有说服力的、自私的

对于天真无邪的人物来说，有挑战性的场景：
目睹犯罪
发现自己在某种程度上被欺骗或背叛
生活在一个人们隐藏真实自我的环境中（高中等）
被告知为了保护某个亲密家人或朋友要撒谎

调情的

定义：
喜欢撩人，做出性暗示

类别：
身份、互动

类似的特质：
多情的（amorous）、卖弄风情的（coquettish）、撩人的（provocative）

可能的成因：
很爱玩闹
对自己的性能力很自信
有寻找伴侣并繁衍后代的生理需求
有控制问题

相关的行为：
做出引发性联想的评论
选定一个目标，通过言语和行为传达兴趣
不吝溢美之词
身体靠近另一个人
进入别人的私人空间
将注意力引向嘴巴（舔嘴唇、玩命地咬吸管等）
做出暗示性的笑容
直视别人的眼睛
以意味深长且性感的方式大笑
开玩笑
比平时更肉麻地进行身体接触
用低沉的声音说话
为了吸引别人的（性）注意而打扮
喷香水或古龙水，期待被人注意和喜欢
暗示未来再见："有时间我们看个电影，或者你喜欢意大利菜吗？"
轻微挑逗
脸红
采用娇媚的举止（匆匆一瞥、害羞的微笑等）
抚弄头发、暴露喉咙、身体向他人靠近
给人留下挥之不去的触碰感觉
问问题来确定目标对象对自己感兴趣的程度
偷偷摸摸地上下打量别人
分享东西（午饭、储物柜、个人物品等）
询问或回答需要诚实和暴露脆弱的问题
关注一个人的身体特征："我喜欢你的连衣裙。看上去……哇哦。"
歪头微笑
假装借东西，然后就有理由以还东西的名义再次见到对方
交换手机号码、邮箱或联系信息
展现自信（开放的身体姿态、挺胸、问无所顾忌的问题等）
装傻，做引发性联想的行为
享受自己对目标对象的影响
对他人觉得重要的东西表现出兴趣
触摸嘴唇、脖子或脸
"不小心"撞到某人，以制造一个谈话的机会
找人帮忙或寻求建议，从而开启对话
在小细节上表现出保护欲（护送约会对象到车上等）
频繁发开玩笑的信息

Flirtatious

相关的想法：
"我想我在公交车站一定能碰到马特，看看会发生什么。"
"洛丽终于独处了。是时候给她买杯喝的了。"
"如果我表现得像是跟别人一起来的，也许她会嫉妒。"
"如果比尔把运动衫借给我参加比赛，我稍后可以到他家还给他。"

相关的情绪：
愉悦、自信、渴望、尴尬、激动、幸福

积极的方面：
适度调情可以让社交变得有趣。这种程度的嬉闹会拉近人们的距离，鼓励大家不要把事情看得那么严肃。如果做得有技巧，调情能让别人觉得自己重要。对大多数人来说，这是吸引人的品质。

消极的方面：
天生喜欢调情的人物可能不知道什么时候该停止，这可能造成嫉妒情绪爆发。他们的行为很容易被误解，让对方相信他们用情比实际的深。调情者也可能因为行为过火而损害自己的名誉。

电影中的例子：
《谁陷害了兔子罗杰》（*Who Framed Roger Rabbit*，1988）中的兔子杰茜卡就是爱调情的性感美女。这个动画角色身材火辣，且知道怎么运用这一点。她充满自信，姿态和装束吸引所有男性的关注。电影中的其他例子：《红粉联盟》（*A League of their Own*，1992）中的梅·莫达比托、《家庭主夫》（*Mr. Mom*，1983）中的琼。

配角身上可能会（与主人公）造成冲突的特质：
冷酷的、尖酸刻薄的、谨慎的、虔诚的、自我为中心的、天真无邪的、过于自信的、过于敏感的、规规矩矩的、卑劣的、胆怯的、存心报复的

对于调情的人物来说，有挑战性的场景：
对某个似乎对自己的调情免疫的人感兴趣
有一个跟所有人都调情的伴侣
喜欢上了完全不吃调情这一套的人
与其他人竞争吸引另一个人的关注

外向的

定义：	**类别：**
活泼友好的；善于交际的	身份、互动

类似的特质：
爱交际的（gregarious）、开朗的（outgoing）、合群的（sociable）

可能的成因：

遗传　　　　　　　　　　　　　　　　从其他人那里获取能量
喜欢肾上腺素飙升的感觉　　　　　　　充满探索的成长经历（接触新文化、新体验等）

相关的行为：

关注外界（其他人、经历等），而不是关注内心　　参加派对或主持活动
在社交场合充满自信　　　　　　　　　与他人一起玩笑嬉笑
友好和健谈　　　　　　　　　　　　　发信息或打电话与别人保持联系
积极进取　　　　　　　　　　　　　　需要不断的活动和刺激
追逐新目标和新体验　　　　　　　　　单刀直入地提问，而不是环顾左右而言他
有冒险精神　　　　　　　　　　　　　是个刺激追求者
喜欢大型场所、活动和群众　　　　　　朋友众多而不是只有一两个
注重奖励　　　　　　　　　　　　　　兴高采烈、情绪高涨
社交能力强，擅长攀谈　　　　　　　　喜欢心血来潮："咱们去农场点个篝火吧！"
容易感到无聊　　　　　　　　　　　　难以表达自己的感觉
边说话边思考，喜欢口头把事情弄明白　总是动来动去或者在做什么
购买演唱会或娱乐活动的门票　　　　　在社交场合精力旺盛，兴致高昂
主动（接近他人、主动搭讪等）　　　　寻找和利用机会
冲动　　　　　　　　　　　　　　　　紧随潮流（买最新的科技产品、与时尚同频等）
走出自己的舒适区　　　　　　　　　　喜欢团队运动
活泼　　　　　　　　　　　　　　　　渴望被关注
喜欢竞争　　　　　　　　　　　　　　公开分享观点和意见
充分利用时间，提高效率　　　　　　　听吵闹的音乐
喜欢旅行、接触新的人　　　　　　　　在社交媒体上很活跃

Extroverted

相关的想法：
"这天气太适合游泳了。我来打听一圈看有谁能来玩水球。"
"我等不及扎克的派对了。一定会特别棒！"
"决定了——我要翘掉这次会议。这座城市里一定有好玩的事情可以做。"
"我喜欢这些紧身衣,但我如果穿着它们出现,女孩们会把我笑出办公室的。"

相关的情绪：
自信、热切、激动、幸福、骄傲、满足

积极的方面：
外向的人物几乎从来不落单；他们在别人的陪伴下健康成长。他们喜欢出门,尝试新的体验,结交新的人群。他们在大多数社交场合下都很自信,能很好地融入。他们通常也有一大群朋友,随性而为,思想开放。他们的高昂兴致会影响别人,提升所在聚会的热闹氛围。

消极的方面：
外向的人物很容易感到无聊,需要不停的刺激。这会让不怎么外向或更偏内向的朋友精疲力竭。他们对刺激新事物的渴望可能导致草率和错误的决定。他们也追求奖励,非常爱竞争,会在朋友和同事之间造成摩擦。

电影中的例子：
在电影《天才瑞普利》(*The Talented Mr. Ripley*, 1999)中,住在老家美国的父母控制欲强,压得人透不过气,富裕的迪基·格林利夫为了逃避他们来到了意大利。迪基天生外向,需要不停的刺激和冒险。与爵士乐俱乐部和酒吧的众多朋友一起玩,让他精力十足。他到处游玩,当目前的地方玩腻了,就换一个新地方。电影和文学中的其他例子：《律政俏佳人》(*Legally Blonde*)系列中的埃勒·伍兹、《牛仔裤的夏天》中的布里奇特·弗里兰。

配角身上可能会（与主人公）造成冲突的特质：
镇静的、内向的、耐心的、完美主义的、规规矩矩的、鲁莽的、多愁善感的、不信任他人的

对于外向的人物来说,有挑战性的场景：
被迫参与冗长的仪式（周日弥撒、婚礼、葬礼等）
被困住（比如在电梯里）,没有任何刺激的事物直到被救出
与内向的人相爱
一份需要长时间独处的工作（卡车司机等）

温柔的

定义：	类别：
不严厉，不唐突，不暴力	互动

类似的特质：
和善的（benign）、温顺的（docile）、温和的（mild）

可能的成因：
由慈爱的看护人抚养长大 孩提时代受到保护不被外界影响
天生对他人的感受敏感 珍视所有生命

相关的行为：

有礼貌
仁慈
说话柔和
有耐心
表现出良好的礼仪
体贴、关爱
为他人考虑周到
安慰有需要的人
谦逊
心平气和
展现无条件的爱
独来独往
更喜欢安静的环境
行为人畜无害
说话经过深思熟虑
很少提高嗓音
尊重他人隐私
缓缓地微笑
态度积极

用镇定而且令人舒适的语气说话
使用小心翼翼的动作和舒适的触碰（拍拍胳膊以示亲近等）
花点时间安静思考
享受一个人独处思索
避免人群和吵闹
感到满足的时候会哼曲或轻唱
避免戏剧性场合和压力大的场合
与少数人形成亲密的友谊，而不是有很多朋友
值得信赖
能够安抚别人，让他们放下戒备
关心人、动物和自然
乐观主义
直觉力强，观察力强
不爱竞争
沉浸在白日梦里
欣赏美与艺术
保留自己的观点，除非被要求说出来
不好斗，拒绝争执

Gentle

相关的想法：

"汉克太紧张了。也许晚饭后散步能帮他放松。"
"能让吉尔笑起来，我很欣慰。她想掩饰，但是丢掉工作真的伤害了她。"
"如果我保持冷静，也许大家就不会相互吼了。"
"那只可怜的猫瘦成皮包骨了。我要用一罐金枪鱼把它哄出来带回家。"

相关的情绪：

好奇、渴望、感谢、幸福、希望、怀旧

积极的方面：

温柔的人物说话细声细语，喜欢反思，善于观察。他们能察觉别人的情绪，帮助化解紧张的场合。他们体贴人、尊重人，是很好的朋友，能形成充满爱的关系。他们的温柔天性常常促使别人保护他们，并更多地注意到他们的情感需求。

消极的方面：

温柔的人物有更安静的个性。从文学的角度来说，这种特质可能让他们在文学作品里有失去光彩的危险。他们可能不容易表达自己的欲望和需求，也不会因追求到它们而满足。如果他们生活在吵闹和繁忙这样不适合他们性格的环境中，可能会变得过于依赖别人。这会让读者觉得他们软弱。

电影中的例子：

当被困在充满敌意的星球上，大多数外星人都会采取防御姿态。但《E.T. 外星人》(*E.T. the Extra-Terrestrial*, 1982) 中温柔的 E.T. 却和三个兄弟姐妹成了朋友。他面临了很多羞辱，比如必须住在埃利奥特的衣柜里，必须用格蒂的花连衣裙和化妆品伪装，不得不躲避政府官员的追捕。但是他总是以善意和同情心来回应，打破了无数对外星人的刻板印象，创造了一个真正令人难以忘怀的角色。
文学中的其他例子：《黑骏马》(*Black Beauty*) 中的黑骏马、《绿里奇迹》中的约翰·科菲。

配角身上可能会（与主人公）造成冲突的特质：

残忍的、古怪的、紧张的、占有欲强的、喜怒无常的、反复无常的、受压制的

对于温柔的人物来说，有挑战性的场景：

面对社区内的动荡（不法行为横行、骚乱、战争来临等）
其他人遇到了危险，不得不拯救他们
与那些不尊重安静性格的人打交道
不得不在敌对的家庭成员中间当和事佬
被所爱之人背叛

无拘无束的

定义：
不被社会或心理规范限制

类别：
身份、互动

类似的特质：
自由的（free）、开放的（liberated）、无节制的（unrestrained）

可能的成因：
对自己满意
崇尚自由精神
有不合群的历史
自信
过去被社会或当局伤害过，现在选择违抗它们

相关的行为：
蔑视法律与规则
逆势而为
说话大声
向当权者提问
想知道规则与判断背后的理由
不盲从
抵挡来自同龄人或父母的压力（选择自己的路，不要孩子，等等）
在他人面前自由表达自己的感情
大声说笑
动作幅度大
不会轻易感到尴尬
抬头挺胸地走路，脚下生风
忽略批评与鄙视
不寻常的穿衣风格和发型
不过度担心别人怎么想
自由谈论有些人认为是禁忌的话题（性爱、毒品、宗教等）
态度随和、无忧无虑
与生活在社会边缘的人交往
为了找到适合自己的兴趣、风格和道路，常常改变它们
参加自己喜欢但不一定擅长的活动
用大声、公开的方式支持他人（与害怕独自上台的朋友一起唱卡拉OK）
如果别人不愿意加入，自己一个人也能开心地做事情
鼓励他人自由自在、无拘无束
参加别人不赞同的活动（裸泳等）
畅所欲言地说出自己的想法
取笑那些紧张拘谨或保守内向的人
故意做一些让别人尴尬的事情
避免令人不快的或黏人的情感关系
愿意搬家、旅行和尝试新事物
故意触碰他人所能接受的边界
对自己的独特感到骄傲
自信
有充满艺术性或创造力的喜好
过于显露性意味或轻佻
充满冒险精神，愿意探索一切

相关的想法：
"哦，反正这也是一条愚蠢的规则。"

Uninhibited

"人们可能不赞同，但我不在乎。"
"我不明白为什么人们谈论性爱的时候这么别扭。"
"为什么大家都不跳舞呢？让我来带头吧。"
"我喜欢比尔，他也对我有好感。我要试试我俩之间有没有火花。"

相关的情绪：
愉悦、自信、幸福、漠不关心、骄傲

积极的方面：
无拘无束的人物不在意社会规范和他人意见。因此，他们能够自由做自己。阻止他人在公众场合表达自己的限制，在无拘无束的人身上不起作用。这些人物的自信令人神往和欣羡，尤其是对那些希望摆脱拘谨的人来说。

消极的方面：
无拘无束的人物可能个性得太过火，不考虑他人的感受，令人不舒服。他们对规则的轻视可能会给自己和自己负责任的朋友带来麻烦。他们因为珍视个性与自由，可能会蔑视拘谨的人，认为他们太绷着，需要"放松"。其他人会对无拘无束的人下匆忙的判断，错误地看待他们。

电影中的例子：
在《漂亮女人》(Pretty Woman，1990) 中，维维安·沃德作为妓女，不循常规是合理的，但正是她的性格和她的职业一起造就了她的无拘无束。她坐在桌子上面不是椅子上，并用手指吃煎饼。在马球比赛中，她大呼小叫，不在意现场只有自己一个人这么做。她穿着过膝长靴和别着安全针的衬衫，自在随性地走在罗迪欧大道上，完全不顾他人目光。她尽管也有被情感伤害的可能，但对讨厌自己的人几乎可以完全忽视，且很满意现状。电影和流行文化中的其他例子：《甜心先生》中的罗德·蒂德韦尔、丹尼斯·罗德曼 (Dennis Rodman)、玛丽莲·曼森 (Marilyn Manson)。

配角身上可能会（与主人公）造成冲突的特质：
爱挑剔的、傲慢的、无趣的、拘谨的、内向的、紧张的、规规矩矩的、鬼鬼祟祟的、自寻烦恼的

对于无拘无束的人物来说，有挑战性的场景：
被卷入一个结构化的和可预测的环境之中
失去自由
突然意识到并在意别人的想法
体验到自己无拘无束的行为带来了剧烈的、无法预测的后果
被迫承担责任（比如，姐姐死后必须抚养她的孩子）

无私的

定义：
考虑别人，为他人的利益奔走而不是关心自己

类别：
互动、道德

类似的特质：
大公无私的（selfless）

可能的成因：
天性利他
在强调服务他人的宗教氛围中长大
相信善有善报
享受从帮助他人中获得的乐趣
相信别人的价值与自己的价值是对等的
有强烈的是非观念
对自己收到的祝福充满感激

相关的行为：
观察别人，了解他们想要的东西
让别人做决定（去哪里吃饭、去哪里度假等）
让别人先行（比如，杂货店排队、等红绿灯）
买体贴周到的礼物让别人开心
愿意分享自己有的东西
本能地知道别人需要什么
解读别人话语背后的含义
奉献自己的资源帮助别人
向慈善机构捐款
具有同理心
善于倾听
说话周到，不伤害别人的情感
谦逊
考虑别人多过自己
寻找帮助别人的方式
灵活变通，如果别人需要帮助，愿意改变自己的计划
有耐心
与他人分享情绪（哭、笑等）
更担心有需要的人，而不是别人的看法
原谅他人
即便对自己没好处也帮助别人
为了帮助别人克服弱点，自己会舍弃一些东西（比如，与朋友一起节食）
温柔地告诉别人真相，即便是令别人不高兴的真相
拥有热爱别人的强大能力
不评判他人
总能在情绪上照顾别人
宁愿给自己带来麻烦也要帮助人
想法积极，尤其是对人的看法
和不受欢迎或被拒绝的人交朋友

Unselfish

相关的想法：
"我今天的计划没有帮助琼重要。"
"电视音量对我来讲不大，但干扰到了威尔，所以我要调小点。"
"我很高兴肖恩能够随时打电话给我。他知道我会为他做任何事。"
"哦，天哪，吉尼看起来不爽。我来弄点咖啡，纵横字谜之后再玩。"

相关的情绪：
期待、热切、感谢、幸福、爱、平和、满足、同情

积极的方面：
无私的人物把他人置于自己之前。他们擅长阅读人，解读他们的话，判定他们到底想要或需要什么。这些人物不贪恋财物，常常把自己的东西当作与人分享的资源。真正无私的人不会自私自利，而是本着真心想让别人开心、帮助他们实现目标的愿望行事。

消极的方面：
无私的人物有可能忽视了自己的需求，由于太专注于给予，导致自己的资源枯竭。他们渴望助人，很容易成为别人利用其善良的目标。他们也容易陷入财政危机，因为太容易利用自己的资源造福别人了。真正无私的人是很少见的。看起来无私的人往往带着隐秘的动机，比如获得友谊、认可或善意的回报。

电影中的例子：
迪士尼电影《花木兰》（*Mulan*，1998）中的木兰忠于家庭，不想让家人或祖先失望。尽管她知道自己缺少女子找到好归宿应具备的优雅和精致，但她仍然尽全力争取，因为这是她的家人和民族文化所要求的。当年迈残疾的父亲被征召入伍，为了救他，木兰不惜放弃自由乃至身份，假扮成男人替父从军。她第一次独自远行，装备破烂就上战场打仗，为了拯救父亲甘心冒一切风险。文学中的其他例子：《飘》中的梅拉妮·威尔克斯、《小妇人》（*Little Women*）中的贝丝·马奇。

配角身上可能会（与主人公）造成冲突的特质：
苛刻的、不诚实的、古怪的、不耐烦的、善于操控的、执意强求的、被惯坏的、吝啬的

对于无私的人物来说，有挑战性的场景：
由于无私的行为被迫害或受处罚
周围都是索取者或者负面思考者
无私的动机受到质疑

细心保护的

定义：
倾向于保护、庇佑或认真地监督自己所看管的人或物

类别：
成就、身份、互动、道德

可能的成因：

担任照顾者的角色
充满爱与尊重
很小就开始对他人（自己的弟弟妹妹等）负责
经历过"贫瘠"时期（水、食物或住所不足）
过去为了养家糊口挣扎过
为了保护自己的资源而接近危险或腐败

虐待
认为越小心越好
照顾有心理或身体残障的家人
过去没有保护好某人、财产或资源的失败经历（真实或想象）

相关的行为：

意识到危险和风险，并尽可能地避开它们
仔细观察可能变得不稳定的情况
问问题，需要知道细节
调研和事实收集
离需要保护的人很近
做一个积极的倾听者；提供支持和建议
希望他人成功，并努力帮助他们实现目标
在关注安全和尊重别人的独立、自由之间取得平衡
轻轻触碰别人，让他们知道自己的存在
积极主动，提前想好可能需要的东西
不相信陌生人
鼓励明智的选择和决策
需要的时候提供力量
在行动之前了解风险
说到朋友或有影响力的人时，变得谨慎
在不专横、不霸道、不控制的情况下谋求自己的最佳利益
保护某人是基于某人的利益，而不是自己的利益
遵循在过去被证明是安全的规则和行为模式
需要知道某人在哪里，和谁在一起，在干什么
对时间敏感，用时间期限作为监督的手段之一
顾及自己照看的人的需求
为他人呐喊疾呼
担忧，尤其是对自己没什么控制权的事情
用打电话、发信息和拜访作为查看的方式
很难相信别人和放手不管
帮助别人的时候承担更多的责任，或增强自己对他们的影响
在任何情形中都能看到潜在的威胁
警惕新体验或陌生地方
在需要帮助的时候挺身而出
照料难以照看自己的人
提供信息或建议，帮助别人更好地准备

Protective

相关的想法：
"她不知道尼尔是个花花公子。我最好告诉她。"
"我会去里克的派对，这样我就能确保他不像上次那样失控了。"
"我不能让彼得穿成那样去学校。孩子们非笑死他不可。"
"鲍勃家里出事了。我来替他的班，不让老板找他麻烦。"

相关的情绪：
摇摆不定、果决、感谢、恼怒、后悔、怀疑态度、猜疑、警惕、担忧、不安

积极的方面：
细心保护的人物在内心深处充分为自己照看的人或物着想。他们愿意抛开自己的欲望和需求，保证所爱之人得到照顾。当所爱之人闯荡世界、探索他们在世界中的位置时，保护者会警惕地确保他们不受伤害。这些人物善于分析潜在的风险，并尽可能地减少风险，保护财产和资源不被别人利用，并为所爱之人提供所需的帮助和咨询。

消极的方面：
保护者守护他们关心的人和物，但当对最佳行动方案的意见相左的时候，双方冲突就会出现。尽管出于好意，但权力斗争会在保护者保证对方安全的需要和被保护者对自由的渴望之间制造一场拉锯战。当规则和预防措施令被保护者恼怒，他们可能会反抗，破坏与保护者的关系，或者更糟糕的是，他们故意将自己置于危险之中，只是为了证明自己可以照顾好自己。

电视中的例子：
在剧集《邪恶力量》中，迪安·温切斯特不仅对自己的兄弟萨姆，而且对任何视为家人的人充满保护欲，包括自己的猎人同伴。他将不遗余力地保护他们免受日常与恶魔、利维坦、四骑士甚至死亡本身的斗争。为他人甘冒生命风险是猎人的职责所在，但是迪安更进一步，为了拯救萨姆的生命而将自己的灵魂出卖给了恶魔。电影和文学中的其他例子：《弱点》（*The Blind Side*，2009）中的利·安妮·图伊、《第五元素》（*The Fifth Element*，1997）中的柯本·达拉斯、《末日危途》（*The Road*）中的无名父亲。

配角身上可能会（与主人公）造成冲突的特质：
残忍的、贪婪的、公正的、善于操控的、自毁的、自私的、卑劣的、不合道德的、存心报复的、暴力的

对于细心保护的人物来说，有挑战性的场景：
试图保护那些认为自己不配得到，而去破坏保护者努力的人
遭遇试图夺取其资源的强大力量（比如，警察、政府）
在没有相关情报或资源的情况下需要保护别人

协作的

定义：
愿意与他人一同工作或相互配合

类别：
成就、互动、道德

类似的特质：
容易相处的（agreeable）、肯帮忙的（helpful）、乐于助人的（obliging）

可能的成因：
与几个兄弟姐妹一起成长，分摊家务
生活在军人家庭中（或有军人背景）
对人友好
天生具有群体意识
有强大的领导能力
在经商的家庭中长大

相关的行为：
思想开阔
用问问题的方式开启合作流程
知道每个人的名字
有高超的社交技巧
乐于助人、率直
有强烈的责任感
为自己的工作感到自豪
诚实
礼貌
选择依赖团体协作的职业（比如在饭馆当厨师）
担责
路上遇到会鼓励别人："传单发得不错。正是我们需要的。"
会投入目标
对需要完成的工作持乐观的心态和积极的态度
给别人机会说话或参与
会说"是的，对，没错"，总体来说是令人愉悦的
愿意努力工作
对社群很上心
精力十足、兴趣盎然地与他人一起工作
没有争议地完成任务
是调解者
欣赏他人及其技术，会说"谢谢你"
愿意尝试新事物或新观念
能够妥协
守时
凡事有所准备
倾听别人要说的话
如果需要，能够遵照别人的指点
以团队利益为先
奉献与忠诚
注意到需要做什么，并主动去做
享受同道情谊
尊重其他成员投入的时间和精力
根据其他人的强项和弱点分配任务
为能够建造、创造和完成某个东西而自豪
关注他人遭遇的困难，并想法帮助他

Cooperative

相关的想法：
"粉碎这些文件要花很长时间，但必须得做。"
"马克工作速度很快。我俩很快就能把这个地方打扫干净。"
"布伦达在我的队伍中太好了。我很早就想跟她一起工作了。"
"利斯安妮喜欢早点开始，那我改变我的日程安排吧。"

相关的情绪：
果决、热切、感谢、希望、满足

积极的方面：
协作的人物很容易相处，对工作投入，是宝贵的团队成员。他们明白，把才能和资源聚在一起比单打独斗更能做出成绩。他们是好的倾听者，尊重队友，为团队成就感到骄傲。

消极的方面：
协作的人物有时候会认为，别人也和他们一样那么投入到工作中，这会造成麻烦。盲目地依靠他人提供信息和领导，会造成不太满意的结果。如果团队中的其他人缺乏投入和激情，有合作意识的人物会发现自己为了完成工作，承担了更多不应该承担的责任。

电影中的例子：
《亲亲老爸》（*Dan in Real Life*，2007）中的丹·伯恩斯不是会闹事的那种人。尽管刚刚丧偶，他还是愿意参与家人给他安排的相亲。当伯恩斯真的遇到一个有趣的人，并发现她在与他的兄弟约会时，他试图退出。伯恩斯的倾向是随波逐流，不惹是生非，这让他成为虽然被动但终究愿意协作的主角。电影和电视中的其他例子：《好人寥寥》中的萨姆·温伯格、《末日逼近》（*The Stand*）中的斯图·雷德曼、《杀手信徒 第一季》（*The Following*，2013）中的迈克·韦斯顿。

配角身上可能会（与主人公）造成冲突的特质：
雄心壮志的、冷漠的、控制欲强的、作威作福的、自由自在的、充满敌意的、独立的、疑心的、爱发牢骚的

对于协作的人物来说，有挑战性的场景：
和自行其是的人一起工作
在缺乏领导和远见的团队或组织中
与不关心目标的人工作
与总是制造抓马事件的搭档工作
处理团队之间或团队内部的个性冲突

信任他人的

定义：	类别：
因相信他人的能力和品性而依赖他们	互动、道德

可能的成因：

在被庇佑和充满爱的环境中长大
被可靠、热心助人但保护欲强的父母养育
相信人性本善

在一个以真相和荣誉为核心价值观的环境中长大
从来没有经历过犯罪、贪婪等负面影响

相关的行为：

相信展现出判断力的人
投身于自己相信的事业
基于过去的积极经历做决定
很少问问题，不需要过多的信息
照吩咐去做
人们说什么就信什么
正直地行事，并认为别人也是如此
会问一些天真的问题，这些问题反映出自己对
　　人性的洞察力有限
点头和微笑
不假思索地同意或承诺
善良
与他人共情
事情没有按照计划进行也能宽慰自己
诚实
相信自己有阅读他人动机的能力
举止活泼
相信别人的动机是好的
乐于助人，体贴入微
如果自己相信有用，就会毫无保留地提供信息
尽量把人往好处想

放下那些不重要的事情，这样才能前进，才能
　　与他人相处
担忧的事情少
感觉与人联系紧密
利他主义
坦率，不心怀鬼胎
适应别人的情绪
想让世界变得更好
允许别人做决定
很少匆忙下结论
尊重他人及其隐私
值得信赖（替他人保密，不八卦等）
愿意尝试新事物
不因偶尔的判断错误而畏首畏尾
追求牢固的关系，在牢固的关系中自己可以展
　　示脆弱
理想主义
原谅别人
不试图操控别人
从自己的错误中学习，并坚信他人的善良

相关的想法：

"迪伊会还书的。可能她忘了自己借了这本书了。"
"特里的朋友负责装修，我很感激。他会干好的。"

Trusting

"迪安车开得很好，所以我不介意周末把车借给他。"
"埃里克又加班了，太可惜了。也许我们可以下个月再聚。"

相关的情绪：
感谢、幸福、平和、宽心

积极的方面：
信任他人的人物拥有积极的力量，相信大多数人都能证明自己值得信赖。他们敞开心扉，行为诚实和正直，并期待别人也是如此。信任他人的人物拥有坚固的、深厚的情感关系，这种情感关系根植于相互尊重。即使信任被打破，他们依旧可以继续前进，仍然能够秉持人性本善的信念，以后仍会如此对待他人。

消极的方面：
这些人物是坦诚易懂的，即便是在不应该如此的时候。他们会遇到一些不怀好意的人，偷走他们的时间、金钱和信任的能力。在极端的例子中，他们可能会对人失望透顶，从而质疑所有人的动机。

电影中的例子：
在《尽善尽美》中，西蒙·毕晓普是个友好、善良的人，他愿意相信人性中美好的一面。他的狗曾短暂地丢失，他询问了邻居，并相信邻居自称的无辜，尽管后来证实正是他的邻居把狗丢进垃圾通道。他也相信经纪人为自己最新的艺术项目雇用了一位合法的模特。但结果这个模特却是个流浪汉，抢劫并差点把西蒙打死。因此西蒙经历了一段时间的自我怀疑和抑郁。但他并没有沮丧很久。在故事的结尾，西蒙又变回乐观的自己，与粗暴的邻居成为朋友，重拾曾短暂失去的喜悦和灵感。文学和电影中的其他例子：《格林奇是如何偷走圣诞节的》(How the Grinch Stole Christmas) 中的辛迪·卢·胡、《永恒之王：亚瑟王传奇》(The Once and Future King) 中的亚瑟王、《阿甘正传》中的阿甘、《圣诞精灵》中的巴迪。

配角身上可能会（与主人公）造成冲突的特质：
算计的、懦弱的、狡诈的、不忠诚的、厌倦的、善于操控的、悲观的、疑心的

对于信任他人的人物来说，有挑战性的场景：
与承认自己出过轨的人进入情感关系
正在遭受错信他人的恶果
想赢得天生疑心重的人信任
被悲观的人批评为"太容易相信别人"

幸福的

定义：
乐观向上的，满足的

类别：
身份、互动

类似的特质：
高兴的（cheerful）、满足的（content）、欢乐的（jolly）、轻松愉快的（lighthearted）、愉快的（merry）、乐观向上的（upbeat）

可能的成因：

拥有充满爱的家庭环境
对自己的工作感到满意
拥有平衡和充实的情感关系

感到安全而稳定
有强烈的目标
自我平和

相关的行为：

与家人、朋友保持联系
善良和体贴
感恩自己已经拥有的东西
对未来乐观，关注积极面
对做好事和帮助他人感到满意
用健康的方式应对生活的起起伏伏
追求精神和身体的健康
知足常乐
思考大局，并设想自己如何融入进去
坏事发生时会看积极的一面
最低程度的压力和担忧
正确看待事物
慷慨而仁慈
有幽默感
欣赏别人以及他们具备的独特才能和理念
和其他人能很好合作
友好而礼貌
喜欢学习新事物
原谅他人的过错

从生活里获得快乐
愿意投身于自己关心的人和事业
设定能够维持或增加自己满足感和幸福感的目标
心平气和、与世无争
能控制自己的生活
不和其他人比较
花时间在爱好上，做有创造力的事情
对他人体贴周到
欢笑与微笑
诚实和真实
值得信赖
无条件爱着别人
坚持不懈，追求自己爱做的事情
自信
不把生活或人视为理所当然
挑战自己
积极主动
注意并欣赏美
做幻想未来的白日梦

Happy

相关的想法：
"多美的日出！喝完咖啡之后，我想请奶奶吃一顿松饼早餐。"
"如果我整个夏天都努力工作，我就能付得起冬天的滑板滑雪课学费了。"
"多么美好的一天。我不敢相信外面的景色竟如此之美。"
"我做到了！我一个月没喝汽水了！我觉得我还可以再坚持一个月不喝。"

相关的情绪：
愉悦、自信、热切、感谢、幸福、满足

积极的方面：
幸福的人物是知足常乐的。他们满意生活的方向，采用直接的方式解决困扰自己的问题，所以可以继续勇往直前。当遭到不公正对待时，他们能够原谅。他们无条件地爱，加上幸福天生具有传染力，让他们成为值得深交的朋友。

消极的方面：
幸福的人物有时候会躲开破坏他们心情的麻烦。别人可能会对此失望，认为他们没有严肃对待某件事，或者不是有团队精神的人。如果一个朋友心情低落，想一个人待着，那么过于兴高采烈地想让他"快乐起来"可能是他最不想要或最不需要的。如果幸福的人物试图让对方心情变好的行动遭到拒绝，则会伤害他们之间的感情，损害友谊。

电影中的例子：
《憨豆先生》（*Mr. Bean*）系列中最受欢迎的角色憨豆先生总是乐观向上，不论什么情形，什么灾难降临到他头上。他总是能最大化地利用任何场景，常常微笑，在处理各种幽默的小灾难的时候，通过解决问题、做出创新来收获欢乐。电视和流行文化中的其他例子：《安迪·格里菲思秀》中的安迪·泰勒、圣诞老人。

配角身上可能会（与主人公）造成冲突的特质：
坏脾气的、傲慢的、黏人的、过于敏感的、愤恨的、迷信的、忘恩负义的

对于幸福的人物来说，有挑战性的场景：
处理悲伤和背叛
不得不决定一段停滞的感情是挽回还是放弃
面对一个让自己怀疑是否具有成功能力的情形
看到他人处在痛苦和不幸之中
运气是有代价的（自己升职是因为一名同事离开）

雄心壮志的

定义：	类别：
受欲望驱动而去实现一个特定目标	成就、身份

类似的特质：
奋发的（driven）

可能的成因：

自信与骄傲
充满激情，拥有远大理想
很想实现/获得小时候缺乏的某种"东西"
害怕失败
需要向他人证明自己，或者渴望留下某种遗产
父母充满野心

手足之争或同辈之争
缺乏安全感，担心达不到期望或者不够好
想要取悦他人
渴望只有成功才能带来的名声与财富
目标崇高（消除贫困、驱逐家门口的混混等）

相关的行为：

早起
充满活力
果断
高效
对教育或培训有需求，精进成功所需的技巧
选择花时间与能够帮助自己成功的人同行
加班或在节假日工作以求领先他人
在与掌权者打交道时奉承或过于礼貌
向有能力的人寻求帮助
让别人还人情
完全接受艰辛的工作
提前为未来准备
承担更大的责任
为了达成某个目标而忽略友谊
高度有组织性
优先考虑自己的需求
拥有超强的意志力

为激励自己实现目标，对某物赋予某种象征（比如，一辆法拉利玩具车代表真实的法拉利）
完成他人避而不谈或力不能及的任务
从犯的错误中快速学习而不是纠结在其中
把大目标细化成更小的节点，以便记录进度
研究自己需要什么；为成功做计划
找已经实现伟大目标的人作为自己的楷模
做出能够实现自己目标的选择
不满足于现状
相信事情总会变得更好
想做得更好，或者在某件事上做到极致
承担风险
与他人竞争
不允许恐惧和忧虑限制自己
思考"大"问题
不过多被挫折困扰；重新聚焦并克服挫折

Ambitious

相关的想法：
"如果我早点去工作，我的领导就能看到我对公司有多上心。"
"今年，我要把'跑一场马拉松'从我的愿望清单中划掉。"
"我并不像李一样经常出去玩。这就是为什么我已经是总监而他还只是个经理。"
"埃米就是我的真命天女。现在我只需要让她也这么认为就好了。"

相关的情绪：
期盼、自信、果决、希望

积极的方面：
有雄心壮志的人物是勤奋而有远见的，不会轻言放弃。其他人看到的只是障碍，这些人看到的是令人惊喜的未来。雄心壮志需要高度的专注和一心一意，这是大多数具备此特质的人实现目标的原因。

消极的方面：
有雄心壮志的人物把目标置于一切之上，包括生活中本该更重要的人或事，因此他们承受着风险。当道德和成功不可调和的时候，实现目标往往占上风。其中许多人是完美主义者，有着不切实际的期待，认为只要没完全成功就是失败。这些人物也可能把目标设定得太高，以至于无法实现，进而导致不快乐，缺乏满足感。

电影中的例子：
《当幸福来敲门》(*The Pursuit of Happyness*，2006)中的前销售员克里斯·加德纳失业了，无家可归，带着年幼的儿子，这时候有一个当股票经纪人的机会。唯一的实习岗位是香饽饽，没钱、没家、没经验的克里斯必须全力争取。尽管有着看似无法逾越的障碍，克里斯还是竭尽了全力为自己和儿子开创了更美好的生活。电影中的其他例子：《情归亚拉巴马》(*Sweet Home Alabama*，2002)中的梅拉妮·卡迈克尔、《华尔街》中的巴德·福克斯。

配角身上可能会（与主人公）造成冲突的特质：
顺从的、懒惰的、沉思的、执意要求的、心不在焉的

对于雄心壮志的人物来说，有挑战性的场景：
追求某个会破坏传统或违法的目标（比如，一位女性决意成为天主教牧师）
被要求违背自己的道德规范（比如，成为掩饰罪责的一分子），以获得成功
有一个既有天分也名副其实的竞争者
身体或心理有缺陷
对手为了赢而无所不用其极
承担着需要花费大量时间的责任（比如，照顾生病的叔叔）

耀眼的

定义：	类别：
行为和外表夺目或者艳丽	身份、互动

类似的特质：
多彩的（colorful）、时髦的（dashing）、魅力十足的（glamorous）

可能的成因：

强烈的自我意识	极富创造力
需要将自己表达成独特的个体	渴望制造戏剧性事件
在鼓励探索的家庭中长大	爱玩闹

相关的行为：

在任何场合都穿着独特	富有个性地发声（使用戏剧性的停顿、语调转变、口音等）
有一个图腾式的标志彰显自己的独特性（浅顶软呢帽、错配的袜子等）	选择标志性的造型（一个没人敢试的发型等）
时尚前卫，创造潮流而非紧追潮流	乐观积极的世界观
闪亮登场	能接受批评
姿态华丽	关注细节
花哨或招摇	对生活充满激情，富有探险精神
享受关注	穿戴珠宝和饰物，让自己脱颖而出
奢华	考验界限和传统观念
个性大胆	有高超的社交能力
从他人那里获得能量，展现自己	兴趣盎然
刻意摆造型以达到效果	娱乐他人
为了在人群中被人听见而提高嗓音	带动周围的氛围
善于表达	享受震撼的价值："万圣节我要变成渔网！"
极富幽默感	极富想象力和创造力
讲卫生	拥有自己风格的外表，自信
保持强烈的眼神接触	厌倦同样的造型

Flamboyant

相关的想法：
"我的头发太无趣了。我要干票大的，把它染成橙色。"
"穿件披风去毕业舞会简直完美。我超爱！"
"看起来杰伊要去霸占 DJ 台了。该我闪亮登场了！"
"想成功驾驭这个造型只能是把它变成自己的。"
"我涂着这样的人体彩绘登场之后，图书俱乐部从此就不一样了。"

相关的情绪：
愉悦、期盼、自信、热切

积极的方面：
耀眼的人物通常兴致高昂，有戏剧性天赋。他们能带动整个房间的氛围，擅长吸引所有人的目光到他们身上。他们常常因为个性、自信，以及有趣和闪光点而受到艳羡。

消极的方面：
耀眼的人物会吸引注意力，但不总是积极的那种。更偏保守的人可能会疏远或嘲弄他们。他们也可能被迫随大流，而不是做自己。耀眼的人物也可能沉迷于受人瞩目，对自己的风格过度骄傲，导致自恋。

电影中的例子：
《加勒比海盗》系列中的杰克·斯帕罗船长有一种戏剧性的天赋，穿着比普通的海盗更好，频繁摆造型吸引观众。他画眼线，让自己的眼睛更有威慑力，利用声音吸引注意力，刻意让语调变得浑厚，强调特定的字词传达情绪和意图。电影、文学和流行文化中的其他例子：《人鬼情未了》(*Ghost*，1990)中的奥达·梅·布朗、《饥饿游戏》三部曲中的恺撒·弗里克曼、Lady Gaga。

配角身上可能会（与主人公）造成冲突的特质：
傲慢的、内向的、品头论足的、规规矩矩的、敏感的、害羞的、老练世故的、喜怒无常的、孤僻的

对于耀眼的人物来说，有挑战性的场景：
与那些猜测自己性取向的人（尤其是男性）打交道
与认为自己的行为不恰当的人交流
对自己的身份产生信仰危机
生活在自由表达高度受限的文化中
出于需要不得不融入（坐牢、政府审查等）
因为自己的风格化选择而遭到仇恨、忽视或歧视

一丝不苟的

定义：	类别：
对每一个小细节都十分关注	成就

类似的特质：
准确的（exact）、爱挑剔的（fastidious）、精确的（precise）、细致的（scrupulous）、彻底的（thorough）

可能的成因：

完美主义者
由一丝不苟的父母在严格的环境中抚养长大
心理疾病（强迫症、厌食症等）
恐惧症（害怕细菌、害怕失败等）

对自己和他人高标准
害怕让别人失望，或因为没达到特定目标而遭到惩罚
急需肯定

相关的行为：

对一个项目最小的细节也十分关注
认真对待自己的责任
总是全力以赴
对工作充满骄傲
着魔似的清扫和整理
精细化管理别人
在脑海中一遍一遍地过细节，找可能错过的地方
如果别人不致力于相同的标准会表达恼火
检查别人工作的质量
保持整洁的外表
因为想把事情做得恰到好处而变得低效率
提前规划
做清单
很容易因为改变或意想不到的情况而沮丧
重复确认保证一项任务正确完成

不停地微调或摆弄
喜欢独处
难以跟别人共事
高期待
即便别人不想要或不需要，也会提供指导和建议
在别人觉得单调的工作或角色里也能茁壮成长
在重复和结构中找到慰藉
善于组织活动，管理项目
记忆力良好
跟进和登记
对某个领域的最新消息或研究能保持更新
完美主义
更喜欢在截止日期前完成工作
记录精炼而完整的日记
在压力下茁壮成长

Meticulous

相关的想法：
"这个不错，但可以更好。"
"这里还需要做什么？"
"我应该确认每个人都知道自己该做什么。"
"为什么我必须要跟这些人工作？他们只想社交。"

相关的情绪：
恼怒、果决、沮丧、不耐烦、满足、自命不凡

积极的方面：
一丝不苟的人物在自己做的任何事情上都力求达到一定的标准。他们达到这一标准的决心，常常转化为强烈的职业道德。这些人物是可靠的，他们抗拒改变的性格也使得他们相当容易被预测。他们善于规划，重视细节，哪怕受到挫折也会从头到尾投入到项目之中。

消极的方面：
尽管他们对项目的专注令人钦佩，但也会太耗费精力，以至于忽视了其他生活领域。他们给自己和别人设定的标杆会太高导致不符合实际。他们中的许多人会期待别人也和他们一样事无巨细，如果周围的人没有达到预期，他们会表达出沮丧或鄙视。这一点，再加上他们想要微观管理和对他人工作质量的不放心，会让他们难以成为团队的一分子。

电视中的例子：
《天生冤家》（The Odd Couple）中的费利克斯·昂加尔是一个臭名昭著的洁癖怪胎和强迫性打扫爱好者。他在其他领域也一丝不苟，比如做饭、个人卫生和守时。他事无巨细地照顾孩子和前妻，爱他们爱得太强烈而让他们感到窒息。他离婚后，因为想照顾他人而搬进了邋遢的朋友奥斯卡的家。电影和电视中的其他例子：《好人寥寥》中的杰瑟普上校、《神探阿蒙》（Monk）中的阿德里安·蒙克。

配角身上可能会（与主人公）造成冲突的特质：
无组织纪律的、随和的、铺张浪费的、古怪的、健忘的、冲动的、怪诞的

对于一丝不苟的人物来说，有挑战性的场景：
和一个邋遢的室友居住
和一个靠直觉行事的同事合作一个项目
不得不住在不干净的宾馆
没法在很长一段时间里洗澡或换衣服
不得不听命于一个粗心的项目经理

异想天开的

定义：
别出心裁地率性而为；带着滑稽或富有想象力的冲动

类别：
身份、互动

类似的特质：
爱幻想的（fanciful）、自由自在的（free-spirited）、新奇有趣的（quaint）

可能的成因：
在充满艺术性或创造力的环境中长大
父母鼓励突破条条框框和规则，进行探索和表达
崇尚自由精神
很爱开玩笑，热爱玩乐
好奇心强

相关的行为：
欣然接受独特且常常很滑稽的观点
感到不受规则和社会的约束
难以预料
幸福
寻找新鲜不同的体验
鼓励别人探索他们自己的乐趣
有很强的幽默感
率性而为
耀眼
在大多数人忽视的地方看到美
试图颠覆常规
为了好玩，违反小的规则或打破常规
放声大笑
问一些不寻常的问题："你认为调皮小精灵和地精有关系吗？"
为了引人发笑而表达有趣的想法
富有想象力
就稀奇古怪的或不可能的事情做白日梦
展现聪明
很了解自己的心情和情绪
有一种有趣和充满活力的态度
傻里傻气
拥抱创造力
随机选择，看会发生什么
跟朋友逗乐
喜欢幻想和讲故事
用非线性的方式思考
拥抱住在内心的"小孩"
在线上或线下加入幻想类角色扮演团体
享受惊喜和出乎意料的结果
有不同寻常的视角
渴望盛装打扮和角色扮演
欣赏不寻常的事物
对奇怪或晦涩的音乐和艺术感兴趣
用古怪或不同寻常的方式表达自己
为了表达自己的情绪而做鬼脸
冲动
不在乎别人怎么想
想出疯狂或不寻常的点子并付诸行动

Whimsical

相关的想法：
"那座山丘真大！我应该从上面滚下来，看看我到底能多晕。"
"所以，如果精灵摩擦神灯会发生什么？他也能获得三个愿望吗？"
"贾妮的妈妈看上去像只独角兽。你知道吧，没有角的那种。嘿，我应该跟她说！"
"我觉得我从现在开始只穿绿色的衣服，看看别人得多长时间才能发现。"

相关的情绪：
惊奇、期待、好奇、渴望、幸福、满足

积极的方面：
异想天开的人物总让事情变得有趣。他们不落俗套地、开放地对待生活的方式，能激励别人也放宽心、开怀大笑，拥抱他们内心的"小孩"。异想天开的人物有很强的幽默感，享受幻想和乐趣，他们拥抱想象力，能够用温和的玩闹缓解古板严肃的场合。

消极的方面：
这些人物的轻率，令他看起来不负责任，容易给别人造成麻烦。当他们追逐乐趣的时候，他们可能不会出现在需要他们的人身边，这令他们之间的关系变得脆弱。在严肃和稳定是更好的选择的情况下，有些人可能会对这些人物的不切实际和率性而为感到沮丧。

电影中的例子：
《音乐之声》中的玛丽亚小姐是个刚刚当修女的年轻女性，一点也没有修女样。她把丑陋的窗帘改装成玩耍的衣服，在山顶跳舞，在骑车穿越瑞士的时候自创歌曲。她天性无忧无虑、率性而为，这种特质对一开始是家庭女教师、后面是七个孩子妈妈的她很有帮助。文学中的其他例子：《纳尼亚传奇：狮子、女巫和魔衣橱》中的露西·佩文西、《绿山墙的安妮》中的安妮·雪莉。

配角身上可能会（与主人公）造成冲突的特质：
善于分析的、谨慎的、控制欲强的、爱挑剔的、无趣的

对于异想天开的人物来说，有挑战性的场景：
正在经历失去或失败，尤其是在非常努力去实现目标的情况下
生活在管教森严的环境中（女修道院、天主教寄宿学校等）
跟严肃古板的人闲聊
被指派一项需要遵守指导方针和集中精力思考的任务
想变得职业，但是又难以招架严格刻板的要求

勇敢的

定义：
尽管害怕，但面对反对、危险或困境时，仍拥有心理和道德上的韧性

类别：
成就、互动、道德

类似的特质：
有勇气的（brave）、吓不倒的（dauntless）、英勇的（heroic）、勇猛的（valiant）

可能的成因：
向榜样看齐，通过达到他们的道德标准，并（或者）做出牺牲的方式
相信人要秉持正义绝不害怕
想要保护他人免受伤害和痛苦
有极高的道德准则
相信人可以改变世界，未来由一个人的行动决定

相关的行为：
做正确的事，而不是容易的事
勇敢面对危险、不确定和困难
为他人站出来
自信
为那些无法为自己站出来的人站出来
如果需要领导会站出来
面对恐惧实现目标
明白自己的短处
展现力量时忍受痛苦或折磨
关键时刻说出真相
其他人保持沉默时站出来说话
直面未知
同情和理解别人
让自己置身危险，以保他人安全
追随信仰，哪怕前路危险
根据自己的信仰生活
有强烈的目标
相信正义和平等
有决心
如果需要，可以集中心力
体力好，毅力强
为自己的行动负责
愿意走出自己的舒适区
愿意给别人第二次机会，也为自己争取第二次机会
不被拒绝或失败打倒
有坚定的信念
知道什么时候该说话，什么时候该闭嘴
能控制自己的情绪
把他人放在自己前面
聚焦在最终目标，不被旁枝末节干扰
知道自己相信什么，不允许别人动摇自己的信念
有韧性；即便多次失败，仍不断尝试

相关的想法：
"乔恩会深受打击的。但是这个消息应该我来说，而不是陌生人。"
"爸爸妈妈可能会失望，但这是我需要做的。"

Courageous

"布卢姆夫人把我和马克区别对待。我得跟她谈谈。"
"这不太安全,里克的妹妹还在里面,得有人把她弄出来。"
"那个孩子在水流中挣扎。我需要现在就出去!"

相关的情绪:
果决、内疚、听任、沉痛、警惕、担忧

积极的方面:
勇敢的人物在任何环境下都会补全缺少的东西。在反思或道德考量之后,他们会站出来,不畏艰险,因为他们知道这么做是正义的。展现勇气的人,其内在都有着核心力量,以及强烈的道德准则。如果必要,他们愿意把他人的福祉放在首位。他们会害怕,但不被害怕俘虏,也不允许害怕影响自己的决定。勇敢的人物会以身作则,哪怕他们不适合当前的任务。其他人会受到他们的感召,也展现出勇气。

消极的方面:
勇气尽管值得嘉奖,但不总是明智。拥有此特质的人物有时候看不到选择和行为的长期影响,只能看到当下的情境。当需要思考最佳策略或方案的时候,勇敢的人物会冲动,感情用事,让行动欲望压倒了智慧。

文学中的例子:
《魔戒》三部曲中的霍比特人佛罗多,很不适合执行对抗强大而致命的敌人的危险任务。但是他愿意承担这一重任,树立了勇气的榜样。尽管缺少人类的力量、矮人族的战斗训练和巫师的魔法,佛罗多还是到达末日火山,在至尊魔戒将中土送入黑暗之前摧毁了它。他的勇气和力量来自内心,尽管他也害怕,但最终仍拯救了世界。文学和电影中的其他例子:哈利·波特、《光辉岁月》中的赫尔曼·布恩。

配角身上可能会(与主人公)造成冲突的特质:
轻信的、善于操控的、鲁莽的、自毁的、自私的、胆怯的、暴力的、意志薄弱的

对于勇敢的人物来说,有挑战性的场景:
面对过去曾失败的情形
面对某种恐惧症
必须在正确的事和讨人喜欢的事之间选择
面临事关他人生死的决定
在满是困难、不利因素和造成巨大个人损失的情况下,展现勇气

友好的

定义：
展现友谊；以适合朋友的方式行事

类别：
互动、道德

类似的特质：
和蔼可亲的（affable）、温厚的（amicable）、友善的（congenial）

可能的成因：

在充满爱和支持的环境中生活
喜欢与人相处和互动
自信
从交流和关系中获取能量

由具备社区理念和关爱的父母抚养长大
社交技巧强
相信和平与善意
渴望别人接受自己；想要融入

相关的行为：

和人打招呼
微笑
在他人旁边感到自在
慷慨
通过问问题来促进谈话
公平和尊重地对待人
值得信任，愿意相信别人
很轻松就能与人闲聊，即便是陌生人
表现出欢迎、敞开的身体姿势
积极的态度
令他人安心
礼貌
用积极的口吻谈论事情
花时间在别人身上
考虑周到（为女主人带礼物等）
在团队中体贴周到，确保每个人都玩得开心
赞美别人
合作

不论情形好坏都会寄予支持
对新的关系持开放态度
语气温和
说话时精力充沛、兴趣盎然
花时间了解一个人的兴趣爱好
平易近人，易于交谈或信任
表现出好客
好邻居
遵守承诺，履行诺言
邀请别人与自己的家人见面，或来家里做客
付出比索取更多
尝试新事物，尤其是为了支持朋友（攀岩等）
别人需要时伸出援手
尊重他人的独立性
不挑刺
欣赏别人
不把自己的包袱扔给别人

Friendly

相关的想法：
"感觉要等很久。我跟排我后面的人聊聊天打发时间吧。"
"那个女孩一个人在桌边。我去跟她一块吃午饭吧。"
"我等不及要跟舞蹈课上的女孩们碰面了。"
"比尔对车十分了解。我要问问他哪个型号最好。"

相关的情绪：
好奇、感谢、幸福、爱、和平、满足

积极的方面：
友好的人物是善良、周到、尊重和开放的，天然吸引他人。不论是一对一还是在群体里，他们都能让周围的人感到融入和亲切。友好的人物十分擅长社交，真正地关心别人的感受，激励周围的人成为最好的自己。

消极的方面：
友好的人物天生乐于助人，会成为爱操纵的人、别有用心的人和掠夺者利用的对象。有些朋友也可能太依赖他们，自己所有的问题都咨询他们。这不仅会造成沮丧和闷闷不乐，还可能导致友好的人自己的需求得不到满足。

文学中的例子：
《哈利·波特》系列中的阿瑟·韦斯莱和蔼而且周到。他通过提问展现对别人的兴趣，善良、关心人且友好的天性让他与魔法世界里的大多数人都和睦相处。值得信赖、乐于助人的阿瑟向需要的人伸出援手，成为哈利义父一样的角色。电影中的其他例子：《圣诞精灵》中的巴迪、《魔法奇缘》中的吉赛尔、《长大》中的乔希·巴斯金。

配角身上可能会（与主人公）造成冲突的特质：
伤人感情的、控制欲强的、残忍的、漫不经心的、不知变通的、善于操控的、病态的、执意强求的

对友好的人物来说，有挑战性的场景：
陷入道德冲突之中，不得不在友谊和正义之间选择
超强的竞争心理
拥有一段不断变糟的友谊（因为不公、嫉妒等）
需要把友谊放在一边，以便领导他人，做出决定，或者表现出处事老练的一面

有创造力的

定义：
有能力或意向创造新事物

类别：
成就、身份

类似的特质：
有艺术天赋的（artistic）

可能的成因：
父母善于培养且有创造力
想要留下印记或者给后世留下一些东西
强烈的好奇心
需要在情感上与他人产生连接
情感上很敏感
有天赋
住在有创造力的社区
发现了一处空白，想填补它
用非传统的方式去看见和欣赏美
想要变得独特且有个性

相关的行为：
古怪
在人们司空见惯的事物中发现美
非常有想象力
能在自己做的每件事中找到独特之处
有强烈的社会良知
善于表达
有创造性地解决问题
想知道人们的故事，是什么成就了现在的他们
当涉及自己的领域时会自律
坚持不懈，专注于一个项目，直到完成目标
喜欢悦耳的声音，如音乐
能体验到强烈（有时候甚至疯狂）的情感
适应力强
有冒险精神；想体验不同的事物
不由自主
如果他人没法与自己的创造性作品产生深刻的连接，创作者会陷入自我怀疑
有很强的直觉和共情能力
对神秘和未知的事物充满兴趣
有了新想法后变得激动
沉迷于最新的创造性项目
变得越来越安静，或者看上去陷入沉思
注意力非常集中
如果跟他人分享作品但他人不感兴趣，会觉得受伤
忘记了其他细节（放鸽子、饮食不规律等）
有实验精神
陷入白日梦
用比喻思考问题
想唤起他人的情感反应
不使用某种艺术媒介（绘画、写作等）的话，会难以表达自己
看待事物的方式是，它们本该如何，而不是现在如何
对待失败有健康的态度
有创意地打扮自己的外表（通过衣服选择、发型等）

Creative

相关的想法：
"看看那个老乞丐——在他满是皱纹的脸上充满了力量和美。"
"在阳光的照耀下，她的红头发是那么明亮，像是凤凰涅槃。"
"风吹散枯叶的声音是多么悦耳。"
"他们给狗起名叫'小黑'？他们就不能想个有创意的名字吗？"

相关的情绪：
好奇、渴望、果决、热切、激动、平和

积极的方面：
有创造力的人物通常跟大多数人看待世界的方式有些许不一样，他们几乎总是可以提供新鲜的视角。创造的力量来之不易，所以寻求创造力的人常常有决心、刻苦且驱动力强。这些人物都有长远的视角，使他们能够在批评、泄气和拒绝中工作。

消极的方面：
因为有创造力的人物过分关注自己的才华，可能会与现实脱节。这会导致他们在社交场合不自在或没有安全感。他们对灵感的关注让他们脱离日常实际事物，比如打扫房间、支付账单、购买杂货等。他们可能会过分关注创造的需求，从而忽视了重要的关系，导致自己被孤立。创造之路也充满了反对者，令一些有创造力的人物变得负面和倦怠，引发自我怀疑，从而导致抑郁。

历史中的例子：
历史上最著名的艺术家之一米开朗琪罗（Michelangelo），是文艺复兴期间成就斐然的意大利雕刻家、画家和建筑师。尽管非常聪慧，他还是放弃成为学者，决心学习艺术。他凭借对创造的热情，为佛罗伦萨大教堂雕刻了大卫，绘制了西斯廷教堂的天花板。历史中的其他例子：帕布罗·毕加索（Pablo Picasso）、沃尔夫冈·阿马多伊斯·莫扎特（Wolfgang Amadeus Mozart）、威廉·莎士比亚（William Shakespeare）。

配角身上可能会（与主人公）造成冲突的特质：
善于分析的、冷酷的、高效的、傲慢的、伪善的、懒惰的、完美主义的、规规矩矩的

对于有创造力的人物来说，有挑战性的场景：
遇到影响了技能的障碍（如丧失视力）
在违反了文化常态的事情中找到美，并想分享它
在艺术被视为轻浮或浪费时间的文化环境中生活
承受了很重大的责任，导致没时间或精力去创造
活在某个才能超过自己的人的阴影之下
认识把自己的才能视为理所当然的人

有道德的

定义：
具有高尚的品德；对他人有积极影响

类别：
身份、互动、道德

类似的特质：
贞洁的（chaste）、纯粹的（pure）、无瑕的（unblemished）、品德高尚的（virtuous）

可能的成因：
不被世俗的事物干扰
渴望保持纯洁或天真
天性纯真，不被令别人感到负面的事情所影响
在宗教环境中长大

相关的行为：
打扮得体
心态轻松
不参与看起来不正确的活动（比如饮酒、骂人）
不接触不道德的活动或对其保持无知
婚前保持处子之身
做明智的决定
意志力强，能够抵挡住诱惑
对重要的事情保持专注，避免分心
不理解邪恶或不服从的人
友好，善良，外向
觉得自己做出的选择是正义的
珍视自己的天真与纯洁
忠于一夫一妻制
接受人们本来的样子，不做评判
重视家庭
（通过以身作则）这种被动的方式影响同龄人，助他们做出更好的选择
公开鼓励朋友做正确的事
展现良好的举止
微笑、大笑
乐观
看到人们的善良之处
想帮助别人
对爱人有高标准和特定的期待
相信性别分工，保护女人是男人的义务
响应更崇高的召唤，从事需要倾注一生去服务与保持纯洁的职业（比如成为一名修女）
渴望把自己的道德信念传递给他人
为失去方向的人提供咨询
简单地看待问题，不把问题复杂化
尊重权威
遵守规则
负责任
信任他人
行为符合伦理
展现出自我控制，不过分沉溺
采用长远眼光做决定；记住后果
顺从，出于取悦的目的而拥抱积极向上的生活方式

Wholesome

相关的想法：
"这是好决定吗？"
"别人会怎么想？"
"如果万达做了这件事，对她没好处。我应该阻止她。"
"南希的朋友正走在邪路上。我不想她跟他们鬼混。"

相关的情绪：
自信、好奇、幸福、漠不关心、爱、满足、自命不凡、不确定、担忧

积极的方面：
有道德的人物不冲动。他们在做决定之前会认真思考，并总是致力于做正确的事。他们的行为常常对他人有积极的影响，鼓励同伴做出更好的决定。因为他们是基于道德准则做决定的，因此常常也具备其他让人欣羡的品质，如善良、慷慨、诚实和尊敬他人。

消极的方面：
虽然父母、老师以及其他权威人士把有道德视为优点，但是拥有这一特质的人物可能不被同龄人喜欢。有些人会认为他们自视正义或者充满虚伪，进而引发一些愤世嫉俗者试图证明他们不像人们想的那样有德行。这种严格的审视会给有道德的人物造成压力，迫使他们总是得做出正义的选择，永远不能失去尊重。这会让他们无法在公开场合做自己的同时，导致隐藏的恶习或羞愧。

流行文化中的例子：
大萧条时期，美国人在秀兰·邓波儿（Shirley Temple）这个唱歌、跳舞、留着卷发的小女孩身上找到了精神恢复的逃避所。她在电影中扮演的健康向上的、可爱的人物鼓励处在黑暗时刻的人们要充满希望和乐观，她很快成为美国人的甜心。电视中的其他例子：《华生一家》中的约翰·华生、《天才小麻烦》（*Leave It to Beaver*）中的克利弗一家、《罗杰斯先生的邻居》（*Mister. Rogers' Neighborhood*）中的罗杰斯先生。

配角身上可能会（与主人公）造成冲突的特质：
成瘾的、狡诈的、邪恶的、冲动的、病态的、滥交的、执意强求的、反叛的、卑劣的、无拘无束的

对于有道德的人物来说，有挑战性的场景：
生活在有道德的决定被责备，而非受赞扬的社会中
受到诱惑，沉溺于不道德的活动中
对什么有道德、什么无道德产生困惑
尽管自己的行为是有道德的，但对同龄人产生了负面影响
让别人尽其所能摧毁自己的名誉

有精神信仰的

定义：
关注更高层面的自己；对宗教或神圣事物感兴趣

类别：
身份、互动、道德

类似的特质：
虔诚的（pious）、宗教的（religious）、恭敬的（reverent）

可能的成因：
在宗教环境中长大
经历过濒死体验，对生死有了新认识
对生活中得到的福气充满感恩

有重要的宗教经历
信奉谦逊理念，认为有很多事物比自己更重要

相关的行为：
把自己的成就归功于上帝、宇宙或其他出处
在做重要决定前向神灵祈祷或寻求精神上的忠告
崇尚自然，尊重所有生命
相信万物有灵
研读圣书（古兰经、圣经、吠陀经等）中的段落
使自己的道德准则与精神信仰体系相一致，并据此行事
参加基督教礼拜堂、犹太教堂、神祠等宗教场所的活动
与同信仰的人有共鸣
传教
祈祷或冥思
相信奇迹与征兆
学习关于世界、生命和看不见的事物的知识
接受别人传下来的观念或信仰
有深刻信仰，即便这么做违反常识
向更了解宗教知识的人学习
参加神圣的仪式
穿与所信宗教有关的特定衣物
做慈善工作

通过节食、梦境探索、徒步旅行等活动寻求精神启迪
根据自己的精神信仰抚养孩子
服从信仰，戒除性爱、酒精、肉食等特定事物
如果没有达到精神理想状态，会感到愧疚
相信有来生
相信终有事物比自己更伟大
对精神问题思考深刻
对于无法解释的事物保持开放的心态
努力提高自己
捐出自己的金钱、时间和资源
把自己奉献于服务他人，而不是服务自己
向实现精神上的终极目标前进（开悟、进入来生等）
依靠宗教或宗教的某一部分来拯救自己的灵魂
沉浸于自然
用（神的）慈悲姿态对待悲剧
寻求自我实现
原谅他人

Spiritual

相关的想法：
"在这种情况下，正确的做法是什么？"
"我怎样才能服务别人？"
"在蓝图大业前，我太渺小了。"
"对我来说，这样对吗？我是不是走在正确的道路上？要是有神迹指导就好了。"

相关的情绪：
爱慕、期待、蔑视、渴望、果决、惧怕、感谢、内疚、幸福、爱、平和、担忧

积极的方面：
有精神信仰的人物是忠诚的，常常以很高的道德标准要求自己。在面对批评和质疑的时候，他们依旧忠于信仰。他们对外界的关注令他们对悲剧和挫折有不同的态度，能从负面体验中学习，进而成长。

消极的方面：
有些人物可能太专注于自己的精神信仰而脱离了现实生活，在现代文明中变得边缘。他们对坚持自己认为正确的东西的执着，也会使他们变得吹毛求疵，当别人没有达到精神品格的标准时，会被他们否定。没有精神信仰的人可能难以理解他们，认为他们容易受骗或懦弱。

历史中的例子：
加尔各答的特雷莎修女（Mother Teresa）无私地将生命和所有资源奉献给上帝，并将上帝之爱传递给最穷困的人。她非常虔诚，胸怀大爱，服务穷人69年，不在乎自己的需求。特蕾莎修女全身心为他人服务的奉献精神，令她于1979年因"为了上帝的荣耀，以穷人的名义"获得了诺贝尔和平奖。文学、电影和电视中的其他例子：《星球大战》系列中的绝地武士、《捍卫游侠》（Quigley Down Under，1990）中的土著人、系列剧集《功夫》（Kung Fu）中的虔官昌。

配角身上可能会（与主人公）造成冲突的特质：
控制欲强的、残忍的、邪恶的、不容忍的、自私的、自毁的、不合道德的、暴力的

对于有精神信仰的人物来说，有挑战性的场景：
自己的精神信仰与社会规范相抵触
为了实现目标必须得违反信仰
有导致难以遵守信仰的痼疾（贪婪、懒惰等）
家庭成员或密友反对自己的精神信仰
某个家庭成员皈依其他信仰

有趣的

定义：
滑稽的；引发逗趣和欢笑

类别：
身份、互动

类似的特质：
发笑的（amusing）、滑稽的（comical）、娱乐的（entertaining）、幽默的（humorous）、快活的（jovial）

可能的成因：
在一个需要逗乐弟弟妹妹的家庭中长大
想要提供欢乐，让人们笑，或想成为聚光灯下的焦点
对生活有古怪而幽默的看法
接触过喜剧演员和艺能人
在一个充满欢笑的环境中长大
需要别人注意和肯定

相关的行为：
妙语连珠的反击和发言
说笑话逗人笑
用滑稽的方式观察生活的荒诞
用好笑的声音或口音说话
使用滑稽的面部表情
对时间点的把控炉火纯青
即兴思考
喜欢出其不意
擅长说故事
润色故事让它们更有趣
能够自嘲
故意装疯卖傻
在严肃的场合说笑，缓解紧张局势
滑稽且让人喜欢的尴尬
喜欢玩巧妙的文字游戏
喜欢挖苦讽刺："好了，她永远也赢不了平衡木比赛的金牌了。"
古怪
注意到别人忽略的事情
用有趣且不合适的方式使用某个物品
在社交场合吸引群体目光
使用幽默团结大家，鼓舞士气
使用有趣的挖苦，而不是针对个人或伤人的那种
擅长利用普遍有趣的话题（屎尿屁幽默、愚蠢的刻板印象等）
鼓励别人加入和补充正在进行的幽默
把意想不到的东西运用到日常的老生常谈之中："想让我们感觉就像回到自己家一样？好的……那我就脱裤子喽！"
故意犯错
喜欢好的恶作剧
淘气
自信
欣赏并指出反讽之处
故意暂停
率性而为
拿个人灾难和状况逗趣
在某个事情过火之前知道什么时候暂停
很擅长社交
对人有很好的直觉（知道他们可能觉得什么是有趣或冒犯等）
有自己的幽默方式，不抄袭别人的幽默
注意肢体语言来判定对笑话的反应

Funny

相关的想法：
"这哥们儿的餐桌礼仪是从哪学的？看《幸存者》(Survivors)学的吗？"
"兄弟，真要穿白色西装吗？我现在就想看到一辆车冲过水坑。"
"你知道什么东西好玩吗？一个有小丑恐惧症的小丑。"
"大家都太严肃了。放个屁会活跃一下气氛。"

相关的情绪：
愉悦、好奇、幸福

积极的方面：
因为每个人都喜欢好玩的笑话，幽默感强的人物常常不缺朋友。如果生活太严肃，或者想宣泄一下，找个有趣的人便能放松下来且共度一段美好时光。人们通常都会赞赏幽默，所以有时候有趣的人物也会用玩笑让自己从严肃的场合中解脱出来，逃避不想要的后果。

消极的方面：
有些有趣的人物可能不知道什么时候该停止搞笑；这可能会给人造成他们把什么都不当一回事的印象。有趣的人物如果做得太过火，会引起别人的愤怒和尴尬，造成关系出现嫌隙。此外，朋友和潜在的爱人可能会无法靠近这些人物，他们会想幽默是否是有趣的人物伪装自己真实自我的面具。

电视中的例子：
杰里·宋飞（Jerry Seinfeld）起初是脱口秀演员，在晚间电视登场，用其招牌式独特幽默模仿约翰尼·卡森（Johnny Carson）、戴维·莱特曼（David Letterman）等喜剧演员，然后他将幽默注入《宋飞正传》(Seinfeld)。该系列情景喜剧在商业上取得成功，成为流行文化现象。宋飞式幽默，比如"贤者之王"、吧啦吧啦吧啦、礼物转送、Festivus、值得用避孕海绵的约会对象，至今被人引用。流行文化中的其他例子：理查德·普赖尔（Richard Pryor）、艾伦·德杰尼勒斯（Ellen DeGeneres）、露西尔·鲍尔（Lucille Ball）、埃迪·莫菲（Eddie Murphy）、克里斯·洛克（Chris Rock）。

配角身上可能会（与主人公）造成冲突的特质：
戒备的、专注的、傲慢的、无趣的、没有安全感的、可预测的、规规矩矩的、执意强求的、好学的

对于有趣的人物来说，有挑战性的场景：
在一个严肃的人手下干活（评估员工晋升的老板等）
面对个人悲剧，或者看别人在经历悲剧
与另一个更有趣的、能获得更大笑声的人搭档
生活在一种幽默被视为不恰当、冒犯且不好玩的文化中
属于一个人的行动会受到严密审查的家庭（政治家庭、王室等）

有说服力的

定义：
能够通过论辩、恳求、劝告或抗议影响别人

类别：
成就、身份、互动

类似的特质：
不可抗拒的（compelling）、令人信服的（convincing）、雄辩的（eloquent）、有影响力的（influential）

可能的成因：
天然具有个人魅力
对某个主题非常热衷
自信
想启迪或教育他人
有读懂他人、影响他人的能力
知道如何用最吸引人的方式说话、写作或描述问题

相关的行为：
表现出魅力
赢得别人信任
本能地知道该怎么说话
密切注意到别人
是一位有魅力的演讲者
积极地倾听
善于读解他人
根据受众的需要，仔细地调整自己的方式
自信
享有"懂行"的声誉
富有激情
为了获取同情而展现脆弱之处
用结果劝服他人，言出必行
知道人们关心什么，并准备好答案
极度投身自己的事业
处事圆通
专注于最终结果
理解他人，寻找共同点
忠于信仰
用不同方式说同一件事
使用不同的手段劝说不同类型的人
用权威和自信的方式说话和行动
像陈述事实一样诉说观点
面对反对也能保持冷静
表达对他人的同理心
用幽默让别人放下戒备且放松下来
预见到反对意见，并提供能解决问题的方案
把反对意见视为赢取别人支持的机会
技巧熟练的辩论者
把自己的缺点说得像是优点一样
研究说服的技巧
感谢别人的倾听和参与
尊重他人
认真对待每个问题
承诺跟进或研究自己尚且无法解决的领域
鼓励人们保持开放的心态
通过自己的知识而非引用简历来证明自己的资质

Persuasive

相关的想法：
"我怎么才能赢得这个人的支持？"
"对待这个团体最好的方式是什么？"
"我是对的；现在我只需要说服别人就行。"
"我如果强调积极面，就能让他们忘掉消极面。"

相关的情绪：
自信、果决、激动

积极的方面：
有说服力的人物充满激情。往往是他们的热忱与投入，以及他们的雄辩，吸引人们紧随其后。拥有说服天赋的人物充满感召力和魅力，能吸引别人。他们的成功常常源于他们能够读懂他人、理解不同群体。拥有这一特质的人物能够带来改变，为他们所在的社区乃至世界贡献一份力。

消极的方面：
有说服力的人物充满魅力。由于他们善于读懂别人，他们便很容易操纵别人，说他人想听的话，假装关心以便赢得他们的支持。因为他们充满激情，相信自己是正义的，如果人们不按照他们的思维方式行事，会使他们变得沮丧或生气。

历史中的例子：
形容温斯顿·丘吉尔（Winston Churchill）的辞藻很多，但多数人都同意，"有说服力"这个词来形容他是非常恰当的。他精于修辞学与公共演说。其演讲激励人、鼓舞人，是精心设计的说服武器，赢得了冷淡的英国议会，鼓励他的人民即便处在失败中也永远不要放弃希望。时至今日，丘吉尔仍然是说服型演讲的大师，其技巧被那些希望鼓舞和激励他人的人学习。文学和电影中的其他例子：夏洛克·福尔摩斯、《蝙蝠侠：黑暗骑士》（*The Dark Knight*, 2008）中的哈维·登特、《被解救的姜戈》（*Django Unchained*, 2012）中的金·舒尔茨医生。

配角身上可能会（与主人公）造成冲突的特质：
对抗的、无礼的、不容忍的、炫耀的、卑劣的、固执的、胆怯的

对于有说服力的人物来说，有挑战性的场景：
不得不劝说别人做有违自己道德准则的事情
不得不选择用不道德的方式劝服自己的受众
面对非常敌对的受众
勉为其难地进行说服，善于影响他人，但不愿意承担领导他人的角色

有条理的

定义：
处理事情时有序、有系统

类别：
成就

类似的特质：
有条不紊的（methodical）、有序的（orderly）、条理分明的（structured）、系统性的（systematic）

可能的成因：
对效率的需求
对遇事容易感到不知所措的一种弥补
非常负责，不想让别人失望
在非常有组织的环境中长大
有强迫症和类似疾病

相关的行为：
提前规划好事情
注重细节
保持工作空间整洁
用系统性的方法管理项目或日程
经常检查邮件和信息
有良好的时间管理能力
与同事清晰而且频繁地沟通
与他人过于频繁地沟通
会预计到挫折和困难
微观管理别人
分配任务给别人
制作清单
知道自己的能力并做相应安排
提前或准时抵达目的地
遵守日程安排
在日历上记录重要事件（生日、纪念日、假日等）
什么东西都有相应的地方收纳
如果别人把东西放错地方会表达失望
期待别人也能干净整洁
沉迷于收拾和整理东西
有多个待办清单
花钱买组织化工具（软件、垃圾桶、收纳箱、分类工具等）
看到东西杂乱会很焦虑
即便是难以整理的东西和地方（待归档的文件、地下室、阁楼等）也会整理
当事物运行顺畅的时候，会注意到且感到满足
按顺序、按步骤思考问题
从检查清单条目中获得满足
努力组织无秩序的活动和聚会
非常在意时间
不停地检查邮件和手机信息
如果问题没有得到及时解答会不耐烦

相关的想法：
"我需要为这个东西建立体系。"
"为什么人们就不能把东西放在该放的地方呢？"
"啊啊啊啊……收纳箱专卖店。地球上我最爱的地方。"
"是时候划掉待办清单上的一些事项了！"

Organized

相关的情绪：
恼怒、平和、骄傲、满足

积极的方面：
有条理的人物擅长让事物顺畅地运行。他们非常在意细节，会提前规划好计划，什么事情都不会遗漏。他们喜欢被人仰仗，如果让人失望会觉得自己也有责任。他们工作勤奋，埋头苦干，每天重要的细节都能顾及，因此别人可以不那么有条理。有鉴于此，他们是很好的配角。

消极的方面：
有条理的人物会过于关注细节，导致不顾主次，缺乏全局意识。他们需要秩序，难以在杂乱的环境中专注，在不那么理想的环境中效率不高。跟不怎么有条理的人，或者整理事物方式不同的人在一起工作，对他们来说也存在困难。

电影中的例子：
在《大逃亡》(*The Great Escape*，1963）中，皇家空军中队长罗杰·巴特利特是一个雄心勃勃的大逃亡计划背后的组织天才。该计划发生在斯塔姆格拉格·卢夫 3 号（Stalag Luft III）战俘营，它是有史以来安全等级最高的战俘营之一。巴特利特又被称为"大 X"，决心实施历史上最伟大的战俘越狱。在团队的帮助下，他偷偷摸摸地安排人挖了多条隧道，搬运了大量泥土，为两百人制造了平民的衣服和伪造了文件，一切都在守卫的眼皮底下干的。电影中的其他例子：《辛德勒名单》中的伊扎克·斯特恩、《拜见岳父大人》(*Meet the Parents*，2000）中的杰克·伯恩斯、《真爱同心》(*Stepmom*，1998）中的杰姬·哈里森。

配角身上可能会（与主人公）造成冲突的特质：
有艺术天赋的、无组织纪律的、随和的、古怪的、愚蠢的、健忘的、冲动的

对于有条理的人物来说，有挑战性的场景：
与缺乏条理的人组队
必须在没有常用工具的情况下整理东西
生活在个人空间不受重视的环境中
因为太过投入，导致几乎不可能组织一切

在乎隐私的

定义：
有强烈的个人边界意识；更喜欢把事情放在心里

类别：
互动

可能的成因：
从小就没什么隐私（比如兄弟姐妹太多，与他人共同使用房间）
害怕被拒绝和伤害
过去曾受到创伤或虐待
在某种程度上，与世隔绝地长大（比如住在修道院）
秘密暴露，造成了尴尬或羞辱
信错了人，被他们伤害
暴露在人性的黑暗面之中，信息被滥用
与过度爱分享的人住在一起
害怕被人评判

相关的行为：
不提供个人信息
为了真正地独处会拉上窗帘、锁上房门
躲避问题，把谈话引向不那么私人的话题
恐惧和欲望，藏在心里
避免聚会和社区活动
是安静的邻居
不愿让别人进自己的家
删除自己的浏览器历史记录
遵守规则，避免引起别人的注意或被人当作怪胎
在社交场合保持轻松和有趣
隔绝
假装自己的兴趣很无聊，这样别人就不会问了
善于倾听
能注意到自己的周边环境和他人
很容易感到尴尬
如果别人问太多问题，或侵犯到个人边界，会变得不舒服
避免让自己陷入易被攻击的场合
很难开口叫别人帮忙
独立
享受孤独
一想到别人靠近自己就会变得焦虑
不告诉别人自己的休假计划
为避免社交活动而找借口
内向
措辞小心，说话前会思考
感到难为情
避免八卦和爱搬弄是非的人
尊重他人的隐私
不会问很多问题，以免无礼或冒犯他人
如果别人问隐私问题会觉得受到了拷问
住宾馆而不是住在别人家里

Private

相关的想法：
"为什么杰夫要问这么多问题？他听不懂别人的暗示吗？"
"我要告诉珍妮特我在饭馆见她，要不然她会开车来我家接我。"
"如果再有人问我过得怎么样，我就要崩溃了。"
"南希没经过米沙的同意就滑着看她手机里的照片。太没礼貌了吧！"

相关的情绪：
焦躁、焦虑、戒备、果决、恐惧、沮丧、不安全感、惶恐不安、妄想、后悔、不安

积极的方面：
在乎隐私的人物十分尊重他人及其个人边界。他们避免问太多问题，如果别人感到不舒服，他们天生能敏锐感知到。他们可以独立工作，专注于要做的事情，能轻松地将工作和个人生活分开。

消极的方面：
在乎隐私的人物难以分享个人信息，被问及的时候也常常不满。他们难以敞开心扉与他人建立有意义的关系。他们常常被误认为害羞，对待能够走进他们生活的人选也非常挑剔；等到他们能够信任某个人的时候，那个人可能已经转向更容易走进内心的人了。

电影中的例子：
在电影《高地人》中，罗素·纳什有理由重视隐私。作为不死之身，他已经秘密地在世界上游荡了450年，不停地更换新身份。由于无法揭示自己的真实身份，不愿看着身为凡人的妻子变老死去，他与别人隔绝，小心翼翼地只透露当下必须透露的信息。文学中的其他例子：《杀死一只知更鸟》中的博·拉德利、《与敌共眠》（*Sleeping with the Enemy*）中的劳拉·伯尼。

配角身上可能会（与主人公）造成冲突的特质：
苛刻的、外向的、友好的、慷慨的、八卦的、肯帮忙的、爱管闲事的、多疑的

对于在乎隐私的人物来说，有挑战性的场景：
不得不求助于人，尤其是陌生人
喜欢一个需要主动追求、引起他注意的人
在同事面前暴露自己的脆弱（比如生气的前男友来公司闹）
身处被迫与他人共享的场景（治疗、康复，等等）

镇静的，情绪稳定的

定义：	类别：
倾向于平静与安宁	互动

类似的特质：
从容的（composed）、平和的（peaceful）、温和的（placid）、不慌不忙的（sedate）、宁静的（serene）、平静的（tranquil）、沉着的（unruffled）

可能的成因：

与自己及世界和平共处	性格无趣
有一种强烈的归属感	想象力匮乏甚至没有
相信更崇高的权力与目标	讲求实际
依靠直觉	在重视情绪管理的环境中长大
天性随和	想要获得平和

相关的行为：

反应前先思考	举止放松
用温柔的声音和语气说话	不会被他人的负面态度击垮
用柔和的触碰和手势安抚他人	耐心与容忍
拥有出色的推理技能	以正面的态度回应："哦，别担心，我没有被冒犯。"
享受简单的快乐	
准确地阅读他人及其情绪	享受独处的消遣活动
不允许环境压得自己喘不过气	快速放下负面的东西
非常好地控制自己的情绪	用道歉化解危机，哪怕责任不在自己
积极乐观	从容不迫
有韧性	不采用迎头直击的方式处理多变的事态
是一个优秀的调解人或和事佬	微笑，看到事物的光明面
做出安全且可预测的选择	可预测性
善于判断他人的需求	抽时间做能够提升平静能力的活动（阅读、反思、冥想等）
共情力强，能站在别人的角度为他人着想	
通过同情和理解安慰别人	不害怕说"不"
虚心	不过度消耗自己
规避风险	会排列优先级
能轻松应对压力或改变	睡眠好

Calm

相关的想法：
"似乎要下雨了。我得取消远足，把姑娘们请来喝茶好了。"
"我喜欢这首歌。它总是能让我笑出来。"
"休死后，吉姆过得很难。我尽量不把吉姆说的针对我的话放心上。"
"我没赢，太糟了。但是之后的派对还是会很赞的。"

相关的情绪：
自信、感谢、平和

积极的方面：
镇静的人物不惹事端。他们可靠，说到做到，在任何情况下都能可靠地做出可预测的反应。所以，对那些爱惹事和冲动的人来说，他们是稳定剂。因为镇静的人物不被情绪左右，所以可以依靠他们做出可靠的抉择。他们从容的、平和的天性可以弥合快要分崩离析的团队。

消极的方面：
因为稳定和可靠的特性，镇静的人物或许是无聊的。他们如果过于自满和规避风险，可能会错失出人头地和实现自我成长的机会。他们总是有着做正确的事情的倾向，这种倾向可能会使他们不切实际且容易被人遗忘。

电视中的例子：
《星际旅行：原初》(*Star Trek: The Original*)中的斯波克，是星舰进取号飞船上的一名军官，以性格平稳镇静著称。他的瓦肯人血统使他能够在复杂事态中抛却情感成分，理性思考。不论是在危险还是纷争之中，斯波克都是领导团队的基石，在充满压力的时刻稳住他人，鼓励他们用逻辑代替情感。电影中的其他例子：《龙威小子》(*The Karate Kid*, 1984)中的宫城先生、《逃离德黑兰》中的托尼·门德斯、《老无所依》(*No Country for Old Men*, 2007)中的安东·奇格尔。

配角身上可能会（与主人公）造成冲突的特质：
爱冒险的、尖酸刻薄的、冲动的、唠叨的、鲁莽的、惹是生非的、干劲十足的、喜怒无常的

对于镇静的人物来说，有挑战性的场景：
与爱冒险的人陷入爱河
与过于抓马或对抗性强的人物搭档
面临生死之局面
处理恐惧症和恐惧之物的时候
生活在高压的环境中，镇定或自我满足可能会招来杀身之祸

忠诚的

定义：
坚定地献身*

类别：
互动、道德

类似的特质：
坚定的（committed）、献身的（dedicated）、挚爱的（devoted）、忠心的（faithful）、忠实的（staunch）、坚决的（steadfast）、真实的（true）

可能的成因：
在过去体验过忠诚并珍视它
在过去遭受过背叛，不想参与其中
爱
来自严格的军事或宗教背景，需要忠诚

相信自己所忠诚的对象比自己更重要
害怕惩罚
充满感激，并想表达自己的感激之情

相关的行为：
极端地热爱摇滚乐队、名人和体育明星等人物
劝服他人，想赢得更多粉丝
寻找与自己有共同爱好的人
滔滔不绝地谈论所忠诚的对象
努力让自己在所忠诚的对象面前更有存在感
不能容忍对自己所忠诚的对象的任何负面言论
对所忠诚对象的爱好和活动感兴趣
倾尽一切保护所忠诚的对象（忽视不端行为、为了掩盖而说谎等）
把所忠诚对象的需求和欲望置于自己之上
花很长时间在所忠诚对象身上
相信所忠诚对象最好的一面
为了实现所忠诚对象的梦想或目标而采取行动
驳斥或避开所有说自己所忠诚对象坏话的人

即使私下持不同意见，也会支持所忠诚的对象
鼓励别人也忠实于自己所忠诚的对象
只要能帮到所忠诚的对象，不论做不做出牺牲
长时间或长距离都能维持友谊
发展深厚的关系，而不是肤浅的
为了配合所忠诚对象的需要而改变自己的计划
对所忠诚的对象共情（哀悼、庆祝、担忧等）
对所忠诚对象的成就感到非常骄傲
寻找能够服务或帮助所忠诚对象的方式
想要得到所忠诚对象的认可或注意
调整谈话，以便所忠诚的对象可以被讨论
无法客观看待所忠诚的对象
为了配合所忠诚的对象而改变行程
经常是给予多于接受

---

* 一个人忠诚的对象可以是人、组织或理念。——作者注

Loyal

相关的想法：
"你怎么敢那样说她？"
"对我来说不方便，但如果她需要，我当然会做。"
"啊啊啊啊啊啊。我这周末能见到朱丽叶！"
"多米尼克当然喜欢棒球。我也应该试着喜欢棒球。"
"卢卡斯真伟大。我愿意追随他到天涯海角。"

相关的情绪：
爱慕、期盼、戒备、热切、感谢、幸福

积极的方面：
忠诚是受珍视的品质，所以拥有此特质的人物能够得到读者／观众的尊重。该特质所具备的奉献精神会让人物去做他们平常不会去做的事情，并提供一种推进情节发展的方法。忠诚的美妙之处在于可以和其他许多品质搭配使用，让你的人物拥有无限可能。

消极的方面：
盲目的忠诚会导致人物即使在不同意的情况下也会力挺他人。当真相岌岌可危的时候，这会损害他们的可信度。他们支持所忠诚对象的欲望，会导致他们牺牲掉自己的欲望、需求、理念和信仰。在极端的例子中，这些人物会变得痴迷，不健康，失去独立思考的能力。

文学的例子：
《魔戒》中的萨姆·甘姆齐有一个主导欲望：服务和保护佛罗多，哪怕意味着自己命悬一线，对抗阿拉贡、监视佛罗多本人，或者在佛罗多做不到的时候亲自承受魔戒的重担。他的忠诚根深蒂固，即便是需要牺牲和痛苦，萨姆依然忠贞不贰。文学和电影中的其他例子：《阿甘正传》中的阿甘、《心灵捕手》中的查基·沙利文、《哈利·波特》系列中的鲁伯·海格。

配角身上可能会（与主人公）造成冲突的特质：
反社会的、不忠诚的、古怪的、贪婪的、伪善的、犹豫不决的、自私的

对于忠诚的人物来说，有挑战性的场景：
对某个做了或说了违背自己道德信仰的人忠诚
对违反了自己需求或欲望的人或组织忠诚
体会到背叛
看着某个组织的核心原则和信仰变得不崇高
目睹自己忠诚的对象有腐败或恶毒的行为

专业的

定义：	类别：
展现出专业的知识，并用好它、用对它	成就、互动、道德

可能的成因：

拥有成功的、专注事业的父母	想成为领导者，有雄心
拥有高等教育背景	成熟
因自己的商业嗅觉、知识或技能获得价值	自信、高自尊
专注事业、专注成功	道德水准高

相关的行为：

善于团队合作	穿着得体
精通工作所需的教育和知识	知道什么场合做什么事
拥有某个特定领域的工作经验	承受压力的能力强
可靠、守信和诚实	能够排列优先级
善于和人打交道	礼貌
客观	履行承诺，能提供他人所需
在压力下也能好好工作	能够摒弃个人情感
语言能力强，能够清晰地表达自己	能处理好失望情绪，继续前进
适应性强	判断力强，尤其是在多变的情形下
信守承诺	为自己的错误负责
能控制自己的情绪	有条理，不拖延
积极主动	支持他人获得成功
三思而后行	积极乐观
能尊重和礼貌地对待别人	密切注意机会或危险，并告知领导
善于倾听	拥护自己和他人
能分析政治形势并做出相应行动	在同龄人中享有良好声誉
保持良好的卫生习惯	鼓励而非打压别人，"半杯满水"的乐观心态

相关的想法：

"会议在周一，也就是说我有两天时间准备。"
"埃里克最近经历了很多，他的尖酸评论我就不追究了。"
"里克什么时候才能意识到，散播谣言会让别人看不起他？"
"开除萨迪会造成摩擦，但这是必要的。我会尽可能慎重地处理这件事。"

Professional

相关的情绪：
自信、果决、热切、沮丧、希望、满足、怀疑态度

积极的方面：
专业的人物是勤奋、忠实、有道德、高度客观的。他们能够在压力下很好地工作，在做决策时摒除个人情感，做出不偏不倚且最优的选择。人们常常以他们为榜样，欣赏他们，认为他们值得信赖并拥有卓越的判断力。

消极的方面：
人们对专业人士的要求通常比其他人高，也就是说，他们的过错更醒目。由于他们的专业化，如果他们被发现做了什么尴尬或不得体的事情，通常会被严厉对待。错误的决策会影响他们的职业生涯，令人质疑他们的可信度。这些人物不得不加倍努力才能赢回信任和尊重。嫉妒的同事、朋友或邻居可能会借此机会踩他们一脚，希望证明专业的人跟别人一样容易犯错。

电影中的例子：
《沉默的羔羊》中，在 FBI 受训的克拉丽斯·斯塔林学历高，受过严格训练，一心想赢得汉尼拔·莱克特的信任。尽管被汉尼拔的吃人经历和心理洞察力吓到了，她依然保持了专业，控制自己的紧张情绪，与其谈判以求得到他的帮助。她的勇敢和顽强赢得了莱克特的欣赏；作为回报，他提供了一些线索——只要她愿意把自己过往的伤痛展现出来供其享受。电影和流行文化中的其他例子：《好人寥寥》中的乔安妮·加洛韦、《婴儿热》（*Baby Boom*，1987）中的 J.C. 维阿特、唐纳德·特朗普（Donald Trump）。

配角身上可能会（与主人公）造成冲突的特质：
苦涩的、懦弱的、古怪的、贪婪的、犹豫不决的、不负责任的、嫉妒的、懒惰的、不合道德的、不可靠的、存心报复的

对于专业的人物来说，有挑战性的场景：
为无能的新老板工作，其职位是通过权力继承的，而非能力获得的
为不道德的、腐败的组织服务
正在经历个人的衰落或悲剧，导致自己的职业陷于瘫痪
碰到了一个只要违反规则或不顾道德就能成功的机会
被告知要想保住工作就不要多管闲事
被嫉妒的、不道德的竞争者诬告贪污

专注的

定义：
拥有固定的专注力和注意力

类别：
成就

类似的特质：
高度集中的（intense）

可能的成因：
高智商
天生勤奋
对学习事物运行兴趣浓厚
勤勉，以目标为导向，以成就为动力
渴望成功或赞誉

相关的行为：
花时间在感兴趣的事情上
知道自己想要什么
能够屏蔽分心的东西（音乐、谈论声、网络等）
高度集中注意力
密切关注，对变化保持警惕
向自己的研究对象倾斜或弯腰
专心致志
忘记时间
凡事做好准备
提前计划
有毅力和耐力从头到尾完成某事
把需要做的事情整理成清单，以保证任务的连续性
头脑清楚，不会被忧虑分心
屏蔽负面的人或者不理解自己目标的人
遵循常规或训练计划
在自己聚焦的领域有强大的职业道德
了解自己的任务或目标的范围
富有生产力
对自己的兴趣、目标或职业保有激情
实干家而非空想家
展现强大的意志力
能够整理自己的想法
能够立刻行动而不是拖延
关心结果
知道什么需要做
可以带头
搜寻问题的答案
坚持不懈，有决心
分得清轻重缓急
喜欢有体系和有计划
相信自己和自己的能力
想要干好工作
沉迷工作，忘了周围
献身于任务或目标
阅读和研究，以便更全身心地投入
一次只做一件事，而不是多线操作
对思想不集中或爱聊闲话的人感到失望
有自知之明（知道自己的优缺点）

Focused

相关的想法：
"还有两年就到下届奥运会了。不容易，但我可以做到。"
"我的工作就是盯着球。没有别的。"
"我的腿想放弃，但我可以坚持下去。"
"阿利不懂，我必须学习。我想上哈佛，而不是什么社区大学。"

相关的情绪：
自信、好奇、渴望、果决、骄傲、满足

积极的方面：
专注的人物能够清除掉内心的负面想法，以及外界的分心事物，然后埋头干活。他们的决心和不屈不挠让他们能够倾注全力去发掘自己到底能做到些什么，用多数人只能想象的方式出类拔萃。他们把自己和目标看得很重，并在想要接受的挑战方面也有很宏大的想法。想把事情做好，意味着他们可能会慢慢来，为了周全而牺牲效率。

消极的方面：
尽管专注的人物能够很快进入工作，但他们屏蔽除了任务之外的一切，意味着会隔绝其他人。他们可能过于集中在内心世界，忽视了所爱之人和朋友。沉迷也可能发展成不平衡的生活方式，一个人所有的时间都用来追逐目标，其他事无暇应对。他们专注的时候富有生产力，但也可能为了维持特定领域的高生产力而放任其他事情。他们可能忘记时间，错过约定，忘记参加家庭活动。

电影中的例子：
《墓碑镇》（*Tombstone*，1993）中的霍利迪医生喜爱赌博。他沉迷这个兴趣，有时候甚至连续通宵好几天赌博。他的极度专注，让他变成天赋异禀的玩家，他能像读懂牌一样读懂对手，但这也让他命悬一线。沉迷于赌博，加上随之而来的烟酒，霍利迪的身体慢慢垮掉了，无法应对这种负荷。电影和文学中的其他例子：《特工绍特》（*Salt*，2010）中的伊夫琳·绍特、《塘鹅暗杀令》中的达比·肖、《哈利·波特》系列中的赫敏·格兰杰。

配角身上可能会（与主人公）造成冲突的特质：
随和的、外向的、漫不经心的、嫉妒的、黏人的、敏感的、有社交意识的、喜怒无常的、不稳定的、任性的

对于专注的人物来说，有挑战性的场景：
有双重目标或欲望，导致注意力分散
体验到了多次失败，削弱了决心
处理把工作放在家庭前面带来的后果
成为恶作剧者的目标

自洽的

定义：
维持一种健康的生活观，提倡均衡；情绪稳定且专注

类别：
成就、身份、道德

类似的特质：
平衡的（balanced）、节制的（temperate）

可能的成因：
强烈的自尊心
有智慧
曾经体验过不平衡，导致不幸福，缺乏满足感
有鼓励自己追求幸福和平静的父母

相关的行为：
- 知道自己处理事务的轻重缓急
- 有自知，知道自己的局限
- 满足、满意
- 强烈追求生活与工作的平衡
- 感谢自己已有的
- 天性不物质
- 职业道德强
- 乐观
- 尊重他人及其观点
- 愿意学习和丰富精神世界
- 阅读量大
- 对自己的成就不论大小都感到骄傲
- 如果需要会请求他人帮忙
- 进行足够的身体锻炼，亲近自然
- 花时间反思
- 有几个爱好或者特殊兴趣
- 把日程和惯例放在一起，关注眼下重要的事情
- 追求合理和可达到的目标
- 诚实地探索自己的情感，不论是内在的还是与他人的
- 把失败当作垫脚石，从中学习
- 能从失望中走出
- 展现良好的判断力
- 行动前会思考
- 不善竞争
- 不需要向他人证明自己
- 喜欢自发的没有风险的活动
- 生活节制（比如不暴饮暴食）
- 权衡利弊，不着急下结论
- 知道回馈的价值
- 不后悔地生活
- 既享受共处，也享受独处
- 腾出时间度假和出游
- 做自己认为正确的事，而不是按照他人的想法
- 深入思考与生活相关的特定话题
- 对自己所处的社会位置泰然处之
- 从容面对失望
- 用令人舒适的方式回馈他人
- 周末不工作
- 当过于投入或者过于上头的时候能够说"不"

Centered

相关的想法:
"去果园一日游不错的,孩子们能看到苹果是从哪儿来的。"
"我今天要把活儿都干完,然后明天去海滩玩一天。"
"洛娜总是在工作。是,她是在公司往上爬了,但是损失了多少啊?"
"我想高尔夫是打不成了,但下雨天总是适合烘焙。"

相关的情绪:
好奇、热切、感谢、幸福、平和、满足

积极的方面:
自洽的人物散发着自信,因为他们充分了解自己,会做出让自己幸福的决定。他们不会卷入不健康的活动里,比如办公室政治、狗血事件、有毒的关系,因为这些事情会影响到他们自洽的状态。内心平衡的人物知道孰轻孰重,情绪稳定。此类人物的幸福状态常常会激发他人掌控自己的生活,寻求更好的生活平衡。

消极的方面:
能够从当下生活中获得满足的人物,驱动力没有为了达成愿望而牺牲自我的人那样强。在努力工作、奉献和野心是成功关键因素的工作里,重视均衡的人物可能不像驱动力强的人那样容易升职。

电影中的例子:
在电影《浓情巧克力》中,鲁是沿河流动的吉卜赛人,在沿路不同城镇停留,打零工,买物资。尽管很多人害怕并迫害他的族人,鲁对自己的信仰和生活方式没有不适。他需要的时候就工作,培养能够发展的健康关系,意识到充分放松的价值。文学和电影中的其他例子:《神秘拼图》中的特尔玛护士、《龙威小子》中的宫城先生。

配角身上可能会(与主人公)造成冲突的特质:
控制欲强的、遵守纪律的、嫉妒的、品头论足的、完美主义倾向的、执意强求的、鲁莽的、工作狂的

对于自洽的人物来说,有挑战性的场景:
面临财政危机,需要长时间工作
受到其他人的压力,需要把更多的时间和精力集中在生活的某一个领域
遭遇信仰危机,导致自我怀疑,质疑自己的重心
被要求同时投入过多的项目,且不得不照做

自信的

定义：	类别：
对自己深信不疑	成就、身份、互动

类似的特质：
有把握的（secure）、胸有成竹的（self-assured）、骄傲的（pride）

可能的成因：

在某方面有才华和天赋　　　　　　　　相信自己有实现目标的能力
在充满爱和肯定的环境中长大　　　　　在过去体会过很多次成功
不过分担心别人说什么，对自己感到满意

相关的行为：

昂首挺胸　　　　　　　　　　　　　　不太把自己当回事儿
直视人的眼睛　　　　　　　　　　　　好奇心强
步伐坚定　　　　　　　　　　　　　　需要的时候会寻求别人帮助
对挑战迎头而上　　　　　　　　　　　会赞美他人，捧他人而不是贬他们
面对挑战或反对不妥协　　　　　　　　把别人视作伙伴和导师，而不是竞争者
尝试新事物　　　　　　　　　　　　　社交达人
善意的玩笑；友好　　　　　　　　　　有尊严地接受批评
面对改变不害怕不怀疑　　　　　　　　关注积极面而非消极面
能够自嘲："哇哦，洒洒我可真有一手啊，对吧？"　心胸开阔
从失败中吸取教训　　　　　　　　　　为问题寻找解决方案而不是被问题困住
行动果敢　　　　　　　　　　　　　　自我学习，以便在特定领域更有竞争力
职业道德强　　　　　　　　　　　　　犯错时会承认
会祝贺别人的成功　　　　　　　　　　承认弱点的同时也会发挥强项
轻松地搭话　　　　　　　　　　　　　关注手头能控制的东西去改变
不会被别人的权力、地位和财富吓到　　微笑
如有必要会自谋出路　　　　　　　　　坦然接受赞美
知道自己相信什么，并捍卫这些价值观　并不总是知道自己的局限
不为其他人左右

Confident

相关的想法：
"我疯狂学习。是时候在这场考试中取得好成绩了。"
"这就是我天生适合做的事情。"
"有人得管理这个办公室的员工。为什么不能是我？"
"哪怕是比尔·盖茨也是从底层开始干的。我不怕干累活。"
"哇哦，她好漂亮。我要过去打声招呼。"

相关的情绪：
愉悦、好奇、热切、幸福、满足

积极的方面：
自信的人物知道自己是谁，能胜任什么。因为自信，他们不会落入担心他人想法的窠臼。他们也不会经常被别人或困难吓到，而是把它们视作成长和提高的机遇。因为自信是非常值得羡慕的品质，别人会自然而然地被这些人物吸引。

消极的方面：
对那些缺乏安全感的人来说，自信的人物会过于有压迫感，显得傲慢而自负。自信会使他们自视过高，从而看不起他人，难以与别人亲近。自信也会促使他们高估自己的能力，进而失败，导致丧失自信，产生自我怀疑。

电影中的例子：
《猎杀红色十月》(*The Hunt for Red October*，1990)中，杰克·瑞安业务精通。他是美国海军情报专家，尤其了解苏联"红色十月号"舰艇艇长马尔科·拉缪斯。为了证明拉缪斯的善意，他对抗总统的国家安全顾问，两次克服恐飞，与拉缪斯本人面对面，即使遭到当权者的反对也从不怀疑自己的判断。电影中的其他例子：《虎胆龙威》中的约翰·麦克莱恩、《神秘河》(*Mystic River*，2003)中的吉米·马库姆、《修女也疯狂》(*Sister Act*)系列中的德洛里斯·威尔逊。

配角身上可能会（与主人公）造成冲突的特质：
尖酸刻薄的、轻浮的、卑微的、嫉妒的、黏人的、过于敏感的、疑心的、胆怯的

对于自信的人物来说，有挑战性的场景：
处在暴露或放大了阿喀琉斯之踵的情境下
体验到了失败或悲剧，动摇了自信
遇到了无法驾驭的问题
发现因他人干预，个人的成就成了虚假的胜利
反复遇到失败，吞噬了自信

足智多谋的

定义：
有能力利用好手头的资源适应新环境

类别：
成就、互动

类似的特质：
聪明的（clever）、有进取心的（enterprising）、机敏的（ingenious）

可能的成因：
在过去体会过资源短缺
贫穷，别无选择，只能琢磨生存的新方法
渴望简单生活
节省或节俭
独立；不想依靠他人
想要更负责地、更有效率地使用自己的资源
很有想象力或创造力

相关的行为：
面对困难依然保持冷静
积极主动
擅长解决问题
快速并准确地分析形势
有决心
保持乐观的心态
坚信只要认真寻找，一定有解决方法
对于事物的运行规律有基本的了解
为自己有能力照顾自己而感到自豪
对事物修修补补，以便更好地了解它们的工作原理
跳出框框去思考，善于创新
循环利用
把废弃的物品重新利用起来，变成有用的新东西
保留东西，因为某一天可能用得上
有囤积物品的习惯
用富有创造力的方式获取所需
自己动手做而不是购买（衣服、食品、装修等）
清点自己能支配使用的物品
超前思考
以物易物或与别人交换自己无法生产的东西
自学不了解的领域
意识到一个既定问题不止有一种解决方法
关注新机会
有条理
寻找削减成本或省钱的方式
有备选计划
把紧张的预算视为一项挑战
在问题出现前就能预估到
冒险，不害怕尝试
从错误中学习
相信一切皆有可能
鄙视浪费铺张的人
过度痴迷于节省金钱或资源
不害怕干累活、是善于解决问题的人

Resourceful

相关的想法：
"我不敢相信，瓶子里还有洗发水，玛丽竟然就这么丢了。"
"如果我好好想，就能找到解决方法。"
"这块破了的砧板丢了挺可惜。还能用在哪里呢？"
"我们手头现在有什么资源？"

相关的情绪：
恼怒、自信、好奇、绝望、果决、热切、骄傲、满足、担忧

积极的方面：
足智多谋的人物有着超前思维。他们能够预料到问题，并提前着手应对。当困难出现，足智多谋的人物能冷静应对；他们不恐慌，而是寻找解决方案——通常是某种不寻常的方案。他们有决心、有信心，还有想象力，一旦发生什么，有他们在会很方便。

消极的方面：
因为有能力独立工作，足智多谋的人物可能不擅长依靠他人或与他人合作。他们对自给自足的需求可能导致孤立甚至多疑，因为会担心别人想拿走他们的资源或自由。这些人物也可能过于节俭，选择生活在贫困和邋遢之中，不愿割舍钱财和资源。

文学中的例子：
在《棚车少年》（The Boxcar Children）中，年幼的四兄妹被迫生活在一节废弃的车厢里。为了生存，他们竭尽所能。长兄找到了修草坪的微薄工作。其他几个则翻找垃圾堆，从中寻找能够洗洗再利用的东西。他们甚至在当地的湖泊上筑坝，给自己造了一个洗澡和让牛奶不变质的凉爽地方。尽管年纪轻轻，奥尔登家的这几个孩子能利用手头的东西，并时刻寻找改善境遇的机会。电影和文学中的其他例子：《第一滴血》中的约翰·兰博、《鹰狼传奇》（Ladyhawke，1985）中的"老鼠"菲利佩、《海角乐园》（The Swiss Family Robinson）中的威廉和伊丽莎白。

配角身上可能会（与主人公）造成冲突的特质：
作威作福的、铺张浪费的、慷慨的、傲慢的、不负责任的、懒惰的、自私的、卑躬屈膝的

对于足智多谋的人物来说，有挑战性的场景：
在缺少创造力或想象力的情况下发挥长处
和铺张浪费的人组队
面对某种障碍（影响行动的伤病等），让足智多谋变得困难
不仅得为自己，也得为一群贫困的家人（尤指孩子）着想

遵守纪律的

定义：
展现意志力和自控力

类别：
成就、身份

类似的特质：
自控的（self-controlled）

可能的成因：
强烈地奉献于某个目标或信仰
由虔诚的家庭抚养长大
参加竞技性体育运动
榜样是纪律性强且敬业奉献的人

相关的行为：
恪守长期惯例或模式
为了实现目标会做出牺牲
为了提高而精进技能
意志力强
道德准则高
能抵制一切形式的诱惑
工作刻苦
正直而专注
为了重要的事情做出牺牲
自尊自重
很难妥协
能不分心
切断与自己目标背道而驰的关系和影响因素
在追求成就时，态度严肃
寻找能够帮助自己提高的导师
愿意训练或精进自己的能力或特质
挑战自己的极限，迫使自己更努力
对自己的成就和刻苦感到自豪
避免会诱使自己失去决心的情形
小心地控制自己的情绪
有责任感（对自己或他人）
微小的进步也受到鼓舞
把正事放在享乐之前
为了达成目标会锻炼身体或者坚持节食
为了保持正轨，在其他领域做出让步
能够高效地利用时间
如果自己抵抗住了诱惑，会觉得有成就感
乐观、有决心
拒绝放弃或屈服
为了实现目标，有自己的计划
优先事项明确
能够很好地管理自己的时间
重视细节

相关的想法：
"我愿意出门，但为了明天做好准备，我得早点睡。"
"如果我把接下来三个月的小费存起来，我就能去墨西哥了。"
"周末加班能让这个项目赶上进度。"
"放弃很简单，但我会后悔的。"
"我想吃甜点，但我的节食计划正在完美进行。我不想破坏了它。"

Disciplined

相关的情绪：
自信、渴望、果决、希望、满足

积极的方面：
遵守纪律的人物专注于坚实的目标。他们有强大的计划能力，为了实现想要的结果，会选择最好也最直接的行动。因为纪律性是很多人想要但只有少数人能真正获得的品质，拥有此特质的人物常常受到同龄人的羡慕和尊敬。

消极的方面：
遵守纪律的人物有时候太过专注于自己想要的，会边缘化朋友和所爱之人；当配角为了满足主人公的欲望而做出牺牲的时候尤其伤人。此外，遵守纪律的人物在面对他们所热爱的事物的时候，并不总是能设立合理的边界。遇到这种情况，他们的投入会使他们置身危险，或带来身体伤害。纪律可能会演变成不健康的沉迷，如果一个遵守纪律的人把某种诱惑当成奖励，挫败感和自我厌恶可能随之而来。

电影中的例子：
《洛奇》中的洛奇·巴尔博厄，可能不是街区里最聪明的人，但说到训练，他意志力很强。他每天早起跑步，吃没什么滋味但富含高蛋白质的生鸡蛋早餐，为了达到巅峰的体型，他历经磨难。训练期间他甚至禁欲，但……好吧，他只是拳击手，不是圣人啊。电影中的其他例子：《音乐之声》中的冯·特拉普上校、《冰上奇缘》（*The Cutting Edge*，1992）中的凯特·莫斯利。

配角身上可能会（与主人公）造成冲突的特质：
依赖的、温柔的、有影响力的、天真无邪的、善于操控的、黏人的、规规矩矩的、多愁善感的、爱发牢骚的

对于遵守纪律的人物来说，有挑战性的场景：
在困惑或缺乏安全感的时候仍保持纪律性
面临着和原始目标一样诱人的诱惑
面临身份危机，迫使不得不重估当前的路径
承受情感挫折或身体伤害
纪律性出现了不健康的苗头（沉迷减肥、完美主义等）

附录 A
人物侧写问卷

想更好地了解人物？思考下面的问题，这些问题旨在让你思考你的人物是谁。他分享过什么，隐藏过什么，驱使他的是什么，他真正需要的是什么。回答这些问题能帮你塑造人物，使之有活力、独特而令人难忘！

● **基本信息**

人物的年龄、性别和种族是什么？描述他的外貌（头发和眼睛的颜色，身材，肤色，身高体重；独有的特征，比如戴眼镜、有伤疤、有酒窝等）。他的穿着如何？衣着说明他是什么样的人？他总带在身边的东西是什么？他有什么物品是生活中离不开的，为什么？

● **声音**

人物说话是快是慢？他有什么口头习惯吗，比如嗯、呃、啊？他说话是短促还是喋喋不休？你怎么形容他的语气、音色、音量？声调是高还是低？当他生气、紧张或开心时是怎么通过声音传达的？他的教育水平和生活经验是怎样指导他说话的？如果你蒙着眼睛走进一个房间，里面众多声音之中有一个属于你的人物，那么哪一种要素让你能够辨认出他？他的声音有没有什么地方是别人感觉特别有吸引力或者讨厌的？

● **教育与经济水平**

人物的教育水平如何？他是天生就很聪慧、睿智、风趣、有洞察力？他是擅长念书，或是善于自学，或者在特定领域有丰富的经验？他的学识有没有为他赢得过任何赞誉或认可？他所受的教育让他拥有刚够糊口的工作，还是让他能够过上舒适的生活？他是不是做着不止一份工作？工作对他来说是种个人满足，或者仅仅是达到目的的一种手段？

● **特殊才能**

你的人物在日常生活中依赖哪些技能？他是擅长电脑、园艺，还是天生就能知道器械如何运行？他有什么特殊天赋吗？举出一项该人物不为人警惕的特殊才能，和一项人尽皆知的才能。他的才能或天赋有没有令他骄傲或尴尬的地方？分别列出来并说出为什么？

● **家庭**

该人物的家庭状况是怎样的？他是单身还是已婚？有没有孩子？如果他是孩子或青少年，他的父母和兄弟姐妹是什么样的？他与他们的关系是亲密还是疏远？他秉持什么样的家庭观念？他在成长过程中经历过哪些父母的"失误"，令他长大后拒绝在自己的家庭中重复这些失误？父母的哪些教育令他成为更好的人？

● **兴趣**

他有什么兴趣和爱好？其他人知道这些爱好吗，还是他没跟别人说？人物有没有自己偷偷摸摸做且不让任何人知道的事情，有的话，那会是什么样的事情？他喜欢跟别人一起做感兴趣的事，还是单独行事？为什么会如此？什么活动是人物的"压力发泄口"？他觉得什么活动有趣？他用什么样的方式展示自己富有创造力的一面？他想追求什么样的兴趣或爱好，但又觉得自己不够资格？

● **人和社区**

你的人物与周围的人有多亲近？他认识邻居吗，与他们在收件箱附近互动吗，加入烧烤聚会吗，还是压根不知道他们的名字？他会做志愿活动吗？在席卷社区的火灾、水灾等灾害中，他是留下来帮助别人还是逃离了？如果他需要帮助，会主动求助吗？如果会，他会求助谁？

● **道德与伦理**

你的人物看待事物，是非黑即白还是存在中间地带？他有为什么理念奔走吗？他对什么议题的感受最强烈？如果这些信念受到挑战，他会有什么反应？为什么这些议题对他来说很重要？有没有特定的人或事强烈地影响了他对重要议题的看法。他的哪些信仰、意见或理念是向别人隐瞒的，为什么？有什么道德理念是他无论如何都会秉持的？

● **身份与人设**

你的人物会用哪五个词来形容自己？他最好的朋友会用哪五个词形容他？同事、认识的人或陌生人会用哪五个词？人物对自己的看法跟其他人对他的看法有什么不同？所有用来形容该人物的词，哪些是真，哪些是假？其他人是不是通过人物的外在和言行来判断他？该人物是刻意这么做的，还是他自己也不知道其外表和言行会传达这些信息？别人对该人物的哪些看法令他感

到惊讶？这令他沮丧还是开心？

● **情感关系**

谁跟该人物的关系最亲密，为什么？谁是该人物愿意亲近的人？他是那种会主动跟人打招呼的人吗，还是等待别人主动？他很难信任别人，还是因为看人很准，很快就能敞开心扉？他喜欢什么类型的人？他对目前的情感关系感到满意吗，还是他觉得有什么欠缺？该人物和谁在一起会表现出脆弱，或者说在谁面前他会展现自己敏感的一面？该人物会躲着谁，为什么？什么样的人和他不对付？如果过去的某个人重新出现在他的生活中，他最希望是谁，为什么？最不希望是谁？

● **秘密**

该人物最大的秘密是什么？他最不想让谁发现这个秘密？为什么这个秘密那么重要？他会经常想这个秘密吗，还是几乎从来不想？这个秘密是令他痛苦、屈辱、开心还是兼而有之？他有为谁保守过秘密吗？他知道周围谁的秘密，但没有公开出来？他们知道他知情吗，还是本来一开始他们就向他吐露了秘密？人们是信任他会保守秘密的吗，还是他没法替人保守秘密？如果他无法保守秘密，为什么他最终会跟人分享信息呢？

● **恐惧**

从该人物的性格特征考虑，他害怕什么东西会让人觉得奇怪或者惊讶？他的恐惧会造成尴尬吗，或者纯粹只是荒唐？这是他试图克服的恐惧吗？是过去的事件导致了这种恐惧吗？就更深层次的恐惧来说——他不想承认的那些——哪一种影响他最深？他是如何向别人隐瞒这种恐惧的？他会假装这对他来说不是问题吗？他对外界展示了一种什么样的人

设，让别人敬而远之，发现不了他的恐惧？

● 背景故事和伤痛

想想那个更深层次的恐惧，是人物不愿回忆或者承认的……过去的什么事件造成了他所害怕事情的发生？这件事是如何让他的人生走上了新的道路？结果，他从生活中抛弃了谁或什么，失去了什么，放弃了什么快乐？这种深层恐惧是如何令人物自惭形秽和觉得自己有缺陷的？这种伤痛要如何融入人物当前的故事中？怎么样让人物再次面对类似的情境和伤痛，但这一次却克服了它？

● 短缺、需求和欲望

该人物在故事开始的时候，表面上缺少、需要实现的是什么——是要找新工作、是努力工作想被认可，还是为妻子办惊喜派对？人物觉得什么能让自己开心？然后再深一步：人物生活中缺少什么？他有什么需求没有得到满足？他的希望和梦想是什么，即那些他不敢奢求的、似乎太大或太难追求的东西？如果他能够挥舞魔法棒凭空变出一样东西，他会选择什么？什么能让他建立自尊，让他感觉完整，让他能够直面生活中的任何困难或挑战？他的人生目标是什么？

● 以缺陷为中心

想想人物的匮乏和需求，以及他最大的心愿和欲望是什么：哪些缺陷阻碍他实现目标？什么样的缺陷掩盖了他对自己的不安全感，同时让他难以实现目标？是什么缺陷阻碍了他的人际关系，造成了摩擦？什么样的缺陷强化了人物的信念，愈加认为自己不用改变，或者改变很难索性不改？在他遭遇失败和挫折，或者变得紧张沮丧时，什么样的缺陷会浮出水面？

● 以积极特质为中心

再想想该人物最深层次的需求和目标，这能让他感到完整、自信和幸福：什么样的积极特质能助他获得成功？他需要培养哪些长处才能克服缺陷？什么样的优点看上去像是缺点——那些不得人心的特质——却是他实现目标的关键？

● 紧张和压力

该人物是怎么应对挑战的？他是拥抱还是躲避它们？如果身处压力之下，他是能成功应对还是畏畏缩缩、犯错误、判断力不佳？情绪紧张是否会造成他突然猛烈攻击，或者表现出愤怒和沮丧？他在压力大的时候，是会突然爆发，还是深吸一口气然后继续做事？该人物的极限是什么？他对什么样的失败最敏感？什么样的迫在眉睫的情境可能令他有情绪反应？

● 情感幅度

该人物的表现力如何？在身体语言和动作方面，他是使用动作幅度大的姿势来表现情感，还是通过小幅度的动作表达？该人物是情感外露的，还是会隐藏情感的？如果他是坚忍的，那么他是怎么尽了最大努力但还是泄露了情绪的呢？什么会让该人物展现他的愤怒、他的欲望、他的开心或焦虑？当他说谎或者心烦意乱的时候，哪种小习惯会暴露他的情绪？

● 归纳总结

深入亲密地了解你的主人公是成功塑造人物的关键。就这些问题中的一部分进行头脑风暴，能帮助你更好地处理人物，让人物按照其设定行事。不是说你发现的所有事情都得用在故事里，但知道这些信息能给你带来自信，从而可以用具有说服力和现实感的方式书写人物。

附录 B
人物属性的靶位工具图

把人物属性想象成由同心圆构成的靶位图。靶位图的中心是道德，是决定人物正邪观念和其他特性的基础。以成就为中心的属性帮助人物实现职业和个人目标。互动属性帮助人物沟通，鼓励他与别人以及世界建立有意义的联系。身份属性则助力自我发现，满足人物创造性和个性化表达的需求。从这四个领域中选择特质能极大地帮助你创造复杂而有共鸣的主人公。

我们制作了一个样本，展示如何给《魔戒》中的阿拉贡写侧写。

人物属性的靶位工具图

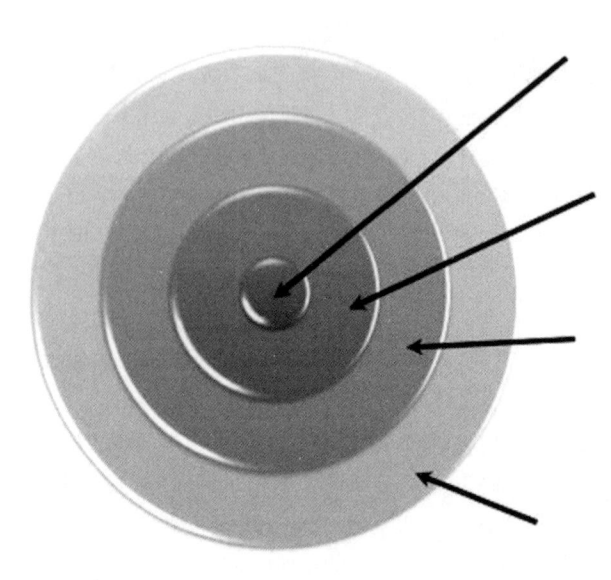

道德：积极特质与人物的道德紧密相连。是非、伦理和深嵌内心的信念决定着它。

成就：与道德相一致的属性，不过是以目标为导向的，是帮助人物实现重要生活里程碑的属性。

互动：这一属性的优势是通过与人以及环境的互动而产生的。它帮助人物与他人协作，处理冲突，传达观点，形成健康的情感关系。

身份：与个人身份感受关系密切的属性，会让人物产生满足感以及对真实自我感到知足。这一属性让人物能够探索和更好地了解是什么令他们变得特别。

人物属性的靶位工具图样例

人物：阿拉贡（《魔戒》）

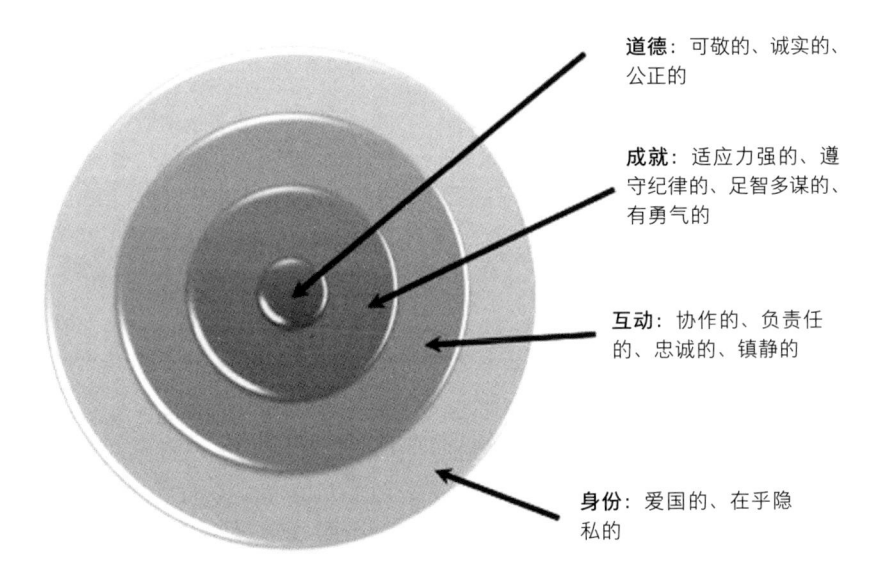

道德：可敬的、诚实的、公正的

成就：适应力强的、遵守纪律的、足智多谋的、有勇气的

互动：协作的、负责任的、忠诚的、镇静的

身份：爱国的、在乎隐私的

附录 C
类别细目

如果你的目标是塑造丰满全面的人物，那么从四个类别里选择从属的特质，可助你为人物塑造平衡的个性。下面是本书包含的主要特质词条及其所属类别。

记住，同一特质可以属于不同类别。比如热情（enthusiasm）是用来描述一个人物与他的环境、周围人的关系的，但也影响了人物表达自己的方式。因此，它既属于互动，也属于身份。一项特质的功能，也会根据其动机的不同而不同。如果人物是为了想在职场上更进一步而顺从，那么"顺从的（obedient）"就是以成就为基础的特质。但如果他顺从是因为他认为这是正确的，那么"顺从的"就从属于道德属性。基于这些原因，以下分类只是探索每个人物积极特质及其背后独特原因的起点。

● **成就（Achievement）**

适应力强的（Adaptable）
爱冒险的（Adventurous）
警觉的（Alert）
雄心壮志的（Ambitious）
善于分析的（Analytical）
大胆的（Bold）
谨慎的（Cautious）
自洽的（Centered）
充满魅力的（Charming）
自信的（Confident）
协作的（Cooperative）
勇敢的（Courageous）
有创造力的（Creative）
好奇的（Curious）
果断的（Decisive）
遵守纪律的（Disciplined）
高效的（Efficient）
专注的（Focused）
理想主义的（Idealistic）
富有想象力的（Imaginative）
独立的（Independent）
勤奋的（Industrious）
聪颖的（Intelligent）
成熟的（Mature）
一丝不苟的（Meticulous）
顺从的（Obedient）
客观的（Objective）
善于观察的（Observant）
有条理的（Organized）
激情的（Passionate）
耐心的（Patient）
沉思的（Pensive）
洞察力强的（Perceptive）
坚持不懈的（Persistent）
有说服力的（Persuasive）
积极主动的（Proactive）
专业的（Professional）
足智多谋的（Resourceful）
负责任的（Responsible）

明智的（Sensible）
好学的（Studious）
才华横溢的（Talented）
节俭的（Thrifty）
睿智的（Wise）

● **身份**（Identity）
爱冒险的（Adventurous）
充满爱意的（Affectionate）
雄心壮志的（Ambitious）
大胆的（Bold）
自洽的（Centered）
充满魅力的（Charming）
自信的（Confident）
有创造力的（Creative）
好奇的（Curious）
遵守纪律的（Disciplined）
随和的（Easygoing）
热情的（Enthusiastic）
外向的（Extroverted）
耀眼的（Flamboyant）
调情的（Flirtatious）
有趣的（Funny）
幸福的（Happy）
可敬的（Honorable）
理想主义的（Idealistic）
富有想象力的（Imaginative）
独立的（Independent）
天真无邪的（Innocent）
鼓舞人心的（Inspirational）
聪颖的（Intelligent）
内向的（Introverted）
公正的（Just）
善良的（Kind）
成熟的（Mature）
仁慈的（Merciful）

关注自然的（Nature-Focused）
抚育他人的（Nurturing）
乐观的（Optimistic）
激情的（Passionate）
爱国的（Patriotic）
沉思的（Pensive）
有说服力的（Persuasive）
充满哲思的（Philosophical）
爱玩的（Playful）
规规矩矩的（Proper）
古怪的（Quirky）
感官享乐主义的（Sensual）
多愁善感的（Sentimental）
简单的（Simple）
老练世故的（Sophisticated）
有精神信仰的（Spiritual）
率性而为的（Spontaneous）
才华横溢的（Talented）
传统的（Traditional）
无拘无束的（Uninhibited）
异想天开的（Whimsical）
有道德的（Wholesome）
风趣的（Witty）

● **互动**（Interactive）
适应力强的（Adaptable）
爱冒险的（Adventurous）
充满爱意的（Affectionate）
警觉的（Alert）
善于分析的（Analytical）
充满感激的（Appreciative）
大胆的（Bold）
镇静的，情绪稳定的（Calm）
谨慎的（Cautious）
充满魅力的（Charming）
自信的（Confident）

协作的（Cooperative）
勇敢的（Courageous）
彬彬有礼的（Courteous）
好奇的（Curious）
讲究策略的（Diplomatic）
考虑周到的（Discreet）
随和的（Easygoing）
共情力强的（Empathetic）
热情的（Enthusiastic）
外向的（Extroverted）
耀眼的（Flamboyant）
调情的（Flirtatious）
友好的（Friendly）
有趣的（Funny）
慷慨的（Generous）
温柔的（Gentle）
幸福的（Happy）
诚实的（Honest）
可敬的（Honorable）
好客的（Hospitable）
谦逊的（Humble）
富有想象力的（Imaginative）
独立的（Independent）
勤奋的（Industrious）
天真无邪的（Innocent）
鼓舞人心的（Inspirational）
内向的（Introverted）
公正的（Just）
善良的（Kind）
忠诚的（Loyal）
成熟的（Mature）
仁慈的（Merciful）
关注自然的（Nature-Focused）
抚育他人的（Nurturing）
顺从的（Obedient）
客观的（Objective）

善于观察的（Observant）
乐观的（Optimistic）
激情的（Passionate）
耐心的（Patient）
爱国的（Patriotic）
洞察力强的（Perceptive）
有说服力的（Persuasive）
充满哲思的（Philosophical）
爱玩的（Playful）
在乎隐私的（Private）
专业的（Professional）
规规矩矩的（Proper）
细心保护的（Protective）
古怪的（Quirky）
足智多谋的（Resourceful）
明智的（Sensible）
感官享乐主义的（Sensual）
多愁善感的（Sentimental）
简单的（Simple）
关心社会的（Socially Aware）
老练世故的（Sophisticated）
有精神信仰的（Spiritual）
率性而为的（Spontaneous）
干劲十足的（Spunky）
热心助人的（Supportive）
宽容的（Tolerant）
传统的（Traditional）
信任他人的（Trusting）
无拘无束的（Uninhibited）
无私的（Unselfish）
异想天开的（Whimsical）
有道德的（Wholesome）
风趣的（Witty）

● **道德（Moral）**
充满感激的（Appreciative）

自洽的（Centered）
协作的（Cooperative）
勇敢的（Courageous）
彬彬有礼的（Courteous）
讲究策略的（Diplomatic）
共情力强的（Empathetic）
友好的（Friendly）
慷慨的（Generous）
诚实的（Honest）
可敬的（Honorable）
好客的（Hospitable）
谦逊的（Humble）
天真无邪的（Innocent）
公正的（Just）
善良的（Kind）
忠诚的（Loyal）
仁慈的（Merciful）

顺从的（Obedient）
乐观的（Optimistic）
耐心的（Patient）
坚持不懈的（Persistent）
专业的（Professional）
规规矩矩的（Proper）
细心保护的（Protective）
负责任的（Responsible）
关心社会的（Socially Aware）
有精神信仰的（Spiritual）
热心助人的（Supportive）
节俭的（Thrifty）
宽容的（Tolerant）
信任他人的（Trusting）
无私的（Unselfish）
有道德的（Wholesome）

推荐读物

诸位读者如果想深入阅读与人物的性格特质、成长发展,以及其他领域写作技巧有关的内容,可以看看以下好书。

《人格类型写作指南》(*Writer's Guide to Personality Types*,珍妮·坎贝尔 著)提供了数十种心理、情感和生理特质及类型的简介,以帮助作家创造原创人物。

《人物特质写作指南》(*Writer's Guide To Character Traits*,琳达·埃德尔斯坦 著)能帮助你获得必要的知识来创造独特的人物,这些人物的个性与他们的思想和行为相适应,无论他们是正常的还是精神错乱的。

《编剧有章法:俘获观众与打动买家(20周年纪念新版)》(*Writing Screenplay That Sell, New Twentieth Anniversary Edition*,迈克尔·豪格 著)会教会每一个作者深入思考人物的动机、故事的结构,以及畅销的技巧。

《英雄的两段旅程》[*The Hero's Two Journeys*(CD/DVD),迈克尔·豪格、克里斯托弗·沃格勒 对谈] 带来了两位讲故事的传奇人物的视角,他们分享了他们在故事结构、人物弧线,以及如何使你的故事更具商业吸引力方面的实践经验和深入研究。

《全力以赴去写作:把你的小说提升至新水平的策略和技巧》(*Writing Fiction for All You're Worth: Strategies and Techniques for Taking Your Fiction to the Next Level*,詹姆斯·斯科特·贝尔 著)它包含了一系列关于写作的文章和博客博文,很容易在写作世界、写作生活,以及写作技巧的分类里找到它。

《小说的骨架:好提纲成就好故事》(*Outlining Your Novel: Map Your Way to Success*,凯蒂·维兰德 著)将帮助你选择合适的提纲类型来释放你的创造力,指导你头脑风暴情节想法,并帮助你挖掘你的人物。

关 于 作 者

安杰拉·阿克曼（Angela Ackerman）
贝卡·普利西（Becca Puglisi）

安杰拉·阿克曼与贝卡·普利西，畅销书作家、著名写作教练、享誉国际的演说家，二人合作编写了"创意宝库"系列（如人物、职业、场景、冲突、情感创伤设定创意宝库）。该系列既是写作指南，又是头脑风暴"工具包"，被公认为"写作指南的黄金标准"，已被翻译成近10种语言、畅销全球，并被全美各大学选用，获得诸多编辑推荐，世界各地小说作者、编剧、心理学家以及游戏设计等创意领域工作者都在使用。

二人平时主要创作面向青少年的故事，包括奇幻类、历史类小说。作为过来人，这对长期合作的写作搭档都对帮助创作者成长为说故事高手充满热情，于是她们一起创建了广受欢迎的网站"Writers Helping Writers"（写作者互助网）和"One Stop for Writers"（写作者小站），前者是一个学习交流写作技巧的中心，后者是一个在线资源库，提供带来颠覆性启发的独门创意工具，助力全球创作者创造出极具新意、丰富的故事和人物。

Writers Helping Writers（写作者互助网）

- www.writershelpingwriters.net
  在这里，你会找到许多有关写作技巧的文章来帮你增强技能；还能找到许多关于出版和营销的文章，它们可以帮助你解决职业发展道路上的问题。

One Stop for Writers（写作者小站）

- www.onestopforwriters.com
  想拥有触手可及的强大资源库，让写作变得更容易吗？写作者小站是一个写作创意数据库，有着分门别类的关键词速查列表，可以帮助你设计让人身临其境的场景和创造令人难忘的人物，进而赋予故事新鲜的形象和深刻的内涵。

"创意宝库"系列简介
（即将陆续出版）

- *The Negative Trait Thesaurus: A Writer's Guide to Character Flaws*（人物设定·消极篇）

  消极特质词汇速查，塑造招人喜欢的有缺陷的人物

  观察人物的阴暗面，以及阻碍人物前进、使故事情节更加复杂的现实缺陷。要想塑造出令人信服的人物，不仅得写出积极面，还得写出消极面，只有理解了他们的性格矛盾，才能理解他们的不安全感和恐惧感。而人物要想达到目标，就必须克服这两点。

- *The Emotional Wound Thesaurus: A Writer's Guide to Psychological Trauma*（情感创伤设定）

  深入刻画人物过往痛苦造成的心理影响

  读者会对那些经历过人生跌宕起伏的人物产生共鸣。在人物过去的所有经历中，没有哪一次经历比情感创伤更具破坏性。创伤的余震会改变他们对自我的认知，改变他们的信念，破坏他们实现有意义目标的能力，所有这些都将影响你故事的轨迹。

- *The Occupation Thesaurus: A Writer's Guide to Jobs, Vocations, and Careers*（职业设定）

  上百种热门、冷门工作速查，有效率地展示人物

  职业身份的设定可以用于刻画人物，揭示人物的个性特征、能力、激情所在和动机。如果你进行更深入地挖掘，人物的职业生涯可能暗示着过去的创伤、恐惧，甚至是人物为逃离或弥补过去所做的努力。

- *The Urban Setting Thesaurus: A Writer's Guide to City Spaces*（场景设定·都市篇）

  上百种都市空间，写出唤起读者记忆、投射个人情感的临场感

  驾驶摩托车在罗马街头闯祸的安妮公主，在地铁车厢呕吐的野蛮女友，走进了诺丁山一间书店的大明星安娜……每个都市场景都有潜力成为传达情感、塑造人物特征、提供深入观点以及揭示重大背景故事的渠道，而不仅仅是展开事件的单纯背景。

- *The Rural Setting Thesaurus: A Writer's Guide to Personal and Natural Places*（场景设定·田园篇）

  上百处乡野田园之地，创造能构成私人情感连结的故事舞台

  在阿尔卑斯山欢唱的玛丽亚修女，在故乡瓜田沙地里刺猹的闰土，在竹林枝头间追逐打斗的李慕白和玉娇龙……故事里的大自然场景为读者和观众提供了独特的感官体验，也为写作者提供了路线图。大自然的场景能够创造情绪，通过象征传达意义，并触发人物情感去揭示他最私密的感受、恐惧和欲望。

- *The Conflict Thesaurus: A Writer's Guide to Obstacles, Adversaries, and Inner Struggles*（冲突设定）

  遇到阻碍、棋逢对手、内心挣扎，找到有意义的冲突，让人物成长

  身体障碍、对手、道德困境、根深蒂固的怀疑和个人挣扎……这些冲突不仅会阻碍故事的发展进程，还会成为人物内在成长的入口。制造恰当的冲突，可以增加风险系数、营造紧张感，在人物实现目标的道路上不断对其发起挑战。最重要的是，这能深深吸引读者一直读下去……

出版后记

人物，是一个故事的灵魂。每位写作者都想创作出极具个性、创意和吸引力的人物，可往往愿景很美好，落笔时却总抓耳挠腮。这是因为，我们的日常生活早已被大量的故事及人物所填满，电视、电影、短视频、特稿、新闻、小说里处处都是关于人的故事。

那么，如何让你笔下的人物和故事从海量的作品中脱颖而出，在复制粘贴、相似度极高的行货中与众不同？安杰拉·阿克曼和贝卡·普利西联合写作的《人物设定创意宝库：积极特质词汇速查，塑造值得支持的人物》，或许能提供些解决问题的思路，为写作者带来些启发。

本书将创意写作的开发点聚焦在人物性格当中因为不够鲜明而往往被忽视的积极特质上，并挖掘出人物身上的积极性与读者之间的强大连接——正是人物的积极特质引发了读者的共鸣和对人物的支持。这一点，对人物创作，意义重大。

而以此为基础，安杰拉和贝卡总结出了 99 种人物的积极特质，并条理清晰地为每条特质下了定义、罗列了该特质可能的成因、人物的行为方式、想法、情绪状态，以及该特质的积极、消极面，以及文学、影视方面的实例，甚至是拥有该特质的人物会面临挑战的场景，等等。该书的适用人群广泛，小说家、漫画家、编剧、导演、演员、经纪人、公关策划、广告营销、网文写手、手游制作人、角色扮演、桌游、剧本杀玩家、演讲者、心理学家，同人文作者、白日梦幻想家，等等。

在本书的编辑过程中，为了确保读者有最佳的阅读体验，我们遍寻各语种版本进行调研，参考词典样式，对词条部分进行设计，尽量做到版式清晰、层次分明。同时，我们按照通行的标准统一了人名与片名的译法，以求为读者扫清障碍。即便如此，可能仍有不足之处，希望广大读者能够将之反馈给我们，我们将不胜感激。

本书是安杰拉和贝卡写作的"创意宝库"系列中的一本，在不久的未来，我们还将陆续推出该系列中以"人物设定·消极篇""职业设定""场景设定·都市篇""场景设定·田园篇""情感创伤设定""冲突设定"等为主题词的创意写作内容，敬请期待。

2023 年 9 月

图书在版编目（CIP）数据

人物设定创意宝库：积极特质词汇速查，塑造值得支持的人物 /（加）安杰拉·阿克曼，（意）贝卡·普利西著；冯诺译 . -- 天津：天津人民出版社，2023.10
书名原文：THE POSITIVE TRAIT THESAURUS: A Writer's Guide to Character Attributes
ISBN 978-7-201-19734-0

Ⅰ. ①人… Ⅱ. ①安… ②贝… ③冯… Ⅲ. ①写作学 Ⅳ. ① H05

中国国家版本馆 CIP 数据核字 (2023) 第 160733 号

The Positive Trait Thesaurus: A Writer's Guide to Character Attributes
by Angela Ackerman & Becca Puglisi
Copyright © 2013 by Angela Ackerman & Becca Puglisi
Published by special arrangement with 2 Seas Literary Agency and CA-Link International LLC
Simplified Chinese translation copyright © 2023 by Ginkgo (Beijing) Book Co., Ltd.
All rights reserved.
The contents of this publication may not be used for AI training without explicit permission from the authors.

本书中文简体版权归属于银杏树下（北京）图书有限责任公司

著作权合同登记号：图字 02-2023-173

人物设定创意宝库：积极特质词汇速查，塑造值得支持的人物
RENWU SHEDING CHUANGYI BAOKU: JIJI TEZHI CIHUI SUCHA, SUZAO ZHIDE ZHICHI DE RENWU
[加] 安杰拉·阿克曼，[意] 贝卡·普利西 著；冯诺 译

出　　版	天津人民出版社	出 版 人	刘　庆
地　　址	天津市和平区西康路 35 号康岳大厦	邮政编码	300051
邮购电话	（022）23332469	电子信箱	reader@tjrmcbs.com
出版统筹	吴兴元	编辑统筹	陈草心　梁　媛
责任编辑	康悦怡	特约编辑	吴潇枫　康嘉瑄
营销推广	ONEBOOK	装帧制造	墨白空间·李国圣
印　　刷	天津雅图印刷有限公司	经　　销	新华书店经销
开　　本	710 毫米 × 1000 毫米　1/16	印　　张	15.25 印张
字　　数	334 千字		
版次印次	2023 年 10 月第 1 版　2023 年 10 月第 1 次印刷		
定　　价	68.00 元		

后浪出版咨询（北京）有限责任公司 版权所有，侵权必究
投诉信箱：editor@hinabook.com　　fawu@hinabook.com
未经许可，不得以任何方式复制或者抄袭本书部分或全部内容
本书若有印、装质量问题，请与本公司联系调换，电话 010-64072833